城乡社会保障
理论与实践

CHENGXIANG SHEHUI BAOZHANG
LILUN YU SHIJIAN

李若青　赵云合　何　灵　著

云南大学出版社
YUNNAN UNIVERSITY PRESS

图书在版编目（CIP）数据

城乡社会保障理论与实践 / 李若青，赵云合，何灵著. — 昆明：云南大学出版社，2021
ISBN 978-7-5482-3873-7

Ⅰ.①城… Ⅱ.①李… ②赵… ③何… Ⅲ.①城乡一体化－社会保障制度－研究－中国 Ⅳ.①D632.1

中国版本图书馆CIP数据核字(2020)第000150号

策划编辑：陈　曦
责任编辑：陈　涵
装帧设计：殷明月

城乡社会保障理论与实践
CHENGXIANG SHEHUI BAOZHANG LILUN YU SHIJIAN

李若青　赵云合　何灵　著

出版发行：	云南大学出版社
印　　装：	昆明理煊印务有限公司
开　　本：	787mm×1092mm　1/16
印　　张：	19.5
字　　数：	322千
版　　次：	2021年10月第1版
印　　次：	2021年10月第1次印刷
书　　号：	ISBN 978-7-5482-3873-7
定　　价：	60.00元

社　　址：云南省昆明市一二一大街182号（云南大学东陆校区英华园内）
邮　　编：650091
电　　话：（0871）65033244　65031071
网　　址：http://www.ynup.com
E-mail：market@ynup.com

若发现本书有印装质量问题，请与印厂联系调换，联系电话：0871-64167045。

序　言

社会保障是增进人民福祉的有效途径，同时也是调节收入分配的重要工具。改革开放以来，随着我国经济社会的不断发展，党和政府日益重视社会保障在国家发展中的重要作用。基于这一背景，在实践层面，我国实施了一系列民生工程，使得社会保障事业不断发展，社会保障制度不断完善，社会保障管理水平不断提高。在理论层面，社会保障领域的科学研究、学科建设、专业建设和人才培养取得了显著成绩。然而，由于我国社会保障事业起步较晚，全国各地经济社会发展水平不均衡，不同地区社会保障事业发展水平还存在较大差距，特别是城乡之间的社会保障水平差异则更为突出；社会保障制度还不完善，城乡社会保障体制并轨还有很大困难；社会保障政策的扩展和财政投入的增加并没有充分转化为人民的福祉，公众对社会保障的获得感还不够强。

为此，如何进一步完善社会保障体制，提高社会保障水平，特别是促进城乡社会保障共同发展，减少城乡社会保障水平差异，是社会保障领域研究的一个重要课题。

近年来，结合公共管理学科建设、社会保障硕士学位点建设和社会保障研究生培养，云南民族大学政治与公共管理学院社会保障教学科研团队对城乡社会保障领域中的一些重要问题进行了研究和探索。内容主要包括：城乡发展一体化的社会保障政策、城市居家养老服务问题、社会保障基金监管、城市社区困境儿童救助保护机制、社会保障视角下失地农民就业问题、最低生活保障对象目标识别等方面。

本书选题、提纲由李若青、周家明、赵云合拟订。专题一《昆明市分级诊疗制度实践问题及对策研究》由卜姝玥、李若青撰写，专题二《推进城乡发展一体化的社会保障政策研究》由程丹丹、赵云合撰写，专题三《昆明市居家养老服务问题研究》由张丽、何灵撰写，专题四《W市社会保障基金监管研究》由邱晓琪、刘文光撰写，专题五《城市社区困境儿童救助保护机制完善研究》由邹彦、何灵撰写，专题六《农村最低生活保障对象目标瞄准研究》由王璐、李凤琴撰写，专题七《社会保障视角下失地农民就业问题研究》由唐毅、何灵撰写。最后由李若青、周家明、赵云合统稿。

在本书的写作过程中，我们参考和引用了一些专家、学者的观点和材料，在此对这些专家、学者表示衷心感谢。对于所参考和引用的观点、材料，我们在文中尽量地进行了标注，万一有所疏漏，敬请原谅。由于作者水平所限，书中难免多有不当、偏颇之处，敬请读者及同行专家批评指正。

在本书的写作过程中，我们得到了云南民族大学科技处、研究生院、政治与公共管理学院的领导和老师的大力支持和帮助，在此一并表示感谢。

作　者

2021年2月

目 录

专题一　昆明市分级诊疗制度实践问题及对策研究 ………………（1）
  第一章　分级诊疗制度概述 …………………………………………（3）
  第二章　分级诊疗制度主要利益相关者及其利益诉求分析 ………（9）
  第三章　分级诊疗制度在昆明市的实践 ……………………………（17）
  第四章　优化昆明市分级诊疗制度实施的对策建议 ………………（29）

专题二　推进城乡发展一体化的社会保障政策研究 …………………（37）
  第一章　国内现行的社会保障政策概况 ……………………………（39）
  第二章　国内相关地区推进城乡发展一体化社会保障政策的改革
     与实践 …………………………………………………………（48）
  第三章　国外社会保障政策的借鉴 …………………………………（58）
  第四章　城乡发展一体化社会保障政策的完善 ……………………（64）

专题三　昆明市居家养老服务问题研究 ………………………………（77）
  第一章　居家养老服务概述 …………………………………………（79）
  第二章　昆明市居家养老服务需求影响因素的实证分析 …………（86）
  第三章　昆明市居家养老服务存在的问题——基于实践调研 ……（101）
  第四章　国外居家养老服务发展的经验启示 ………………………（105）
  第五章　完善昆明市居家养老服务的建议 …………………………（112）

专题四　W市社会保障基金监管研究 (125)
  第一章　社会保障基金监管的理论概述 (127)
  第二章　W市社会保障基金监管现状 (134)
  第三章　W市社会保障基金监管中存在的问题及原因 (139)
  第四章　加强W市社会保障基金监管的对策措施 (151)

专题五　城市社区困境儿童救助保护机制完善研究 (169)
  第一章　我国困境儿童救助保护实施的现状 (171)
  第二章　南昌市东湖区滕王阁社区困境儿童救助的个案分析 (187)
  第三章　城市社区困境儿童救助保护存在的问题分析 (195)
  第四章　完善城市社区困境儿童救助保护机制的对策 (200)

专题六　农村最低生活保障对象目标瞄准研究
  ——基于大理州洱源县凤翔村低保目标瞄准实地调查 (213)
  第一章　核心概念界定与理论基础 (215)
  第二章　农村最低生活保障制度目标瞄准现状及问题 (223)
  第三章　大理州洱源县凤翔村低保目标瞄准的实证分析 (236)
  第四章　洱源县凤羽镇凤翔村低保目标瞄准偏离的根源 (250)
  第五章　农村最低生活保障目标定位与政策完善 (255)

专题七　社会保障视角下失地农民就业问题研究
  ——以云南省昆明市呈贡区为例 (263)
  第一章　社会保障视角下的失地农民就业相关理论阐述 (265)
  第二章　昆明市呈贡区失地农民社会保障运行成效分析 (271)
  第三章　社会保障视角下失地农民就业对策的完善 (283)

参考文献 (293)

专题一 昆明市分级诊疗制度实践问题及对策研究

第一章 分级诊疗制度概述

一、分级诊疗制度概念及特点

分级诊疗是指按照疾病的轻重缓急和治疗的难易程度进行分级，再由不同级别的医疗机构承担不同级别疾病的治疗。分级诊疗要求各层级医疗机构根据自身的功能定位，承担难易程度相应的疾病诊治。换言之，就是要求各层级医疗机构明确自身定位和分工，让患者能够根据自己的病种和病情合理选择与其病情相符的医疗机构就诊的制度。

分级诊疗制度旨在通过优化医疗资源配置和不同层级医疗机构的分工合作，实现逐级诊疗，对患者进行合理分流，解决患者和居民"看病难""看病贵"的问题。分级诊疗制度具有以下特点：

一是分流性。患者可根据自己的需求选择不同的医疗机构就诊。

二是分层性。患者可根据自己的病情选择不同层级的医疗机构就诊。

三是平衡性。通过分流和分层，可以对患者进行就诊分散，实现医疗机构服务的平衡化。

在此制度构建下，医疗机构定位和分工会更加明确：三级医院主要承担疑难复杂疾病的诊断和治疗；二级医院承担一般难度的疾病及常见病、多发病的诊断与治疗；而基层医疗机构则主要针对常见病、多发病的诊断治疗，以及慢性病管理、预防保健和康复治疗等。

二、中国分级诊疗制度的实施目的

医疗卫生服务是公共卫生的重要组成部分，2009年3月17日，中共中央、国务院在向社会公布的《中共中央国务院关于深化医药卫生体制改革的意见》中，提出了"有效减轻居民就医费用负担，切实缓解'看病难、看病贵'"的近期目标，以及"建立健全覆盖城乡居民的基本医疗卫生制度，为群众提供安全、有效、方便、价廉的医疗卫生服务"的长远目标。[①]

近年来，百姓"看病难、看病贵"的问题一直是民生热点关注话题，也是我国医改的重中之重，《云南省"十三五"卫生与健康规划》中，建立科学合理的分级诊疗制度仍然居于首位。积极推进分级诊疗制度的建设和落实，通过优化医疗资源配置，合理分流患者，改善目前患者为得到更好的医疗资源而集中在大城市、大医院，以及患者就诊时间、金钱花费与就诊体验不匹配的情况。

三、分级诊疗制度是中国医疗改革的重要内容

（一）分级诊疗制度的政策规定

表1-1 中国分级诊疗政策文件汇总表

年　度	文件名称	目　的
2009年	《中共中央国务院关于深化医药卫生体制改革的意见》（中发〔2009〕6号）	明确了建立健全覆盖城乡居民的基本医疗卫生制度，为群众提供安全、有效、方便、价廉的医疗卫生服务是我国深化医药卫生体制改革的总体目标

---

① 国务院办公厅. 中共中央国务院关于深化医药卫生体制改革的意见 [Z]. 2009.

续 表

年 度	文件名称	目 的
2009 年	《医药卫生体制改革近期重点实施方案（2009—2011 年）》（国发〔2009〕12 号）	明确了 2009 年—2011 年医药卫生体制改革中的五项重点：一是加快推进基本医疗保障制度建设，二是初步建立国家基本药物制度，三是健全基层医疗卫生服务体系，四是促进基本公共卫生服务逐步均等化，五是推进公立医院改革试点
2012 年	《"十二五"期间深化医药卫生体制改革规划暨实施方案》	指出巩固完善基本药物制度、优化卫生资源配置和加强全科医生人才队伍建设等为主要目标
2015 年	《国务院办公厅关于推进分级诊疗制度建设的指导意见》（国办发〔2015〕70 号）	标志着我国正式开展推进分级诊疗制度建设工作
2016 年	《国务院深化医药卫生体制改革领导小组关于进一步推广深化医药卫生体制改革经验的若干意见》	提出了"基层首诊、双向转诊、急慢分治、上下联动"的分级诊疗制度建设，并在 70% 左右的地市开展试点。并提出探索建立包括医疗联合体、对口支援等多种分工协作模式，完善推进和规范城市及县域内医疗联合体建设的政策措施
2016 年	《"十三五"深化医药卫生体制改革规划》	明确指出建立科学合理的分级诊疗制度是"十三五"期间的重点任务
2016 年	《关于推进分级诊疗试点工作的通知》	全国 270 个地市设为试点地区

续　表

年　度	文件名称	目　的
2017年	《国务院关于落实〈政府工作报告〉重点工作部门分工的意见》	启动多种形式的医疗联合体建设试点；促进优质医疗资源上下贯通的考核和激励机制，增强基层服务能力，方便群众就近就医。分级诊疗试点和家庭签约服务扩大到85%以上地市
2018年	《关于进一步做好分级诊疗制度建设有关重点工作的通知》	明确了重点工作为合理规划建设医疗联合体、推进建设重大疾病和短缺医疗资源专科联盟、加快建设远程医疗协作网和促进下沉优质医疗资源等
	《深化医药卫生体制改革2018年下半年重点工作任务》	有序推进分级诊疗制度建设仍然是政府工作重点之一

2007年，党的十七大报告中要求，建立基本医疗卫生制度，提高全民健康水平。加强农村三级卫生服务网络和城市社区卫生服务体系建设，为群众提供安全、有效、方便、价廉的公共卫生服务体系，以及建立国家基本药物制度，保证群众基本用药。该报告确定了我国人人享有基本医疗卫生服务的奋斗目标，指明了坚持公共医疗卫生公益性质的根本方向，明确了建立基本医疗卫生制度的历史任务。

特别是从表1-1可以看出，2009年至2018年，从"十二五"到"十三五"，中共中央、国务院、国家卫生健康委员会（原国家卫生计生委）等多部门发布了《中共中央国务院关于深化医药卫生体制改革的意见》等十份文件，内容涵盖医疗卫生体制改革、基本药物制度、全科医生队伍建设等，涉及与分级诊疗制度实施密切相关的方方面面。从政策文件发布实施上来看，分级诊疗制度的建设与实施一直是政府部门的重点工作。

（二）中国分级诊疗制度实施的总体要求

《国务院办公厅关于推进分级诊疗制度建设的指导意见》中，对我国分级诊疗制度实施提出了"遵循医学科学规律，按照以人为本、群众自愿、统筹城乡、创新机制的原则,以提高基层医疗服务能力为重点,将常见病、多发病、慢性病分级诊疗作为突破口,完善服务网络、运行机制和激励机制,引导优质医疗资源下沉,形成科学合理就医秩序,提出逐步建立符合国情的分级诊疗制度"的总体要求,并确立了到 2020 年,分级诊疗政策体系逐步完善,分级诊疗服务能力全面提升,基本建立符合国情的分级诊疗制度的目标任务。[①]

(三) 中国实施分级诊疗制度的总体效果

我国自 2015 年开展分级诊疗制度实施工作以来,在政府部门发布的诸多促进制度实施的文件指导下,我国基层医疗机构诊疗人次、门诊量虽然与规划目标还有一定差距,但 2016 年开始都呈现增长趋势(详见表 1 - 2、图 1 - 1)。2018 年,全国 94.7% 的地级以上城市开展了分级诊疗试点,我国分级诊疗制度逐渐成形。

上海市实行的"1 + 1 + 1"家庭医生签约服务模式、安徽省马鞍山市"三级医疗单位的联合体"模式以及宁夏、江苏等地通过医保报销比例促进分级诊疗的模式,都是目前国内较为成功的分级诊疗模式。然而,我国地域辽阔,全国各地区、省(市)之间经济发展程度和医疗资源配置的差距,导致目前各地分级诊疗制度推进成效的差距较大,绝大部分地区的分级诊疗制度实施工作还处于推行初期,全国范围内分级诊疗制度实施情况离总体目标仍存在较大差距。

表 1 - 2 2016—2017 年全国医疗服务工作量统计表

		诊疗人次数(亿人次)		入院人数(万人)	
		2016 年	2017 年	2016 年	2017 年
医疗卫生机构合计		79.3	81.8	22728	24436
医院类型		32.7	34.4	17528	18915
	公立医院	28.5	29.5	14750	15595
	民营医院	4.2	4.9	2777	3321
医院级别	三级医院	16.3	17.3	7686	8396
	二级医院	12.2	12.7	7570	8006
	一级医院	2.2	2.2	1039	1169

---

① 国务院办公厅. 国务院办公厅关于推进分级诊疗制度建设的指导意见 [Z]. 2015.

续 表

	诊疗人次数（亿人次）		入院人数（万人）	
	2016 年	2017 年	2016 年	2017 年
基层医疗卫生机构	43.7	44.3	4165	4450
其他机构	2.9	3.1	1035	1071
非公医疗卫生机构合计	17.6	18.4	2852	3401

数据来源：国家卫生健康委员会《2017 年我国卫生健康事业发展统计公报》

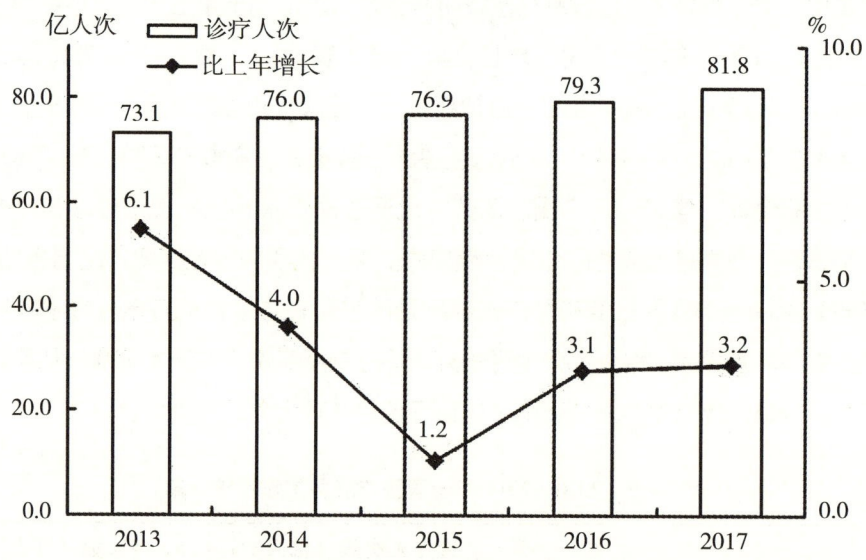

图 1-1　2013—2017 年全国医疗卫生机构门诊量及增长速度统计表

数据来源：国家卫生健康委员会《2017 年我国卫生健康事业发展统计公报》

第二章 分级诊疗制度主要利益相关者及其利益诉求分析

一、分级诊疗制度利益相关者识别

1963年,斯坦福研究院的一些学者利用"利益相关者"一词标识与企业有密切关系的所有人。他们认为,对企业来说存着这样一些利益群体,如果没有他们的支持,企业就无法生存(Clark,1998)。利益相关者理论最核心的问题在于如何界定谁是企业的利益相关者。1984年,Freeman在《战略管理:利益相关者管理的分析方法》中,提出了利益相关者管理理论,他提出:"利益相关者是能够影响一个组织目标的实现,或者受到一个组织实现其目标过程影响的所有个体和群体。"① 因此,分级诊疗制度中涉及的利益相关者即任何能影响分级诊疗实施或受分级诊疗制度实施影响的个人或群体。

美国学者Mitchell认为,利益相关者理论的核心问题在于谁是企业的利益相关者和企业给予特定群体关注的依据是什么。进而通过合法性、权力性以及紧急性三个属性对可能的利益相关者进行评分,判断是哪一类型的利益相关者,由这三类属性评分将利益相关者划分为三种:确定的利益相关者、预期的利益相关者和潜在的利益相关者。

在分级诊疗制度实施过程中,从供需方、管理方和出资方的角度出发,大

---

① Freeman. Stralegic management: A Stakeholder Approach [M]. Boston: MA Pitman, 1984.

致可以分出主要利益相关者：

一是患者和居民，这一群体是医疗服务的最终使用者；

二是三级、二级医疗机构；

三是基层医疗机构，医疗机构群体是医疗服务的实际提供者；

四是政府部门，政府部门是医药卫生体制政策的制定者，也是解决医疗服务提供者和使用者之间矛盾的调控者。

本文根据米切尔"评分法"，将分级诊疗制度涉及的利益相关主体划分为三类：

一是负责分级诊疗制度实施及调整发布相关政策的政府部门是确定的利益相关者，包括卫生行政部门及医疗保险部门。政府部门同时拥有合法性、权力性和紧迫性。

二是具体落实分级诊疗制度的单位和个人，包括三级、二级综合医院、基层医疗机构。在这些单位和机构中工作的医护人员，以及前往这些医疗机构就诊的患者是预期的利益相关者。

三是政策实施后利益可能受影响的机构或个人，如药品生产经营者、器械制造销售者和商业医疗保险公司等是潜在的利益相关者。

这三类利益相关者主体在获得或失去某一些属性后，其类型也会随之转化，因此米切尔评分法对利益相关者的划分也是动态的。为避免研究复杂化，本文只研究对分级诊疗制度实施影响力较大的角色，即政府部门、医疗机构和患者三者间的利益特征和利益诉求。

二、中国分级诊疗制度的主体构成

（一）政府部门

2015年，国务院办公厅在国办发〔2015〕70号文——《国务院办公厅关于推进分级诊疗制度建设的指导意见》中指出："建立分级诊疗制度，是合理配置医疗资源、促进基本医疗卫生服务均等化的重要举措，是深化医药卫生体制改革、建立中国特色基本医疗卫生制度的重要内容，对于促进医药卫生事业长远健康发展、提高人民健康水平、保障和改善民生具有重要意义。"① 根据70号文的部署安排,我国在2020年要基本建立符合国情的分级诊疗制度。2016年12月,国务院在《"健康中国2030"规划纲要》中明确指出:"要完善医疗卫生服务体系,全面建成体系完整、分工明确、功能互补、密切协作、运行高效的整合型医疗卫生服务体系。县和市域内基本医疗卫生资源按常住人口和服务半径合理布局,实现人人享有均等化的基本医疗卫生服务。"② 卫生行政部门作为分级诊疗这一政策实施过程中的宏观调控者,拥有合法性和权力性,即其拥有的立法权、规划权、财政权和监督权等可以直接影响分级诊疗政策的实施。国家颁布的一系列规划,则让卫生行政部门落实分级诊疗这一政策具有紧迫性。

另一方面,降低患者就诊费用,依赖于医疗保险部门所指定的医疗保险报销制度。2019年2月,国家统计局发布《2018年国民经济和社会发展统计公报》,随后,国家医疗保障局也发布了《2018年医疗保障事业发展统计快报》。根据国家统计局数据,截至2018年末,我国基本医疗保险参保人数134452万人③,全年医疗保险基金总收入21090.11亿元④,其中城乡居民基本医疗保险占67%,职工基本医疗保险占23%,新型农村合作医疗占10%。就收支情况而言,2018年虽然医保基金累计结存已超过2.3万亿,但医保基金的支出增速仍旧大于收入增速约3个百分点,由此发展下去,医保基金仍将面临较大的支付压力。

(二) 医疗机构

1. 综合医院

当前我国绝大部分地区财政部门对综合医院采取差额拨款方式,随着对优质医疗资源的垄断地位不断加固,大型公立医院对政府经费投入的依赖程度也在逐渐降低。近年来,为推进落实分级诊疗制度,各地三级医院间通过医院协

---

① 国务院办公厅.国务院办公厅关于推进分级诊疗制度建设的指导意见[Z].2015.
② 国务院办公厅."健康中国2030"规划纲要[Z].2016.
③ 国家统计局.2018年国民经济和社会发展统计公报[Z].2019.
④ 国家医疗保障局.2018年医疗保障事业发展统计快报[Z].2019.

会、专科联盟以及建设医联体等合作方式，扩大影响力，不断吸取优质医疗资源的三级综合医院在提供医疗服务行业的过程中处于强势地位。因此，对分级诊疗制度的执行有着较强的影响力。按照分级诊疗制度的布置，今后三级医院应将发展重点放在技术创新、人才培养和医学科学发展等方面。但是，分级诊疗制度中所倡导的基层首诊、急慢分治等政策，使三级综合医院严格执行分级诊疗制度后将面临着门诊病人及慢性病病人流失的局面，业务收入也将受此影响出现下滑，从而影响其自身发展。

此外，在医疗服务市场中一直处于竞争劣势的二级医院处境将更为尴尬。一直以来，二级医院职能被架空，政府资金投入的不足以及政策的制约，导致二级医院设施设备及医护人员技术不比三级医院，更谈不上品牌效应。而二级医疗机构的定位，使其与基层医疗机构在诊疗服务价格上没有竞争优势。因此二级医院将成为受分级诊疗制度实施影响最大的一方。

2. 基层医疗机构

截至 2018 年末，我国共设有基层医疗机构 95.0 万个，其中社区卫生服务中心（站）2.5 万个，门诊部（所）24.8 万个，村卫生室 63.0 万个。分级诊疗制度的落实，将解决基层医疗机构"门庭冷却"的萧条状况，通过政策的执行，引导患者合理有序就医。现阶段由三级医院承担的慢性病管理和康复治疗，也将转由基层医疗机构承担。于是，在增加基层医疗机构经济收入的同时，其所承担的医疗风险和压力也成倍增加。此外，目前我国大部分基层医疗机构在设施设备和医护人员配备方面达不到分级诊疗制度的要求。并且，由于基本药物制度的限制，基层医疗机构在使用药物诊疗疾病时，存在诸多困难。因此，在分级诊疗制度实施的各利益相关主体中，基层医疗机构原本应是最为支持分级诊疗制度实施的利益相关主体，但出于增加财力、人力和物力方面政府部门及医院未能设置有效的激励机制，基层医疗机构在此过程中也将持消极态度。

（三）患者和居民

患者和居民是分级诊疗制度实施的目标人群，这一群体是医疗服务的接受方，也是分级诊疗制度最终的受益方。制定分级诊疗制度的初衷，即为解决患者和居民"看病难"和"看病贵"的问题。近年来,我国社会经济快速发展,居民生活水平随之不断提高,居民对身体健康的重视程度也愈来愈高。与此同时,随着全民医疗保险覆盖和居民可支配收入的增加,患者和居民的就诊自主权也在加强。城市经济越发达,居民在选择医疗机构时对政府医疗保险基金的依赖程度就越低,居民自主选择高级别医院和专家的意愿就越强烈。与其他利益相关者不同,患者和居民这一利益相关主体不但具有分散性和人数众多等特点,患者和居民的经济条件、文化程度和健康意识等差异也使得这一利益相关主体很难达成共识。因此,患者在与上述利益相关主体任一方博弈的过程中,始终处于劣势。

三、分级诊疗制度主要利益相关者的利益诉求分析

（一）政府部门

政府在分级诊疗制度实施过程中,扮演着制度规划者、政策制定者和监督管理者的角色,在分级诊疗制度涉及的利益相关者中,其具备合法性、权力性和紧迫性三个属性,在制度实施推行过程中起着举足轻重的作用。现实中,日益紧张的医患关系、紧缺的医疗资源无法满足患者居民逐渐提高的健康需求,导致政府部门形象受到不同程度的损害。于是,患者和居民对政策实施所带来的利益持怀疑观望态度,导致本就紧缺有限的医疗资源出现浪费,也致使医保基金不堪重负。

通过分级诊疗制度的实施,卫生行政部门不仅能够提高医疗卫生资源的利用率,还能够通过提高医疗服务的公平性和有效性维护公立医院的非营利公益性,最终有效缓解患者和居民"看病难""看病贵"等问题,满足患者和居民日益增长的享有优质医疗服务的需求。卫生行政部门和财政部门都期望以最低的成本实施分级诊疗制度。但长期以来,政府对于基层医疗机构,特别是二级医院的财政补助不足、人员配置失衡等因素,也将使卫生行政部门短期内面临财政投入成本和政策执行成本增加的风险,从长远看,还将有破除利益相关主体对分级诊疗制度的反对而产生的其他成本。

而对于医疗保险部门来说,分级诊疗制度的实施,能够有效降低医疗支出

费用，为广大患者和居民提供更多、更好的医疗服务和保障，降低患者的经济负担，提高医疗保险部门对医保费用的控制能力和医保资金的使用效率。但与此同时，这也对医疗保险部门对经办机构的业务能力、支付报销方式和监管能力提出了更高的要求，由此也将增加政府部门实施分级诊疗的成本。

（二）医疗机构

1. 三级医疗机构

改革开放以来，我国大部分公立医疗机构被推向市场化，医疗资源配置逐渐形成倒三角结构。我国医疗卫生体制改革以来，公立医院的运行和发展取决于政府财政和政策的支持。长期以来，政府对三级医院采取财政差额补偿和医保按服务项目付费的方式，导致三级医院为追求更高收入而接诊更多的病人，形成了三级医院"来者不拒"的情况。20世纪50年代，我国公立医院将药品加成制度作为挂号及诊疗费用不足的补偿机制，一直沿用至2017年。2006年，国家发改委在《关于进一步整顿药品和医疗服务市场价格秩序的意见》中规定，县及县以上医疗机构在销售药品时，可在药品实际采购价的基础上，顺价最高15%的加价率作价，在此基础上的加成收入称为药品加成。15%的药品加成在此后很长一段时间内，在一定程度上弥补了政府对三级医院投入的不足。然而，2012年国务院办公厅印发《深化医药卫生体制改革2012年主要工作安排》的通知，声明公立医院改革将取消药品加成。2017年4月，国家卫生计生委、财政部、发改委等七部委联合下发通知，要求各地在9月30号前全面推开公立医院综合改革，全部取消药品加成。与此同时，对部分诊疗费用进行了调整。

然而，取消药品加成后，作为补偿机制调整的部分诊疗项目费用，远不能弥补药品加成给三级医院带来的收益损失。这种状况加剧了三级医院不愿意下放病人到基层医疗机构的现状。

2. 二级医院

长期以来，县乡的二级医院由于政府资金投入有限、各级医疗机构功能定位模糊等原因，在诊疗服务提供市场中，一直处于较为尴尬的状态。根据卫生行政部门的部署，城市二级医院的功能定位主要为承担由上级医院转诊来的急性病恢复期患者、术后恢复期患者等。县乡二级医院主要为县域内多发病及常见病提供诊疗服务，以及将本级医院无法诊疗救治的急危重症患者和疑难复杂疾病患者转诊至上级医疗机构。然而现实情况是，无论城市还是县乡二级医院，现有设备设施及医护人员配比，无法满足其在分级诊疗服务中应承担的工作。

同时，二级医院的评级要求医院科室设置较为全面，且需按要求比例配置人才。但与三级医院相比，二级医院无论是在医疗资源配置，还是功能定位上都处于劣势。同样的诊疗活动，三级医院拥有先进的检查设备和高技术职称医师，相比之下，大部分二级医院所配置的检查设备老旧，无法满足患者的看诊需求。在患者和居民现有的就医习惯中，二级医院也常常被直接忽略。就医习惯良好的患者，在根据自身病情选择医疗机构时，病情轻缓的疾病通常选择基层医疗机构，基层医疗机构无法处理的疾病，患者往往选择直接前往三级医院就诊。

无论城市还是县乡的二级医院，功能和职责都处于被架空的状态。因此二级医院在分级诊疗制度实施过程中，迫切需要完善人才结构配置、更新老旧设备，以适应分级诊疗制度对二级医院的要求和定位。

3. 基层医疗机构

相对于三级医院实行差额拨款的方式，基层医疗机构则实行收支两条线的政策。简单来说，即基层医疗机构收入与门诊量、诊疗量无关，在此前提下，基层医疗机构形成了不愿诊疗患者，更愿意患者"向上转"的局面。

基层医疗机构长期存在医护人员、设施设备和诊疗技术等资源缺乏的现象，另外，由于基本药物制度的限制，在药物配置上也存在一些慢性病、常见病药品无法满足患者需求的问题。而基层医疗机构所需的全科医生，目前就全国范围而言，属于稀缺人力资源。医学院校毕业学生在考虑就业及职业前景规划时，更倾向于到二级、三级医院从事专科医疗活动，而待遇较低、发展前景并不突出的全科医生，自然成了稀缺医师种类。虽然各地设置的住院医师规范化培训基地已按照要求设置全科医师培训基地，但培养出的全科医师存在经验不足、资历尚浅等问题。另外，因人员编制的限制，大多数在基层医疗机构提供诊疗服务的医护人员只能作为劳务派遣员工工作，这种情况加大了人员流动的可能性。患者到基层医疗机构就诊过程中，全科医师的资历、职称以及医务人员的人事变动等都将影响患者选择基层首诊情况。

（三）患者和居民

笔者通过网络问卷调查，对患者和居民就分级诊疗制度知晓情况、就医习惯及对分级诊疗制度实施效果的期望做了问卷调查。此次问卷调查共发放问卷150份，有效问卷144份。

调查结果显示，144人中有69人知晓分级诊疗制度，占47.9%，有33人完全没有听过分级诊疗制度，占22.9%；有104人就医首选的医疗机构是大型医院，占77.2%，选择基层医疗机构的仅有12人，占8.0%；最后，认为通过分级诊疗制度实施能够缓解"看病难"现状的人，仅有52人，占36.11%，43.0%的受访者表示实施分级诊疗制度并不能缓解"看病难"的现状。

分级诊疗制度的实施初衷是能够给患者带来直接的利益，患者和居民是分级诊疗制度的主要受益者：一是降低患者前往三级医院就诊所花费的时间成本和经济成本，患者通过基层医疗机构就能够接受到连续性的全程治疗服务。二是基层医疗机构通过健康管理，能够有效帮助慢性病、接受康复治疗的患者和家属全面细致的了解病情，从而对慢性病进行更有效的自我管理和病情控制。康复治疗患者则免去了到三级医院进行治疗的时间成本和经济成本双高的压力。但事实上，这些理论利益却无法得到患者和居民的认同。

在笔者的调查中，对受访者的就医习惯和对医疗机构的诉求做了调查，得出了以下结果：在144名受访者中，95人有过基层医疗机构就诊经历，占66.0%；119人认为基层医疗机构医护人员技术能力有限，98人认为基层医疗机构检查设备有限。此外，针对患者和居民就诊选择依据的调查结果显示，患者和居民选择就诊医疗机构的依据占比最高的前三位分别是：医护人员诊疗技术水平、住处与医疗机构之间的距离远近和检查技术及设备的先进程度。

第三章 分级诊疗制度在昆明市的实践

一、昆明市分级诊疗制度实施现状

当前,我国分级诊疗制度存在着各级医疗机构诊疗范围定位不明确,医保基金缺乏对基层首诊和双向转诊的有效管制,以及优质医疗资源分布不均衡,优秀医务人员和患者集中在上级医疗机构等情况,均加剧了我国目前有限的医疗卫生资源与人民群众日益增长的健康需求及享有优质医疗服务需求之间的矛盾,既导致了有限医疗资源的浪费,也使医保基金不堪重负。为解决这一矛盾,全国各地通过不同路径探索,实施分级诊疗制度,其中一些地区的分级诊疗制度实施已粗具成效。

2016年1月1日,根据《云南省政府办公厅关于建立完善分级诊疗制度的实施意见》,昆明市在辖区内全面实施分级诊疗和双向转诊,目标是在2020年形成以"基层首诊、双向转诊、急慢分治、上下联动"为核心的、较为完善的分级诊疗模式。昆明市开展分级诊疗制度实施工作至今,已经取得了一定成效,但与发达地区分级诊疗实施成效仍存在一定差距。截至2016年底,昆明市全市共设有医疗机构4755个,公立医院107个,民营医院200个。其中,三级医院28个,二级医院67个,一级医院52个。社区卫生服务中心(站)394个,卫生院107个,村卫生室1285个,门诊部170个,诊所、卫生所、医务室2395个。从医疗机构设置数量上来说,已基本形成昆明城市居民的"十五分钟医疗卫生服务圈"的雏形。

2016年,云南省人民政府办公厅发布《关于推进家庭医生签约服务的实施方案》（云政办发〔2016〕140号），在此指导意见下，昆明市政府、昆明市卫生健康委员会等部门根据实施方案，联合辖区内各医疗机构开展了一系列家庭医生签约服务宣传活动，并在全市范围内积极推广、开展家庭医生签约工作，各区（县）的家庭医生签约率均得到了提升。昆明市、玉溪市等6个公立医院改革试点城市开展家庭医生签约服务工作，6个公立医院改革试点城市共签约393.8万人，常住居民签约率为15.27%。

此外，吸引优秀医疗人才下沉到基层医疗机构。国家人力资源社会保障部在2015年发布了《人力资源社会保障部国家卫生计生委关于进一步改革完善基层卫生专业技术人员职称评审工作的指导意见》（人社部发〔2015〕94号），2016年云南省人力资源社会保障部印发了《云南省基层卫生高级职称评审办法》（云人社发〔2016〕108号），两份文件在应用编制、人员聘用等方面重点向全科医生倾斜，特别是在全科医生职称晋升方面，基层医疗机构全科医师晋升考核标准不再与上级医疗机构使用同一标准，扩大了基层全科医师职称晋升的空间。

然而，昆明市分级诊疗工作目前仍存在不少问题和困难，与2020年的预定目标还有很大差距。

在本文中，笔者主要选取昆明市三级医院——云南省H医院和基层医疗卫生机构——昆明市P区L社区卫生服务中心，作为医疗机构研究对象，具体分析昆明市分级诊疗制度实施过程中存在的问题。

昆明市P区L社区卫生服务中心地处昆明市北市区，该卫生服务中心除专科门诊，如眼科、耳鼻喉科和需手术治疗的项目外，还开设普通门诊，具备诊治门诊常见病的医疗能力。L社区卫生服务中心的病患来源主要是周围几个城中村居民、城乡结合部居民和流动人口。医保病人以城乡医保为主，占90%，城镇居民医保和职工医保占10%。

云南省H医院作为现代化三级甲等医院，地处昆明市市中心，拥有国家临床重点建设专科2项，此外，该院Y专科作为优势科室在全国最佳临床学科专业中位列第13位。作为地处云南省省会城市中心的三甲医院，云南省H医院不仅承担着云南省各地区患者的诊治，技术专长突出的Y专科还承担着周边省（市）的患者的诊治。

二、昆明市分级诊疗制度实践存在的问题

(一) 卫生行政部门与医疗保险部门政策不相适应

2014年,原国家卫生计生委联合财政部、人力资源和社会保障部、国家医管局等部门,发布《关于印发开展全科医生特设岗位计划试点工作暂行办法的通知》(国卫人发〔2013〕35号),根据通知安排,云南省作为试点省份开展全科医生特设岗位计划。根据云南省卫生健康委相关工作部署,云南省全省力争达到每万名居民配置2~3名全科医师。然而截止到2017年,全省全科医师仍有近9000人的缺口无法补足。为解决全科医师数量缺口,云南省人民政府办公厅在2018年发布了《云南省人民政府办公厅关于改革完善全科医生培养与使用激励机制的实施意见》,该意见中再次强调了到2020年,将实现每万名城乡居民拥有2~3名合格的全科医师的工作目标。云南省人民政府办公厅从全科医师培养体制改革、全科医学服务体系建设、全科医师使用激励机制落实等方面,对云南省全科医师培养使用工作进行了安排部署。尽管省、市两级政府都在积极出台相关政策,鼓励医学院校毕业生从事全科医学服务工作,但截至2017年,昆明市全市全科医师规范化培训合格的973人中,仅有280人注册为全科医学专业,全科医师和居民配比与国家要求的全科医师配比差距甚远。

与全科医师人才队伍建设息息相关的,是昆明市分级诊疗工作采取的家庭医生签约模式。在分级诊疗制度框架构建中,社区卫生服务机构与居民签约的家庭医生,承担着签约居民的基本医疗、公共卫生及健康管理服务等工作。昆明市采用的家庭医生签约模式为居民自愿选择一所基层医疗机构、一所二级医院和一所三级医院所组成的"1+1+1"模式。但全科医师的匮乏,在很大程度上影响着家庭医生签约工作的推广和分级诊疗制度工作的落实。

2009年8月,国家发改委、原国家卫生部等九部委发布了《关于建立国家基本药物制度的实施意见》,我国正式建立国家基本药物制度。《国家基本药物目录》分为基层医疗机构配备使用部分和其他医疗机构配备使用部分,在政策颁布初始,基层医疗机构配备使用的基本药物仅有307种,国家卫健委

分别在 2012 年和 2018 年底对《国家基本药物目录》中的药物种类做了更新，2018 年 11 月更新的《2018 年版国家基本药物目录》中，基本药物品种目录已增加至 685 种。基本药物制度的实施，遏制住一些医务人员专开高价药、违规收取药品回扣的现象，促进药物的合理使用。但在基本药物制度实施初期，也就是分级诊疗制度推广实施初期，极有限的基本药物种类却成为慢性病患者到基层医疗机构就诊的最大阻碍（见图 1-2）。

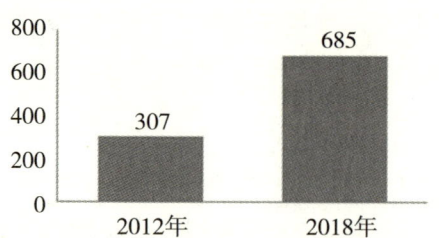

图 1-2 国家基本药物目录比较

昆明市从 2015 年 7 月起，要求三级医院医师每周至少在社区卫生服务中心坐诊半天。三级医院医师到基层医疗机构坐诊，原是为了分流三级医院过多、过剩的病人，缓解就医难、治病贵的现象，同时，三级医院医师下基层服务的同时，也可以提升基层医师的服务水平，最终使居民受益。然而，基本药物制度对基层医疗卫生机构采购销售药物种类的限制，导致上级医疗机构医生到基层医疗机构坐诊的时候，能治疗患者疾病的药物如果不属于基本药物范围，医生就开不出处方，患者在基层医疗机构药房也拿不到药。

当基层医疗机构可配置的药物种类增加时，患者和居民已经形成了到三级医院针对慢性病患者专设的方便门诊开药的就诊习惯，难以扭转。

我国现阶段的医药卫生体制改革，不应是单独的医疗机构改革，它还应包含医药及医保政策相关的联动改革。现有局面下，医疗机构若严格执行分级诊疗制度，则基层医疗机构还是受困于基本药物制度和医保政策制约，现行的基本药物制度无法满足到基层医疗机构就诊患者的需求。而医保政策对越级就诊的患者不具有约束性。

以昆明市 2020 年政策为例，居民每年缴纳 250 元即可享受城乡居民医保。居民城乡医保对住院患者报销政策为基层医疗机构（一级医院）报销 91%，区级医院（二级医院）报销88%，三级医院报销85%。因为报销比例差别不大，居民更愿意到医疗资源更加丰富的二级医院。

此外，根据《昆明市人民政府关于印发昆明市城乡居民基本医疗保险实施办法的通知》（昆政发〔2012〕65号）要求，昆明市于2013年1月1日起正式启动实施城乡居民基本医疗保险制度，即从2013年开始，昆明市新型农村合作医疗制度与城镇居民医疗保险制度合二为一。该政策的主要实施目的在于促进社会公平公正，让昆明市农村户口居民与城镇户口居民享受同等医保待遇，扩大原新农合医保参保居民采购药品的品种范围。但与此同时，新农合与城镇医保合二为一后，却在一定程度上阻碍了昆明市，乃至云南省的分级诊疗制度的实施工作。以云南省H医院为例，在整合医保资源之前，昆明市以及云南省其他地区的新农合参保患者前往云南省H医院住院治疗，必须具有当地县级医院开具的转院证明，才能对住院治疗等费用进行报销。新农合与城镇医保整合后，由于云南省内各地区政策执行存在差别，部分地区新农合参保患者到云南省H医院住院治疗不需要再在当地开具转诊证明，其医保卡可直接在云南省H医院住院、治疗时使用。以往新农合医疗制度在一定程度上限制参保人员必须通过基层首诊、转诊才能前往三级医院住院治疗，部分地区在整合后取消了这一限制。这一政策的实施，加剧了昆明市三级医院挂号难和住院难的现状。

尽管分级诊疗能够给患者和居民带来便利，降低了就诊所需的时间和金钱成本。但慢性病，如高血压等在基层医疗机构能得到更好的病情管理，家庭医生签约服务等基层医疗机构能够提供的诊疗服务，患者和居民知晓率依然不高。

昆明市政府部门作为分级诊疗制度实施过程中的确定的利益相关者，虽然颁布了诸多政策推进开展分级诊疗工作，但在这一过程中，财政补助资金的不足，以及医保政策的配置滞后，致使昆明市政府部门中卫生行政部门及医疗保险部门的利益产生冲突与矛盾，加大了分级诊疗制度工作的实施难度。

（二）医疗资源配置不均衡

至2016年底，昆明市全市各级医疗机构共设置床位57776张，其中医院床位 49785 张，乡镇卫生院床位 3986 张，昆明市每千人医疗机构床位数为 8.59 张。各级医疗机构病床平均使用率为 81.61%，其中，三级医院为 100.67%，二级医院为 74.4%，一级医院为 47.975%。

2017 年，昆明市全市全年总诊疗人数为 54463358 人次，其中医院诊疗人数为 30292227 人次，占总诊疗人数的 55.6%，基层医疗机构诊疗人次为 18359058 人次，占总诊疗人数的 33.7%。全市全年总出院人数为 1827621 人。其中医院出院人数为 1577818 人，占总出院人数的 86.3%，基层医疗机构为 135516 人，占总出院人数的 7.4%。

2017 年底，昆明市全市共有卫生技术人员 71000 人，其中执业（助理）医师 26049 人，注册护士 32120 人，平均每千常住人口拥有执业（助理）医师、注册护士分别为 9.63 人和 3.87 人。①

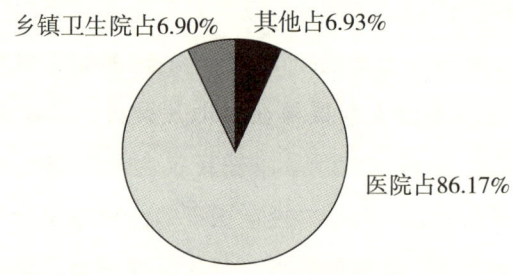

图 1-3　昆明市医疗机构床位数比例

从以上统计数据和图 1-3 可以看出，三级医院的床位使用率是一级医院的床位使用率的近一倍，而基层医疗机构无论是从床位数、总诊疗人数还是出院人数，都与医院存在较大差距，医疗资源主要还是集中在三级医院。因此患者和居民诊疗首选仍然是三级医院。公立医院虽受政策影响无法增加床位数，但仍以医疗联合体、专科学科联盟的方式持续扩张。基层医疗机构并无明显增长，更因为 2018 年云南省范围内高铁线路的开通，高铁能够到达的州（市），其患者和居民前往昆明市大型医疗机构就医的时间和金钱成本降低，导致前往三级医院的患者和居民人数不降反升。

---

① 昆明市卫生健康委员会. 昆明市整体医疗资源情况 [Z]. 2018.

2017年被称为医改的落实之年,全国各地积极推进分级诊疗制度落实工作。2017年7月,云南省政府办公厅印发《关于推进医疗联合体建设和发展的实施意见》①,该意见要求每个州(市)至少有一所三级公立医院牵头与下级医疗机构建立医疗集团。根据《意见》要求,各家三级医院及其优势临床科室都与地州(县、市)的二级、三级医院成立了规模不同的医疗联合体和学科联盟。昆明市由三级医院牵头成立的医疗联合体,主要是采取三级医院专家到基层医疗机构坐诊、建立专家工作站以及远程会诊等方式进行协作。为保障县乡、二级医院与三级医院之间远程会诊工作的开展,云南省卫生健康委员会启动了"县县通"远程医疗系统建设,覆盖全省范围内129个县(市、区)的204家医疗机构,截止到2017年,该远程医疗系统已累计完成166万例诊疗。

但事实上,医疗联合体在实际运作过程中,"双向转诊"通道仍然存在着"向上转易,难向下转"的问题。从三级医院转诊至二级医院、基层医疗机构的患者人数,远不及由基层医疗机构和二级医院转诊至三级医院的患者人数(见图1-4)。

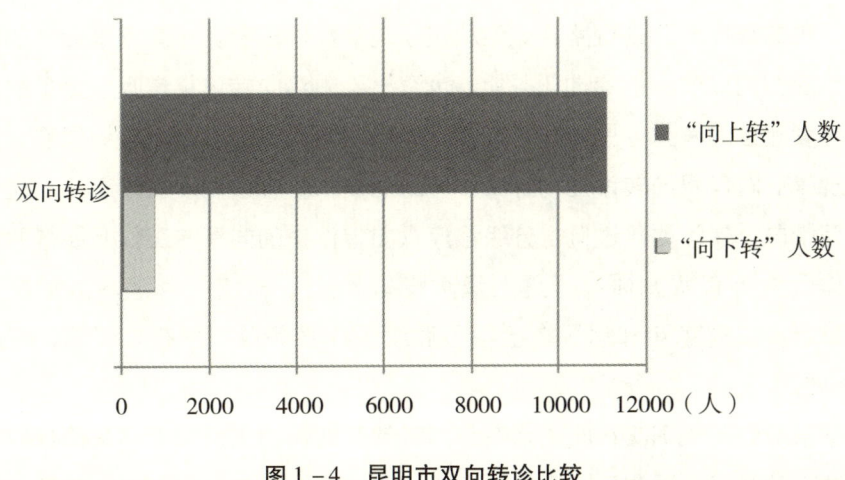

图1-4 昆明市双向转诊比较

---

① 云南省人民政府办公厅. 云南省人民政府办公厅关于推进医疗联合体建设和发展的实施意见 [Z]. 2017.

2017 年，昆明市全市基层医疗机构向上级医院转诊人次为 11129 人，而上级医院向下转诊的人次仅为 774 人。全市全年出院的 1827621 人中，仅 4922 人转向基层医疗卫生机构，医院向基层医疗机构转诊率仅为 0.31%，基层医疗机构向医院转诊率也仅有 0.34%，总体情况并不理想。

笔者就分级诊疗制度中三级医院和基层医疗机构"双向转诊"病例数做了调查分析，云南省 Y 医院和云南省 H 医院分别为昆明市内三级甲等综合医院，两家医院都依托医疗联合体建设，与二级医院和基层医疗机构建立了双向转诊通道。2018 年云南省 Y 医院由二级医院、基层医疗机构转入病例数和 Y 医院转入基层医疗机构的病例数比例为 9:1。云南省 H 医院双向转诊工作中，由基层医疗机构和其他医疗机构转入 Y 医院的病例数为 4163 例，转出病例数为 283 例，其中，转出至二级医院病例数为 100 例，占转出病例总数的 35.3%，转出至基层医疗机构的仅为 15 例，占转出病例总数的 5.3%。昆明市 P 区 L 社区卫生服务中心作为基层医疗机构，云南省 H 医院是其双向转诊对口医院，2018 年 L 社区卫生服务中心全年诊疗人次为 27943 人次，出院人数为 684 人。昆明市 P 区 L 卫生院转至云南省 H 医院的病例数为 247 例。

政府鼓励建设医疗联合体和专科学科联盟的初衷是依靠这些联合体、联盟对辖区内的医疗资源进行整合。但从实际统计数据来看，各医疗联合体的建立除为了应付完成政府指令性任务外，也有出于由双向转诊渠道吸引更多的基层首诊患者转诊的考虑，更多的医疗联合体建设，都是为了抢占市场份额，扩张医院规模。对口双向转诊签约等工作，未能使双向转诊制度有效运行。昆明市全市范围内，转诊比例过低，分级诊疗双向转诊中的向下转工作开展得并不理想，原因主要有两方面：一是上级医疗机构处于利益考量，不愿意将病人"向下转"；二是患者和居民自己担心后续医疗服务得不到有效保障，不愿意"向下转"。

基层医疗机构则实行收支两条线的政策，即医护人员收入不与诊疗数量挂钩，这一政策极大限制了基层医疗机构的积极性，导致基层医疗机构不愿诊疗患者，出现愿意将患者"向上转"的局面。不少基层医疗机构医务人员为规避诊疗风险，将病情稍重或稍复杂的病人通过双向转诊直接向上转诊。这种现象近年来不单存在于基层医疗机构，一些二级医疗机构也逐渐出现不愿承担诊疗风险而将病人直接"向上转"的现象。

基层医疗机构为保持高公益性,维持运营完全依赖于地方财政,其设施设备的更新换代,更离不开地方财政的补助。但现阶段,昆明市市区内基层医疗机构无论是从软件方面(医务人员诊疗技术水平)还是硬件方面(检查检验设备配置),都无法满足分级诊疗制度下患者和居民的就诊需求。

我国现今的医疗服务市场,大型综合医院长期垄断优质医疗资源现象突出,优秀人才流动以基层医疗流向三级医院为主,居民对高层次医务人员的需求在基层医疗机构无法得到满足,这是患者和居民对基层首诊接受度低的主要原因。昆明市基层医疗机构人力资源主要存在以下问题:一是人员编制不足,编制外聘用人员流动性较大。加上我国现行的执业医师考试制度要求,参考者必须满足在医疗机构工作满一年的要求才能报考。这一规定让人力资源紧张的基层医疗机构成了很多医学院校毕业生求职上级医疗机构的跳板。二是人员学历、技术职称偏低。昆明市全科医师主要来源于医学院校全科专业毕业生和专科医师转变执业范围注册两类。但全科医师的就职业前景、收入待遇都不及专科医师强,医学院校中的优秀人才很少有人愿意选择就读全科专业。已参加工作的高职称专科医师如果希望转变注册职业范围,成为全科医师,需参加国家全科医师规范化培训三年,培训期间,收入的减少成为阻碍专科医师转变为全科医师的主要因素。

医疗机构作为医疗服务提供方,是分级诊疗制度具体执行方,是分级诊疗制度实施过程中的预期利益相关者,由于公立综合医院目前在医疗市场中处于垄断地位,对分级诊疗制度的实施影响力也较大。目前国家医药、医保政策与分级诊疗制度的不相适应,以及地方财政补助、激励机制尚不完善,导致无论是三级医疗机构还是基层医疗机构,在分级诊疗制度实施工作中的表现并不积极。

此外,近年来,民营资本大量涌入医疗卫生服务市场。由于大型综合医院投入成本高,以及高职称、高级别医护人力资源匮乏等因素,民营资本将主要投资方向放在了专科医院和基层医疗机构。民营基层医疗机构既不受医保政策制度的严格限制,同时又存在超诊疗范围经营现象严重、医务人员水平参差不齐等问题,相关部门监管的缺失和处罚力度不足,使得这些民营基层医疗机构在一定程度上加深了患者和居民对基层医疗机构技术的不信任。

(三) 患者和居民对分级诊疗认同度不高

近年来,我国经济飞速发展,随着城市化建设的进一步发展,居民消费标准逐步提高后,反而不愿意接受基层医疗机构提供的服务,包括基层医疗机构能够提供的免费公共卫生服务。这种盲目追求高级别医疗机构诊疗的情况又与患者居民追求低成本、方便高效医疗服务的心理相矛盾。尽管分级诊疗和家庭医生签约服务是近年来公共卫生政策的热点,政府和媒体都进行了一定程度的宣传,但患者和居民对分级诊疗和家庭医生签约的知晓率一直较低,基层首诊制度的接受程度也并不高。

为配合落实分级诊疗制度工作,昆明市医疗保险部门提高基层医疗机构住院治疗报销比例,但基层医疗机构与三级医院报销之间仍存在20%的差额,居民城乡医保对于住院转诊的报销政策为基层医疗机构(一级医院)报销85%,区级医院(二级医院)报销75%,三级医院报销60%,但患者对基层医疗机构医护人员技术水平和检查检验设备的不信任,使得这一政策得不到有效的利用。

在接受回收的有效调查问卷中,65.3%的受访者反对政府通过医保报销政策强制基层首诊和逐级转诊。患者和居民选择就诊医疗机构时,最看重的是医务人员的诊疗及水平。在对患者和居民的调查采访中,笔者了解到,患者和居民对于基层首诊和逐级诊疗存在以下几点顾虑:第一,基层首诊是否会延误患者病情?第二,逐级转诊会不会导致重复挂号和检查,最终医疗费用反而增加了?第三,逐级转诊是否在向三级医疗机构转诊时,能够优先安排住院,享受额外福利待遇?若是通过医保政策的杠杆作用,在患者和居民对基层医疗机构的诊疗服务水平不具备信心和信任时,限制患者和居民选择就诊医疗机构的自由,那么患者和居民将会变成分级诊疗制度的反对者,阻碍分级诊疗制度的实施。

三、昆明市分级诊疗制度实践存在问题的主要原因

(一) 各利益相关主体的职责权利划分不够明确

分级诊疗制度的实施,不单是为了解决我国目前患者就医难、看病贵的问

题，更是为了缓解支付压力日益加剧的医保基金，转变居民对于政府在解决民生问题上的不满。

但分级诊疗制度实施过程中，各利益相关主体，特别是医疗机构现有的实际利益被打破后，得不到有效的平衡与补偿，也就无法顺利推进分级诊疗制度的实施。目前，昆明市医疗卫生机构资源分布与全国大部分地方情况相同，稀缺的优质医疗资源集中在三级医院，形成了前往三级医院求诊的患者居民越来越多，基层医疗机构的病人越来越少的"马太效应"。分级诊疗制度的实施只是对于各利益相关主体的实际利益进行初步分配。接下来的多次分配问题，各级医疗机构无法解决，需要政府通过顶层设计引导各级医疗机构转变自身的利益去向，才能促进各级医疗机构实现利益均衡。

(二) 各级医疗机构对分级诊疗提供服务的准备还不够充分

优化医疗资源配置，明确各级医疗机构的职责和功能是分级诊疗工作能否顺利实施的重点。但在实际过程中，昆明市全科医师人力资源的匮乏、三级医院和基层医疗机构财政补偿政策不同，都从很大程度上限制了分级诊疗制度在昆明市的实施。

财政补偿机制未能明确如何补偿三级医院在实施分级诊疗后门诊量下降带来的收益损失时，三级医院这一利益相关主体无法成为分级诊疗制度的推行和支持者，实际表现为医务人员在诊疗过程中，不愿意将病人转入基层医疗机构进行后续治疗和康复。

而全科医师人力资源的总体匮乏、设备得不到及时更新换代，以及"收支两条线"的财政政策，让基层医疗机构在人员配置上无法满足患者和居民对于家庭医生的需求；在检查检验设备上，无法满足基层医疗机构医务人员诊疗疾病的要求；在人员激励机制上，行而有效的激励机制的缺乏，导致基层医疗机构医务人员缺乏积极性。

(三) 政府对分级诊疗制度的宣传不够深入和广泛

任何一项政策的颁布和实施，都离不开广泛而有效的宣传。要扭转患者和居民现有的就医习惯是一个长期而缓慢的过程，没有深入有效的广泛宣传，这一想法难以实现。当前昆明市对分级诊疗制度的宣传，相对来说缺乏持续性和广泛性。2017年8月初,昆明市的主流媒体曾对三级医院昆明市K医院和YC社区卫生服务中心签订双向转诊协议的工作进行过报道,该协议的签订是为响应将慢病放到基层医疗机构进行管理的政策规定。签订协议同天,昆明市K医院取消了为慢病患者开具治疗药物的方便门诊,一时间医院收到了大量来自患者的投诉,最终方便门诊取消的工作只能暂缓。

在2017年,昆明市内各区的政府、卫生行政部门曾联合区内各级医疗机构通过义诊活动,推进家庭医生签约服务工作的开展和实施,但效果甚微,前往活动现场的患者和居民,绝大部分仍然是为得到三级医院专家的诊疗,对分级诊疗和家庭医生签约服务并没有深入的了解。

由于政府对于分级诊疗制度的宣传缺乏有效性和广泛性,媒体制造的社会舆论小,昆明市分级诊疗推进工作进行至今,患者和居民对分级诊疗制度知晓率仍旧不高。分级诊疗制度在患者和居民这一利益相关主体方面,得不到有效的支持。患者和居民对于分级诊疗制度实施所带来的就医成本降低、医保报销金额提升和持续的健康管理等实际利益缺乏实际了解,昆明市基层医疗机构现状也无法得到患者和居民的信任,从而对政府实施分级诊疗工作理解存在不足。

第四章 优化昆明市分级诊疗制度实施的对策建议

一、加强政府部门顶层设计,完善政府统筹

政府部门既是分级诊疗制度实施中的规划者、政策制定者,也是分级诊疗制度中的监督管理者,具有其他利益相关者不具备的合法性和权力性。昆明市分级诊疗制度实践过程中,诸如全科医师队伍建设、三级医疗机构收益损失补偿、基层医疗机构财政政策对服务积极性的影响,以及医保政策对分级诊疗实施影响等问题,各级医疗机构都无法解决;这些问题只能通过政府部门完善顶层设计,才能使分级诊疗制度与医保政策相适应,并且引导各级医疗机构转变自身的利益趋向,从而促进各级医疗机构实现利益均衡。

二、加强医疗、医保、医药政策联动,完善配套政策

在新时代,通过分级诊疗制度实施,缓解社会经济发展、医疗资源配置以及居民对医疗服务需求之间的矛盾,是一个长期的缓慢的过程。这期间,需要卫生行政部门、医疗保险部门,以及财政部门共同协作,统筹兼顾,完善与之配套的政策法规,有法可依,有理可据,才能在对医疗机构起到约束作用的同时,引导居民患者转变习惯,接受基层首诊。

(一) 制定行之有效的分级诊疗转诊标准

配套政策的滞后通常容易造成基层医疗机构接诊积极性不高,不愿承担诊疗风险的问题，其根本原因在于昆明市各级医疗机构缺乏转诊的标准和程序。无论是基层医疗机构还是三级医院，双向转诊都缺乏统一的转诊标准。缺少明确的转诊程序和缺少规章制度的硬性约束，双向转诊完全依据医务人员的主观判断和医疗机构的运营情况而定，双向转诊涉及医疗机构和个人存在权力寻租的空间。明确疾病转诊标准和程序等规定，能够有效地促进双向转诊和逐级转诊工作规范化、精细化，提高转诊合理率，促进分级诊疗的实施。

（二）充分发挥医保系统的引导作用

建立和完善与分级诊疗制度相匹配的医疗保障系统，在完善落实分级诊疗工作中起着重要作用。医保制度可以被称为患者和居民进行就诊选择时候的"指挥棒"。目前25%的医保报销差异化较小，引导患者到基层医疗机构首诊效果甚微。当前云南省级医保和昆明市级医保对医院住院病人采取的仍然是按项目收费报销政策，不同级别的医疗机构接诊疾病相同，诊疗项目不同，医保政策无法约束慢性病患者下沉至基层医疗机构。所以，应建立按病种、按医疗机构级别支付费用，以及逐步降低患者未按照逐级转诊规定而直接越级前往上级医疗机构的报销比例，实现差异化报销，发挥医保系统对分级诊疗的指挥引导作用。

三、加强基层医疗机构建设以提升家庭医生的服务质量

无论是完善分级诊疗转诊标准，还是通过医保差异化报销指挥引导患者前往基层医疗机构进行首诊，基层医疗机构是否具备承担分级诊疗制度实施中相应的工作能力，是首当其冲的关键。基层医疗机构能力不足，硬件软件配置跟不上，改变现行医保报销政策只会让患者和居民产生不满，消极抵抗分级诊疗，还会加深医患之间的矛盾。

提高基层医疗机构诊疗水平，不仅是要完善基层医疗机构检查设施设备配置，还应该完善基层医疗机构的人力资源配置。为满足基层医疗机构，特别是乡镇、农村地区基层医疗机构对于全科医师的需求，医学院校需要加强对全科专业学生的定向培养，根据实际需求设置专业课程。加快完善基层医务人员的人事制度，建立合理的薪酬制度，切实提高基层医疗机构全科医师的薪资待

遇。另外，还应完善基层医疗机构医务人员提高诊疗技术水平的激励机制，从资金补助上，通过鼓励基层医疗机构医务人员通过外出进修培训、参加继续教育活动等方式，提升基层医疗机构医务人员的学历、技术职称等级。同时，基层医疗机构应充分利用现行政策，加强与上级医院的协作，定期邀请三级医院专家医师前往社区进行业务交流指导。政府部门应充分考虑目前全科医师职业发展前景不如专科医师的问题，对全科医师的职业发展规划提供帮助。最后，要加大财政对于基层医疗机构的资金投入，根据基层医疗机构的诊疗范围，更新检查设备的配置，满足日常诊疗需求。

转变患者和居民的就医习惯是一个缓慢且长期的过程，因此基层医疗机构与上级医疗机构的互动合作，应形成常态化、长期化，利用现有政策与合作框架，通过三级医院专家定期坐诊，提升民众对基层医疗机构的好感和信任，从而逐步培养患者和居民的基层首诊习惯。

基层医疗机构全科医师的欠缺，使得一味追求全科医师与居民配比流于形式，签约的家庭医生无法承担起"守门人"的角色，更无法发挥家庭医生在健康管理、健康促进方面的作用。现阶段，昆明市患者和居民与家庭医生签约后，除了慢性病健康管理外，很难体会到家庭医生在基层首诊和逐级转诊过程中的作用。因此，基层医疗机构要与上级机构建立高效可行的双向转诊制度，比如北京市卫健委要求加入医疗联合体的三级医院必须保留30%的门诊号源用于基层医疗机构转诊。通过政策硬性规定预留一定数量的号源和床位给基层医疗机构的转诊病人，能充分体现家庭医生签约服务的优势，吸引更多的患者和居民与基层全科医师签订家庭医生服务。所以，昆明市应完善建立细化可操作、具有制约性的家庭医生服务实施方案，提高对现有签约的家庭医生医疗服务质量。

四、明确医疗机构功能以优化医疗资源配置

当前，昆明市各层级医疗机构定位模糊，各级医疗机构都开设有普通门诊，基层首诊的实施情况并不理想。虽然各三级医院响应政策规定，成立了不同专科的临床诊疗中心，但这些诊疗中心的主要作用还是为三级医院从基层医疗机构虹吸病人服务。

明确现有的三级医疗网络功能和分工，三级、二级医疗机构逐步取消普通门诊服务，让三级医疗机构将本应由基层医疗机构承担的慢性病患者管理，真正转交给基层医疗机构负责，二级医疗机构承担起普通疾病的诊治工作，三级医院则将技术力量和资金力量集中在疑难病症的诊治。医疗机构分工上，避免各级医院重复开展诊疗项目。现有的三级医疗机构应该充分发挥自身的资源优势，发展优势学科，进一步发展、壮大核心业务，才能够从根本上有效分流患者，提高医疗卫生资源使用效率，以满足群众对急难险重疾病的诊治需求。

五、各级医疗机构上下联动以构建双向转诊绿色通道

目前，双向转诊实施困难并非是由于转诊通道不畅通，而是上级医疗机构未积极参与"向下转"，患者和居民自身"向下转"的意愿也很低。双向转诊制度的实施过程中，要针对各利益相关主体的利益诉求进行具体分析，才能进行有具有针对性的利益协调。

建立完善的双向转诊制度中的利益协调机制，解决各级医疗机构间存在的利益冲突，保障协调和均衡该制度实施过程中利益相关主体的利益诉求，避免由于患者资源冲突带来的医疗服务效率降低。

另一方面，现阶段基层医疗机构无法满足患者"向下转"的后续诊治需求。探索对基层医疗机构实施托管制或将解决问题，即基层医疗机构由上级医疗机构托管，在托管期内，由上级医院医务人员前往基层医疗机构坐诊，而原基层医疗机构医务人员到上级医院进行进修学习，提高业务能力水平。在托管期内，患者不必担心转入基层医疗机构后的治疗问题。托管期结束后，基层医疗机构人员业务诊疗技术水平得到了提升，基层医疗机构也赢得了口碑和信任，双向转诊机制逐步完善。

六、加强医疗联合体的政策支持和监管

昆明市现已成立的医疗联合体，过分追求加入联合体的医疗机构数量，过于庞大的医疗联合体，以技术协作为主要联合手段，其组织松散，甚至在很多时候各医疗机构间还会出现利益竞争，从而影响医疗联合体的协作效率。

因此，联合体内各医疗机构应寻求医疗机构间的共同利益诉求，强化医疗

发展共同体的意识，制定合理可行的医疗联合体淘汰机制，避免联合体医疗机构相互间恶性竞争。最大限度整合利用联合体内优质医疗资源，如技术发展领先的专科、先进的医疗设备等，将非核心和慢病业务占用的人力和装备资源输出，实现物尽其用、优势互补、资源共享、患者共享、利益共享。加强医疗联合体之间的紧密合作，保证联合医疗机构之间双向转诊落实到位，最终满足政府、各医疗机构和患者的利益诉求，实现区域内医疗资源的统筹利用，医疗机构共同发展。

也可将具备社会化服务条件的医技、医辅业务和装备有序剥离（如成立检验中心、医学影像中心等），重组成为独立实体，面向三级医院自身、医联体内部成员和社会其他医疗、科研机构服务。如上海市以上海交通大学附属瑞金医院为中心成立的"卢湾区医联体"（卢湾区医联体于2011年1月28日成立，2011年6月，上海市卢湾区与黄浦区合并为黄浦区），就成立统一的检验中心和医学影像中心，基层医疗机构无须财政再次投入资金配备相应的医疗设备。此类建设，在资源不足时亦可依托社会资源补充，医院减少相应设备投入、降低现有设备运行养护成本，从而降低三级医院的经营成本负担和压力，更好地推动核心业务发展。

七、运用"互联网＋"技术，助力分级诊疗新常态

患者和居民对于逐级诊疗制度接受程度低的主要原因在于，在逐级诊疗的过程中，增加的时间成本会延误患者病情诊治。昆明市现积极推进建设的远程医疗会诊中心就能很好地解决这一问题。健全远程会诊协作与转诊机制，医疗机构通过"互联网＋"技术，实现病例信息、检查报告及用药情况等信息的共享。患者在基层医疗机构或是二级医院，三级医院的专家通过"互联网＋"技术进行远程会诊，患者不需再前往三级医院排队等待病床入院，就能享受三级医院专家的专业诊疗。与此同时，三级医院专家通过远程会诊，与二级医院和基层医疗机构医务人员就病例诊疗技术进行指导和交流，提升基层医疗机构医务人员的诊疗水平。

八、建立实施科学合理的绩效评估

在分级诊疗制度实施过程中，昆明市乃至云南省范围内，目前并未对政府部门和医疗机构开展的分级诊疗制度实施工作进行有效的绩效评估。此外，三级医院出于自身发展和利益考虑，以及基层医疗机构财政补助制度宽松等因素，也导致医疗机构难以提高积极性来配合政府完成既定的目标。由此看来，针对分级诊疗制度实施工作，对医疗机构和政府部门进行绩效考核，能够解决当下医疗机构与政府部门缺乏积极性的现状。

针对分级诊疗制度实施工作进行的绩效考核，应该从改革和完善公立医院运行机制和医务人员激励机制出发，建立科学合理的考核体系，从而进一步落实各层级医疗机构在分级诊疗中的功能定位，有效提升医疗服务效率，使昆明市的分级诊疗工作更加完善。

九、加大对分级诊疗制度的宣传

患者和居民虽然与医疗机构一样是分级诊疗制度实施过程中预期的利益相关者，但双方对于利益的诉求却不一样。患者对于医疗服务的诉求是能得到方便、快捷、廉价的诊疗服务。许多学者认为，通过修改医保制度，使其发挥杠杠作用，可以使患者和居民回归基层卫生医疗机构就诊。但通过强制降低患者和居民对医疗服务的自由选择权，效果却适得其反。根据《云南省和昆明市"十三五"卫生与健康规划》，以及云南省健康素养促进行动项目的相关规划和要求，卫生行政部门可以从以下几方面引导患者居民转变就医行为：一是以公共卫生服务项目目标人群为重点人群，加强目标人群家庭医生签约服务的推广工作，保证已签约居民的诊疗服务质量。二是建立良好的信息沟通渠道，让患者和居民能够方便及时了解基层医疗机构的人员配置、服务政策、惠民政策及医保政策信息等，加深居民和患者对基层医疗机构的认识和信任。

想要引导患者和居民前往基层医疗机构首诊，形成良好的就医习惯，首先要改变当前患者和居民大病小病都往大医院跑的就诊习惯。改变这一习惯最重要的工作是使居民重新对基层医疗机构医务人员的诊疗技术水平树立信心，信任基层医疗机构。

优质医疗资源配置不均衡所产生的患者和居民"就医难",近年来一直是社会热点。然而不管是政府部门还是社会主流媒体,对分级诊疗制度的宣传都存在深度及广度不足的问题,各种政策发布造成的社会舆论小,虽然都是与居民切身利益相关的政策,却一直未能对患者和居民的就医观念产生转变。因此,政府应加大宣传投入力度,充分利用网络媒体、电视、电台、报纸和宣传栏等媒体制造舆论热点,广泛而持续有效地宣传推广基层首诊和逐级转诊工作,以能满足患者和居民的利益诉求点作为宣传的主要内容,让患者和居民充分了解到基层首诊的好处。

同时,医疗机构也应该参与到分级诊疗制度宣传工作中来。每天都有大量的患者和居民前往各级医疗机构求诊或是探访病人,各级医疗机构应就自身在分级诊疗制度中的功能定位,以及分级诊疗制度能给患者和居民带来的切实利益进行广泛宣传,改变患者和居民对于三级医疗机构的盲目追崇。

通过多种宣传渠道,政府部门与医疗机构的共同参与,广泛而持续地向患者和居民灌输分级诊疗理念,提高患者和居民对基层首诊和逐级转诊制度的接受程度,才能最终逐渐转换患者和居民的就医习惯,培养其合理的就医习惯,建立科学合理的就医秩序。

十、结 语

尽管云南省人民政府、昆明市人民政府以及省市两级卫健委发布了多项政策积极推进和完善分级诊疗工作,但效果并不明显。分级诊疗制度实施,无论是从政策发布还是到医疗机构分工,都离不开对各利益相关主体的利益诉求进行权衡协调。因此,给予针对单一的利益相关主体进性改革,并不能有效推进分级诊疗制度的实施。

首先,昆明市整体基层医疗卫生机构服务能力欠缺,患者就诊仍然首选大型综合医院,导致基层医疗卫生机构的日常诊治功能下降和医疗设备的浪费。财政辅助政策的漏洞,也让基层医疗机构缺乏活力和积极性。因此,要落实分级诊疗制度,实现基层首诊,主要对以下几个方面进行改善:一要加大政府财政投入,根据分级诊疗对基层医疗机构服务能力和诊疗范围的要求,制定和明确基层医疗机构的建设标准和要求,并加大资金投入以完善基层医疗机构的医疗设备配置。二要建立科学合理的人事制度，合理的薪酬制度以及灵活的聘用制度是基层医疗机构建设人员充足、诊疗能力过关的人才队伍的前提保障。三要充分利用"互联网＋"技术，让患者和居民在就近的基层医疗机构就能享受到优质的诊疗服务。四要扩大基本药物种类目录，保障患者在基层医疗机构就诊时有药可取。

其次，昆明市三级医院作为分级诊疗制度实施过程中经济利益受损的一方，可以采取以下措施避免因分级诊疗的突进而面临较大的困难：一是积极采取措施提高自身在分级诊疗制度下的医疗服务市场竞争力。二是尽快建立全国统一的信息平台，包括医院、医生、患者等，涵盖预约挂号、双向转诊、在线诊疗与会诊等，共享患者电子档案、共享医疗检验结果。三是加快推进医师多点执业、自由流动的管理体制，通过给予补偿或奖励、鼓励医师到基层就业或出诊，并给予其一定的补助或奖励。

推行分级诊疗制度，是合理配置医疗资源，促进基本医疗卫生服务均衡发展的重要举措，公立医院作为深化医药卫生体制改革的主力军，应找准定位，适应新形势的要求，发挥自身优势，积极化解政策变化对公立三级医院的不利影响，保证自身健康、长远发展，提高人民健康水平，进而继续发挥重大的医疗技术与服务引领作用。

本文对分级诊疗制度实施的启示有两点：一是政府部门只有通过完善政府统筹政策，加强相关政策联动性，才能保障分级诊疗制度的建立和顺利实施。通过落实社会宣传，让患者和居民切实理解和接受分级诊疗制度，才能做到柔性引导患者和居民改变就医习惯，形成科学合理的就医次序。二是医疗机构只有通过加强自身主动性，明确自身功能定位，才能在分级诊疗过程中将利益损失降至最低。

总而言之，通过分级诊疗制度的实施，缓解居民看病难、看病贵是一项任务负担重的长期任务，认真分析相关利益主体的利益诉求，才能顺利推行分级诊疗制度的实施落实，继而才能推进我国医疗医药卫生事业改革工作的顺利进行。

专题二 推进城乡发展一体化的社会保障政策研究

第一章 国内现行的社会保障政策概况

目前我国针对社会保险、社会救助和社会福利政策的各个方面,制定了一系列相应的法律法规和实施意见等,但城镇和农村的相关政策有别。下面将对这些政策内容进行梳理,同时发现其中不利于推进城乡发展一体化的方面,体现本文研究的意义。

一、社会保险政策概况

(一)老年社会保险政策

1. 城镇职工基本养老保险政策

经过几十年的探索,我国的城镇职工基本养老保险基本上实现了社会统筹与个人账户相结合的养老保险制度。按照我国相应的政策法规,企业必须为职工缴纳基本养老保险,企业缴费比例一般为企业工资总额的20%(全国各省、区具体比例各有不同),作为社会统筹基金,而职工个人也需要从工资中扣除8%作为个人缴纳部分,纳入个人账户名下。城镇其他灵活就业人员也可以参加城镇职工基本养老保险,个人需要缴纳的养老保险金基数按照当年上年度在职在岗职工的平均工资的20%计算,个人账户则从中提取8%,其余12%进入社会统筹基金部分。达到退休年龄领取基础养老金的标准是参照上一年度在岗职工的平均工资，以及再加上本人指数化平均缴费工资的平均值为基数。① 领取养老金的被保险人的缴费年限要满 15 年，如果达到退休年龄，但是未满累计缴费不足 15 年的，可以延长缴费至 15 年，或者可以申请转入户籍所在地的城乡居民社会养老保险，享受相应的养老保险待遇；也可以个人书面申请终止职工基本养老关系，并将个人账户储存额一次性提取出来。由于我国的基本养老保险制度经历了现收现付制到累计账户制，所以对于"老人""中人"和"后人"又有不同的缴费和发放方法，但最终还是按照新的养老保险政策收支养老保险金。

2. 新型农村社会养老保险政策②

"新农保"之所以"新"，就是因为政府在探索政府补贴、集体补助与个人缴费相结合的养老保险政策，为更好地保障农村老年人的生活。中央政府对于中西部的参保人予以全额基础养老金的补助，东部补助 50%，当地政府的补助标准每人每年不低于 30 元。有条件的村集体应当为积极参与缴纳养老保险的村民予以补贴，补贴标准由村委会决定。个人缴费的标准划分为若干个档次，每人每年的缴费标准从 100 元到 500 元不等，参保人自主选择参保档次，多缴多得。我国农村居民的基础养老金为每人每月 55 元，并且个人账户的养老金的发放标准与城镇职工的计发系数是一样的。我国"新农保"领取养老金的年限也是 15 年，但是对于在新农保实施后不同年龄段的人有不同的标准。

（二）医疗社会保险政策

1. 城镇职工基本医疗保险政策

我国基本医疗保险基金施行社会统筹和个人账户相结合的制度。医疗保险费用由企业和职工共同负担，企业的缴费比例为职工工资总额的 6%，而职工个人的缴费比例为 2% 左右，其中个人的缴费部分全部纳入个人账户中，而企

---

① 董洋. 中国养老金债务精算模型及其风险控制研究 [J]. 大连理工大学，2006 (6): 86 - 88.

② 新型农村社会养老保险于 2009 年开始实施，2014 年新型农村社会养老保险与城镇居民社会养老保险合并，统称为城乡居民社会养老保险。（本文写作于 2013 年，故作次注，下文不再作此说明）

业的缴费比例中有 30% 左右纳入个人账户,其余的归入社会统筹部分。个人账户部分主要是用于支付日常的门诊和小病的治疗,社会统筹部分主要是用于大病或住院治疗。

2. 城镇居民医疗保险政策①

城镇居民的医疗保险参保人员主要是各个阶段正在上学的学生,以及未入学的少年儿童和其他非从业城镇居民。城镇居民医疗保险的缴费以家庭为主,同时予以一定的政府补助,各试点地区根据各地区的消费水平和家庭的经济水平确定缴费标准,政府对参保人员的补助是每人不低于四十元。我国现在施行的城镇居民基本医疗保险基金重点用于大病医疗支出。

3. 新型农村合作医疗政策②

我国的新型农村合作医疗基金由个人缴费、集体资助和国家补助三种形式组成,农民个人需缴纳每人至少 10 元的医疗基金,经济发展较好,条件允许的农村地区可根据实际情况提高缴费标准。有条件的村集体可以对新型医疗制度进行补助,具体的补助标准由县政府协商决定,但不得向农民摊派费用。地方政府对于新型农村合作医疗的补助每人不低于 10 元,从 2003 年起中央政府为了减轻西部地区农民的负担,对于参加新新型合作医疗的农民给予一定的补贴。新型农村合作医疗基金主要用于农民大病的费用和住院的费用,对于年内没有动用医疗基金的农民,要安排一次常规体检。

(三) 失业社会保险政策

根据《失业保险条例》规定,我国失业保险金的参保对象为城镇企业、事业单位的职工。失业保险基金主要由单位缴纳和职工个人缴纳组成,缴费比例分别为单位工资总额的 2% 和个人工资的 1%,农民合同制工人是不需要缴纳失业保险费的。失业保险基金主要用于失业期间领取一定的失业基金,以及失业期间的医疗补助金、职业培训费、丧葬抚恤等。按照规定参加失业保险

---

① 2007 年城镇居民医疗保险政策开始试点。2016 年城镇居民医疗保险与新型农村合作医疗进行整合,建立统一的城乡居民基本医疗保险。

② 新型农村合作医疗于 2003 年在全国部分县(市)试点。2016 年,城镇居民医疗保险政策与新型农村合作医疗两项制度合并,建立统一的城乡居民基本医疗保险。

的,并且与原单位的关系维系超过一年,并非本人意愿中断就业的,同时在当地的社保局办理了失业登记,并有求职要求的失业人员可以领取失业保险金。失业保险金的发放标准介于城镇居民最低生活保障和当地的最低工资标准之间。失业人员领取失业保险金的期限,根据用人单位与失业人员累积缴纳的养老保险金的时间不同,可领取不同期限的失业保险金,最长不超过 24 个月。《失业保险条例》的附则中同时规定,各省(市、区)、直辖市可以根据本地区的实际情况,将社会团体及其专职人员、民办非企业单位及其职工、城镇个体工商户及其雇工也纳入《失业保险条例》的保障范围内。

(四)其他社会保险政策

1. 工伤社会保险

根据《工伤保险条例》,工伤社会保险主要是由用人单位缴纳工伤保险金,员工不需要缴纳工伤保险金,其缴费的金额为单位职工的工资总额乘以需要缴纳的工伤保险费的费率,费率的多少则参照相关的文件和条例。当单位职工因为在工作期间伤残和得了职业病,并由此造成了死亡、暂时或永久失去劳动力时,均可获得工伤保险赔付金。工伤保险基金主要用于工伤保险待遇、劳动能力鉴定等条例适用的费用支出,职工根据不同的伤残等级得到不同的伤残补助基金或是伤残津贴,以及丧葬补助金,及工伤亲属抚恤金,其具体的标准可以参考《工伤保险条例》。

2. 生育社会保险①

参照我国的《生育保险办法(征求意见稿)》(简称《意见稿》),生育保险基金主要是由用人单位进行缴纳,缴费比例按照职工缴费基数的 0.5% 进行。《意见稿》明确规定生育保险不再有户籍的限制,用人单位不依法缴纳生育保险造成职工不能享受生育保险待遇的,由用人单位支付相关待遇费用,并且要接受社保滞纳金的处罚。我国的生育保险金由两部分组成,分别为生育医疗补助费用和生育津贴。当单位职工在分娩或者实施计划生育手术时,用人单

---

① 《生育保险办法征求意见稿》从 2012 年面向全社会征求意见,但自 2017 年生育保险与基本医疗保险合并试点。2019 年底生育保险与职工基本医疗保险合并。

位已经为其参加生育保险且连续足额缴纳生育保险费满 12 个月,且符合国家计划生育的各项规定,即可按照规定领取生育社会保险。①

二、社会救助政策概况

(一) 贫困救济政策

1. 城市居民最低生活保障政策

我国城市居民最低生活保障政策的保障对象为所有共同生活成员的平均工资低于当地最低生活保障的非农业人口的城市居民,即可申请得到政府的救助,领取一定的救济金。城市居民最低生活保障标准是由各地人民政府自行确定,关于最低生活保障金发放,对于无生活来源,无劳动能力,无法定赡养人或抚养人的居民按最低生活保障金额发放。对于其他保障对象,按其家庭人均收入与最低生活标准的差额发放。最低生活保障金的补助标准根据当地的消费水平和 CPI 的涨幅适时进行调整,一旦标准经由当地人民政府批准后,应及时间社会公布。

2. 农村最低生活保障政策

农村最低生活保障的对象是农村家庭人均纯收入低于当地最低生活标准,主要包括孤寡残疾、年老体弱和生活条件恶劣的农村居民。农村最低生活保障补助标准由县级以上地方人民政府根据能够维持当地农民一年基本生活所必需的衣、食、住、行等各个方面进行确定,并适时地根据当地生活必需品的价格涨幅和人民生活水平的变化进行调整,一经确定后上报上一级地方人民政府备案,后向社会公布。农村最低生活保障金的发放根据不同的困难程度和类别,分等级发放,保障金的筹集主要是以地方政府的财政拨出为主,同时鼓励和引导社会力量对社会保障基金提供资助和捐赠。

(二) 灾害救济政策

我国政府的救灾方针是"政府主导、分级管理、社会互助、生产自救"②,

---

① 金建平. 我国生育保险法律制度研究 [J]. 湖南师范大学学报,2012 (3):43 - 45.
② 俞远汉. 建立分级机制提高救灾时效 [J]. 中国减灾,2012 (8):10 - 12.

各级部门根据灾情的严重程度和造成损失的大小进行救灾管理,救济金分级负担,中央政府和地方政府会给予相应的补助。政府鼓励民间的救灾救助,包括自然人、法人和其他社会组织进行捐助财产和物资,用于支援灾区、帮助灾民。

我国其他的社会救助政策还有农村五保供养、特困户救济、临时救济制度,以及城市无着的流浪乞讨人员救助政策,此处不一一做详述。

三、社会福利政策概况

(一) 未成年人福利政策

我国的未成年人福利可以分为一般未成年普遍福利、不幸未成年人福利和生活困难家庭的未成年人补助。一般未成年普遍福利基本上包括国家和各部门举办的学前教育、义务教育、学生免费午餐、医疗保健等福利政策;不幸未成年人福利主要包括政府对残疾儿童、流浪儿童等的福利政策;生活困难家庭的未成年人补助是给予他们最低限度的物质供给,以保障他们满足最低生活标准,实现其基本生活保障。

(二) 老人福利政策

我国的老年人福利是指所有到了一定规定年龄的老年人,不管其收入,是否享受养老保险金,经济来源如何都可以享受的社会福利。比如老年人乘坐公交车的免费政策、老年人进收费公园免费的政策、老年人免费进行健康检查的政策,以及各个地方政府开办的老年福利机构等。

(三) 残疾人福利政策

残疾人福利政策包括向其免费安装假肢,开设就业技能培训,进行康复训练,以及开办各种具有福利性质的残疾人学校,比如说聋哑学校、盲童学校等。残疾人凭中华人民共和国残疾人证在实行政府定价、政府指导价的旅游景点享受免费待遇。其他方面的优惠如下:火车、飞机可优先购票和搭乘;市内公共汽车免费;其随身必备的辅助器具免费携带。残疾人专用交通工具可就近免费停放;盲人读物普通邮件免费寄递;残疾人就医优先挂号、就诊,盲人、双下肢残疾人、多重残疾人免交挂号费;残疾人免费进入博物馆、纪念馆、科技馆（宫）等场所；使用收费公厕免费。

四、我国现行社会保障政策对城乡发展一体化的制约[①]

（一）条块分割的社会保障政策不利于城乡发展的一体化

目前我国条块分割比较明显的社会保障政策主要就是社会保险政策和社会救助政策。社会保险政策中无论是养老保险政策还是医疗保险政策，都基本上分为城镇和乡村两个部分。一个既定的事实是我国城乡发展的差距存在，而且在城镇生活的成本一定程度上是高于农村的，但是农村有土地，农村是可以自给自足的。养老保险分为若干城镇居民、企业、失业单位养老保险，农村养老保险、医疗保险也是类似的分类，但是失业保险只针对城镇职工，农民工并没有失业保险。而对于社会救助政策，我国的城镇有最低生活保障政策。但是近年我国随着经济的发展，城镇化建设的推进，出现了大量的农民工群体和失地农民，所以需要针对这部分农村群体的特殊性，制定出更符合我国现状的社会保障政策。现行的社会保障政策从整体上就是将城乡分割开来，不利于城乡的统一发展。

城乡发展一体化从系统均衡的角度来说，就是城市和乡村在这个系统内是处于相同地位的。在这个系统中人力、物力、财力和信息得到充分的流通，城乡之间互相融合、互相交流、互相依赖，形成时间和空间的资源最大化效用。但是我国的城乡社会保障政策很明显的有着城镇和乡村这种主观上的分割，两种不同经济体之间的社会保障存在很大的不同，这在一定程度上阻碍了城乡发展的进程。我国现行的某些社会保障政策不仅不会推进城乡发展一体化，反而成为城乡发展一体化过程中的障碍。所以需要探索找到一种较为合适的社会保障政策的模式，通过发挥社会保障政策的作用，积极地推动城乡的一体化进程。

（二）转移接续不畅的社会保障政策不利于城乡发展的一体化

我国现行的社会保障政策应该说是实现了市级统一，可以在一个市级的范围内进行转移接续，但是现在人口流动的频率很高，而很多人的各种保险金都可

[①] 本文写作于2013年，此部分内容仅代表当时的观点。关于城镇居民医疗保险与新型农村合作医疗的整合，以及城镇居民养老保险和新型农村养老保险的整合，城乡保障水平的差距逐渐减少，前文已经加以说明，此处不再作详细解释。

能只在一个地区交不到 15 年的期限，所以很多人知道养老保险金、医疗保险金等其他社会保障制度对于保障自身的各项权利具有重要的作用，但是因为缴费年限不够，退保只能退回个人账户中的一部分，这样既造成了个人缴纳的保险金没有起到其应有的作用，同时也造成公共资源的浪费。最主要的是我国的流动人口中有很大一部分是农民工，很多人并不会在一个地方进行长时间的工作，很多企业为了钻政策的漏洞，以及鉴于农民工自身对社会保障政策的不了解，就不会为农民工办理各项社会保险，加之有的地方的农民工社会保险究竟应该怎么交，各个地方都有自己的要求和规定。有的农民工认为农村的各项养老保险和医疗保险的档次较低，不愿意参保，而对于城镇的养老保险和医疗保险等还要视当地的具体情况而定，所以人口的流动在一定程度上受到限制，不利于城乡各项资源的流动与交流，不利于保障流动人口特别是农民工的权益。

一方面我国现行的社会保障政策不利于保障农民工和失地农民的基本权利，另外一方面，也很难吸引农民工回流，以及高水平人才投身到农村建设中。人力资源的流动性强烈需要社会保障政策具有一定的灵活性，将社会保障政策的各种红利从户籍政策中剥离出来，使其可以随着人口的流动一并进行迁移，使得社会保障政策不再是户籍政策的附属品，而是真正独立的社会保障政策。

（三）保障水平差距过大的社会保障政策不利于城乡发展的一体化

我国的社会保障水平在城镇的各种保险之间存在一定差距，城镇和农村的社会保障水平也存在一定的差距。首先是城镇居民和城镇职工以及事业单位等不同群体的养老保险以及医疗保险等存在较大的差距。公务员和事业单位的养老保险改革已然成为当今社会改革的热点，如何弥补养老金的缺口，实现社会公平，缩小各个群体之间的差距，是当前社会保障政策改革的重点。而且不仅城镇不同群体之间的差距大，城乡之间的社会保障差距更大，以养老保险为例，目前我国新型农村社会养老保险的养老金中位数为每年 720 元，而城镇及其他居民养老保险的养老金中位数为每年 1200 元，前者仅及后者的 60%。同时，城市人口领取离退休金的人数占 2/3，而农村只有 4.6%。我国的城乡发展一体化，不仅是要进行城镇化建设、基础设施建设，更重要的是发展条件、发展机遇和发展保障等。而且我国所谓的缴纳五险一金，大都只存在于城镇地区,而农村地区只有最基本的养老保险、医疗保险、五保户政策。差距过大的社会保障政策如何体现社会保障政策的基本理念,如何发挥社会保障政策的保障作用,如何利用完善的社会保障政策使得更多的人才向农村流动,需要对现行的社会保障政策进行研究和完善。

推进城乡发展一体化,其中最重要的就是推动城镇的产业转移和产业结构升级,积极建立新的农村经济发展模式,推动农业的产业化经营,革新过去那种以家庭为单位的生产经营模式,改变面朝黄土背朝天的农耕方式。这就需要农村吸引具有高学历和高水平的人才投入到农村的经济发展和建设中来,如何吸引这些人到农村中去就成了一个需要重点考虑的问题。虽然可以通过物质鼓励和精神鼓励来留住人才,但是如果能够很好地解决他们的后顾之忧,比如说住房、医疗、养老和教育的一些问题,将大大地增加农村对人才的吸引力。这就需要不断缩小城乡之间的社会保障水平,逐步加大农村的社会保障建设,为城乡发展一体化的建设留住更多的人才。

(四) 覆盖面窄的社会保障政策不利于城乡发展的一体化

我国的社会保障政策覆盖的人群主要包括城镇居民、城镇职工、公务员和事业单位人员,以及农村居民这几大类人群,但是我国新的农村群体还包括了因城镇化建设而失地的农民和大量的农民工。而且现在的农民工和经济发展初期的农民工具有不同的特点,他们更关注生活的品质和自身的权利。但是,现行的社会保障政策在针对这部分群体的政策制定中存在一定的盲区,虽然有的社会保障改革和实践地区针对新兴群体制定了相应的社会保障政策,将其纳入到社会保障政策的范围内,但是在全国范围内并没有形成统一的社会保障政策。同时我国的生育保险、失业保险以及一些社会福利等并没有真正地覆盖到农村地区,农村地区的人口并不能和城镇地区的居民享受到一致的社会保障。这将导致更多的人进入到城市,但是他们又享受不到同等的城镇居民的社会保障权利。覆盖面小的社会保障政策不仅不利于我国城市的良好发展,同时也不利于促进农村的发展,还会在一定程度上扩大城乡发展的差距。

第二章 国内相关地区推进城乡发展一体化社会保障政策的改革与实践

一、成都市社会保障政策的改革与实践

成都市作为统筹城乡发展的综合配套改革试验区，在城乡发展一体化方面做了一系列的改革和创新尝试，尤其在社会保障制度方面制定和执行了创新的政策，在推进城乡社会保障制度一体化方面取得了突破性的进展。

（一）建立非城镇户籍从业人员综合保险制度

2003年，成都市政府在全市范围内开展了对非城镇户籍就业人员进行综合保险参保的活动，这里的非城镇户籍就业人员主要是指农民工这个群体。综合保险的费用主要是由用人单位和农民工共同缴付，用人单位缴纳农民工工资收入的14.5%，而农民工个人则缴纳个人工资的5.5%，其中6%用于补充老年补贴的社会统筹账户，而8%用于建立农民工的个人账户。通过综合保险政策在具体的实施的过程中的不断完善，并结合社会经济发展的实际情况，在2008年，参保农民工的社会保险待遇得到了更多的保障，在原有的社会保险待遇不变的情况下，增加、扩大了门诊补贴、生育保险和失业补贴三项，同时原有的社会保险项目和城镇职工相关保险已同步。另外，当非城镇户籍从业人员转变为城镇户籍人口时，政策规定综合社会保险可直接转续为城镇基本社会保险，而且缴纳保费的年限可以连续计算。这样就解决了非城镇户籍从业人员的社会保险政策和城镇户籍从业人员的社会保险政策"碎片化"的问题，使

农民工群体在为城市发展贡献自己的力量的同时,享受和城镇居民一样的社会保障待遇。

(二)建立失地农民社会保险制度

2004年,成都市出台了关于失地农民的社会保险政策,这其中主要是针对2004年以后新征地农民的社会保险的实施办法,主要是以"鼓励就业、土地换保障、纳入城镇社会保险"的政策为指导依据。将过去的只要是被征地农民就予以财物的补偿,转变为将其纳入城镇居民基本养老保险和医疗保险的体制中来。对于2004年之前土地被征用的农民,则按照"退费进社保、政府补贴、纳入城镇养老保险和医疗保险"的政策,对失地农民进行安置。2005年开始,成都市的被征地农民基本上实现和城镇养老保险、医疗保险的人员同步的情况,既实现了失地农民与城镇职工的社会保险衔接的问题,又扩大了社会保险的覆盖范围,保障了失去土地农民的基本生活,将土地征用给农民带来的损失降到最低。

(三)探索建立新型农村养老保险制度

2007年,成都市在国家还没有出台相应的农村社会政策的情况下,就试行了成都市农村养老保险办法。其采取的方式和后来国家出台的新型农村社会保险政策是类似的,就是采取个人缴费、集体补助、国家补贴的方式,建立农民的个人账户和社会统筹账户。2008年,成都市适时调整农村养老险制度,进一步完善参保农民的保险金待遇,扩大养老保险金的补助渠道,最重要的是建立了耕地保护基金,进一步采取各项措施提高参保农民的补贴,积极动员农民参与新型养老保险制度,改变了农民传统的养老观念,并同时通过政策的保障,实现了新型农村养老保险制度与城镇职工的养老保险制度的链接,逐步地实现城乡基本养老保险的统一,缩小城乡居民的养老保险在各个方面的差距。

(四)推动城乡一体化的医疗保险政策

成都市一直在积极探索推进城乡一体化的医疗保险政策,分阶段、分层次地逐步实现城乡基本医疗保险一体化的目标。2004年,成都市就开始积极推行新型农村合作医疗制度,并基本上实现了对农村参保农民的全覆盖。2005年,成都市将婴幼儿和中小学生纳入基本医疗保险体系。2007年,成都市将非城镇户籍从业人员也纳入了城镇居民的医疗保险范围，进一步将基本医疗保险政策涵盖了所有的城镇就业人员。2008年，成都市将新型农村合作医疗制度、城镇居民基本养老保险制度和高校大学生基本养老保险三个保险制度合并，形成了城乡一体化的医疗保险政策。① 这个创新统筹的城乡基本医疗保障制度采取个人缴费和国家补贴的方式，根据个人的实际情况选择不同的缴费档次进行缴费，国家对所有的参保人员都进行一样的财政补贴。2009年，成都市出台了《关于医疗保险关系转移和接续的有关问题的通知》，基本上解决了城镇职工和城乡居民一体化的医疗保险政策和农民工综合保险的关系续接、转移的问题。

（五）成都市社会保障政策的经验总结

1. 与时俱进，适时调整和完善社会保障政策

为了进一步地促进城乡发展一体化，成都市2003年以来相继出台了一系列有关社会保障政策完善的相关文件，比如《关于促进进城务工农村劳动者向城镇居民转变的意见》《成都市非城镇户籍从业人员综合社会保险暂行办法》《成都市征地农转非人员社会保险办法》，以及《成都市已征地农转非人员社会保险办法》和《成都市城镇居民基本内容医疗保险试行办法》等②，这些地方性规章制度和条例的出台，为成都市的社会保障政策促进城乡发展一体化起到了支撑的作用。

2. 建立城乡统一的基本医疗保险政策

成都市通过一系列的政策制定和实施，进一步将成都市的基本医疗保险政策实现了城乡的统一化。最新的成都市医疗保险覆盖范围包括了新型农村合作医疗的参保人员、城镇居民参保人员、婴幼儿和少年儿童、高校大学生，同时还有参与农民工综合保险的参保人员。基本上达到了基本医疗保险在全市城镇、农村地区人员中的全覆盖，采取"筹资标准城乡一致、参保补助城乡统

---

① 葛红林. 论构建基本医疗保障制度中的政府责任——以成都市创新统筹城乡的基本医疗保障制度为例 [J]. 社会科学研究，2009（5）：74-75.
② 王如冰. 成都市医疗保障城乡统筹的经验探讨 [J]. 现代商贸工业，2009（10）：63-65.

一、待遇水平城乡均等"的原则①,解决了城乡居民医疗保险和农民工综合保险的转移续接的问题,基本上建立了统一的基本医疗保险政策。

3. 将失地农民和农民工纳入社会保障政策体系中

随着近几年的城市发展和城镇化建设,出现了越来越多的被征地农民,他们生活在农村,过去依靠着土地生活,但土地被征用后,他们不得不改变曾经的生产生活方式。成都市改变了过去对失地农民进行一次性资金物质补助的方式,不仅关注他们现在的生活质量,还充分考虑到将来他们的生活保障,将其纳入到社会保险的政策制度范围内,实现了征地农民的养老保险和城镇职工的养老保险同步,进一步保障了被征地农民的各项权利。另外,近几年农民工的人数呈逐年上升的趋势,也是现在需要引起重视的社会群体。长期以来农民工夹在城市居民和农村居民中间,被称为第三类人,他们为城市的发展贡献自己的力量,但是却得不到城市的认可。成都市为非城镇户籍从业人员建立了综合保险,实现了农民工也享有养老补贴、住院医保、工伤保险、门诊补贴、生育补贴和失业补贴等各项社会保险,从政策的层面保障了农民工的权利。

二、苏州市社会保障政策的改革与实践

苏州市属于我国经济发达的地区,其乡镇企业的发展构成了苏南模式的辉煌,而其在建立推进城乡发展一体化的社会保障政策的前行步伐中,发挥了苏州人敢为人先的精神,取得了一定的成绩,使得苏州的经济发展更多地体现在了改善民生上面。

(一)建立城乡统一的基本医疗保险体系

苏州是较早为农民实施基本医疗保险制度的城市之一,经历了五十多年的时代考验,为保障农民的生活起到了巨大的作用。2003年,苏州市政府出台了《苏州市农村合作医疗保险管理办法》,制定了相应的政策,促进了苏州市城乡统一的基本医疗体系。昆山市于2004年实行农民"刷卡"看病,使得新

---

① 葛红林.论构建基本医疗保障制度中的政府责任——以成都市创新统筹城乡的基本医疗保障制度为例[J].社会科学研究,2009(5):9–11.

农合和城镇居民医疗保险享受一样的医疗保障网络，让本来只属于城镇的医疗保障网络延伸至乡村，实现刷卡就医看病，实时进行结算。苏州市全面实现了以大病统筹为主的农村合作医疗保险，其医疗保险金的缴费主体分别有政府、集体和个人，其中政府补贴 55.8%，集体补助 7.9%，个人缴费为 36.3%，报销的看病住院费用基本上占全部金额的 45%~75%。从 2007 年开始，苏州市又陆续出台了一系列基本医疗保险办法，进一步将农村合作医疗向农村基本医疗转变，实现了全市范围内的基本医疗保险金全覆盖，同时允许符合条件的外来人员参加农村基本医疗保险，并为特困人群建立了专门的医疗救助政策。

（二）新型农村基本养老保险体系

由于苏州市是乡镇企业发达的城市，所以苏州市政府根据自己的地方特点，制定了基本养老保险政策。第一，苏州市将农村基本养老保险的参保人群分为在乡镇企业务工的农民和从事农业生产的农民，将乡镇企业工作的农民纳入城镇职工基本养老保险，从事农业生产农民纳入农村基本养老保险。这样就基本上使所有的乡镇企业处于同一竞争平台上，提高了雇主和农民的参保意识。第二，张家港市在新农合的基础上将所有企业的职工（包括农民工）统一纳入城镇职工基本养老保险中，这样就统一了城镇职工基本养老保险的参保主体，保障了农民工和在乡镇企业务工的农民的权利。第三，根据"依支定收"的原则，农村居民基本养老保险的缴费比例和城镇职工的缴费比例是一样的，要么是按照上一年当地农民的纯收入，要么是依据上一年城镇职工缴费工资基数的 50%。农村基本养老保险金也是采取个人账户和社会统筹账户相结合的方式，确立了政府、集体和农民的缴费比例，进一步加大政府和集体对农村基本养老保险的财政补贴。第四，苏州市为了统一城乡的基本养老保险，实现城乡之间各种资源的自由流动，又制定了《苏州市农村和城镇基本养老保险关系转移续接的办法》，进一步实现了城乡在劳动力市场上的自由转移，实现了城乡政治、经济和文化上的正面互动。

（三）覆盖全市的社会救助体系

苏州市于 2005 年下发了《进一步完善苏州市城乡社会救助体系的意见》，该救助体系是在原有的城镇和农村最低生活保障的基础上形成的，将原来分散的社会救助项目统一到社会救助体系中，主要的救助对象为有苏州户籍的城乡低保户、"五保户"、"三无"人员、"低保边缘"和"临时救济"这五类人群，可以得到各个方面的社会救助。这样一来，扩大了因病致贫的低保边缘人群的救助对象范围，增加了低保边缘人群的病种，使身患重病的个人和家庭生活有了一定的保障。同时对低保户实行动态管理，实现保障人群、保障政策和保障补助金公开的原则，公开各相关部门的电话，接受群众的监督。苏州市形成了以城乡低保为基础，以各项社会专项补助为内容，以慈善互助为补充的全市社会救助体系。而且实现各项补助的标准和金额，会随着社会经济的发展动态进行调整，城乡补助、救助金同涨同增。

（四）分类定级的失地农民社会保障体系

苏州市根据被征地农民的年龄，将失地农地农民划分为四个类别，每个类别有不同的社会保障政策。第一类别为十六周岁以下的失地农民，一次性补助7500元的生活补助费。第二个类别为十六周岁至三十五周岁的女性，十六周岁至四十六周岁的男性，将该类别的失地农民纳入社会保障体系中，每人按月领取180元的生活补助费。第三个类别为三十六岁至五十五周岁的女性，四十六岁至六十岁的男性，每人每月领取的补助为180元，当这一类别的失地农民达到基本养老保障的年龄时，则参照第四类别领取被征地农民养老金。第四个类别为五十五周岁以上的女性，六十周岁以上的男性，每人每月领取征地补助280元。失地农民的基本保障生活基金也是由两部分组成的，分别是社会统筹账户和个人账户，社会统筹账户的基金是由政府从土地出让金等土地有偿使用收益中按每亩两万元标准提取的金额；转入个人账户的金额，主要是80%的征地补偿款和开发商或者政府一次性补偿的安置费。同时将第三类别和第四类别的失地农民纳入居民医疗体系中，每人的补助标准为一万元；将适龄的被征地的农民纳入城镇职工基本养老保险，让被征地农民在达到退休年龄后享受和城镇居民一样的基本养老保险待遇。

（五）苏州市社会保障政策的经验总结

1. 内容与形式相统一的医疗保险政策

苏州凭借其强大的经济实力，在制定和实施医疗保障政策时，可以实现内容和形式上的统一。根据现行的医疗保障政策，城镇职工都拥有自己的医保卡，可以在买药和就医时刷卡消费，实时进行结算，但是新型农村合作医疗保险的农民就不可以进行刷卡看病和购买药品。于是，苏州的昆山市将社会保障的网络延伸到了农村，农民也可以用个人拥有的医保卡刷卡缴费。这就需要昆山市结合本地区的实际情况，同时进行很好的基础设施建设，如网络设施，这样才可以实现全市城乡地区的医保信息流通。

同时苏州市已经逐步实现了新农合向农村基本医疗制度的转变，使得基本医疗保险大致覆盖了城乡居民。由于苏州的乡镇企业发达，所以会存在外来务工者，苏州市也将这些人群纳入到了农村基本医疗体系中，保障了外来人员的权利。对于失地农民，将第三类别和第四类别的被征地农民纳入到基本医疗体系中，让其享受一定的基本医疗补助。

2. 因地制宜，实现基本养老保险的全覆盖

苏州市根据当地的实际情况，并没有将所有的非城镇户籍人口的农民纳入到新型养老保险体系中，而是将非城镇户籍人口的农民分为在乡镇企业工作的农民和在家进行农业生产的农民，将乡镇企业工作的农民纳入到城镇职工基本养老保险中，将仍然进行农作物耕种的农民纳入到农村基本养老保险体系中。当地的基本养老保险政策并不是简单的"一刀切"，而是考虑到苏州自身的特点，实现了基本医疗保障政策的统一，进一步促进了城乡发展的一体化。

在基本养老保险的基金的缴费和补助金额方面，苏州市城乡基本养老保险基本上实现了统一，城乡养老保险金的缴费比例都是一致的，而且遵循了个人账户和社会统筹账户相结合的基本原则，有利于全国基本医疗保险政策的连贯性和统一性。同时对于被征地的农民，将适龄的失地农民纳入到城镇职工基本养老保险体系中，在进行城市发展和建设的同时，实现了失地农民的养老由家庭养老转变为社会养老。

3. 实现城乡社会救助体系的一体化

苏州市将社会救助体系中的各个分项目整合到一个体系中，实现了管理制度的整合，以及经费筹集和使用的规范化和科学化。根据社会救助对象的不同，明确地将社会救助对象分为几大类，每个分类都有明确的确定指标，将界定的范围明确化。加大了对"临时救济"的救助补助，减少了"因病致贫，因病返贫"的现象，使得社会保障更加关注人文关怀，体现了政府在制定社会保障政策时关注民生，以人为本的执政理念。

在制定基本社会救助政策时，苏州市并不是闭门造车，而是充分地进行了大量的实地调查和访问。同时在政策制定和实施的过程中，勇于接受社会群体的监督，实现政策制定和实施的公开、公正、公平，使得各项救助基金的缴纳和使用有处可查，有处可用。

三、诸城市社会保障政策的改革与实践

诸城市是山东省潍坊市的县级市，是沿海开放城市之一，也是我国社会保障政策的综合改革试点和城镇化试点地区，凭借其自身的地理优势和不断发展的经济实力，诸城市做出了统筹设计保障政策的实践。

（一）推行新型农村养老保险政策

诸城市将拥有诸城市行政区域内户籍的城乡居民（16周岁以上，不包括在校学生），且没有参加城镇职工养老保险和机关事业单位养老保险的，均在本人户口所在地参加新型农村养老保险。所有参加保险的居民都能获得政府30元的补助，所有的个人缴费和国家补助都全部纳入个人账户。同时提高了被征地农民的基本养老保险金，失地农民的基本养老保险由政府、集体和个人共同负责，政府补助金额为实际缴费金额的40%，村集体负责缴费金额的50%，而个人则需要缴付保费的10%。养老保险金也是由社会统筹账户和个人账户组成，缴纳金额的40%纳入社会统筹账户，60%计入参保人员的个人账户，实行专款专用。诸城市新型农村养老保险的领取的条件比较简单，只要是达到一定的年龄，不需要缴费就可以领取基础养老金；而且只要是参加了基本养老保险的城乡居民都可以获得国家的补助。

（二）新型农村合作医疗政策的完善

诸城市从 2004 年就开始施行新型农村合作医疗政策，经过了近 10 年的考验，诸城市的新型农村合作医疗得到了广大农民群众的认可。2011 年，诸城市提高了新型农村合作医疗的补助标准，每人每年可领取 200 元的医疗补助金，而个人只需要缴纳 50 元，同时提高了住院治疗和医院门诊的报销比例，可以达到 70%，将医疗费用的报销金额提高到 10 万元，基本上解决了农村地区生病不敢去医院的现象。另外，还增加了可以报销的疾病种类，尤其是增加了对特大严重疾病的报销比例。其中还特别增加了对农村妇女的福利补助，农村分娩妇女除了享受到国家补助的 500 元，还可以领取新农合补助的 300 元，如果是顺产的话，参加新农合的家庭基本上不需要再另外支付其他的费用。新农合保障了广大农民的生命健康，维护了广大农民的根本利益，同时进一步促进了城乡发展的一体化。

（三）特色农村社区，宅基地换房政策

诸城市实行"撤村并居"。由于城镇化的建设，大部分的农村人进入城镇，导致大量的宅基地空置，出现了村庄成为空心村的现象。而"撤村并居"，实行统一管理，统一规划，统一建设，村民可以用自己的宅基地换置农村社区的住房，仅需要交出自己的宅基地，然后通过政府的物质财务补贴，便可以轻松地在农村社区购置一套社区服务一流，住房设施完善，交通便利的住房，享受和"城里人"相同的住房条件和公共服务。这样的住房保障政策，实现了农村人在农村社区居住，实现了大规模的人口集中，有利于各个村庄之间的互动和交流，基础设施建设完善，方便村民不出社区就可以办各种事，了解各种国家政策。

（四）诸城市社会保障政策的经验总结

1. 扩大基本养老保险政策的覆盖范围

诸城市另辟蹊径，将所有未参加城镇机关企事业单位的城乡居民统一纳入到新型农村基本养老保险体系中，实现了城乡基本养老保险在某种程度上的统一，实现基本养老保险金的收缴和领取实行一个标准，统一缴纳，统一管理。降低了领取基本养老金的门槛，有些地区要求必须要缴满养老保险金 15 年才

能领取基础养老保险金，但是诸城市只要女性达到了 55 周岁，男性达到了 60 周岁，不需要缴纳费用，也可以领取基础养老金。增加政府和地方财政对社会保障事业的投入，实行政府和集体对参加新型农村养老保险的城乡居民予以补贴的政策，补贴全部纳入到个人账户中。这项政策提高了居民参加基本养老保险的积极性。

2. 新型合作医疗更加关注农民实际情况

诸城市的新型农村合作医疗根据农民的实际情况以及社会的经济发展、物价增长的情况，不断地提高新型农村合作医疗的补助标注和报销的金额，逐渐增加大病重病的种类，更加关注一人得病一家致贫的情况。更值得关注的是，诸城市的新型合作医疗对于妇女福利的保护，对于农村妇女的生育保险，除参照卫生部、财政部印发的《农村孕产妇住院分娩补助项目管理方案》外，还将获得专项补助 500 元，以及新农合补助 300 元，合计 800 元，如果是顺产，参合农民基本不需再花钱。这样就减少了妇女生产给农村家庭带来的负担，同时更好地保护了特定人群的权益，提高了村民参加新型农村合作医疗的积极性，基本上实现了新型农村合作医疗的全覆盖。

3. 具有特色的农村住房政策

"宅基地"是农村住房政策特有的名词，它属于集体性资产，村民只有使用权而没有所有权，但是诸城市提出了"撤村并居"的政策，以一个中心村庄为中心，向四周散发，将周围的村庄合并形成一个农村社区。这个农村社区根据统一规划，建造了媲美城市的住房，拥有完善的基础设施，同时拥有完备的社区管理部门。这样不仅可以使分散在各个地方的村庄和村民实现集中居住，而且可以使那些置换出来的宅基地进行统一的管理，实现土地的高效利用。而村民只需要让出自家的宅基地，便可以得到一定的补偿，还可以获得和城镇居民一样的生活条件。这项住房政策，一方面保护了村民的权利，另一方面又实现了对土地的集约管理。通过对土地进行合理利用，可以增加农民的收入，更好地进行新农村的建设。

第三章 国外社会保障政策的借鉴

一、澳大利亚社会保障政策借鉴

澳大利亚是经济发达国家,同时也是一个农业大国,由于澳大利亚地广人稀,所以有丰富的土地资源发展农业,其社会保障政策对我国相应政策的制定具有一定的借鉴意义。澳大利亚拥有较为统一的社会保障政策,其社会保障政策并不区分农业人口和非农业人口,只要是当地居民或者在当地生活满一定年限的移民,都能享受到同等社会保障待遇。

(一)社会救助政策

首先澳大利亚自1908年以来就确定了养老金的制度,当老年人达到一定的年龄时即可以领取养老金补贴。这里的年龄限制,男士为65周岁,女士为60周岁,但是必须要同时接受财产情况调查,只有当财产情况低于政府规定的最低标准,才可以根据不同的情况领取不同的最低基本养老金。

其次是根据特定救助对象的不同,设置不同的社会救助项目。澳大利亚社会救助项目确立建立在社会调查之上,比如特定的老年人享受最低养老金;失去工作的人享受失业保险津贴;身患残疾的人享受残疾人补助;单亲家庭享受单亲家庭津贴等。但是这些特定补助对象领取津贴的前提是要进行严格的财力评估,而且对于具有一定劳动力的补助对象还需要其在社区进行一定的义工服务后才可以领取津贴,这样不仅可以避免人们产生懒惰心理,也增强了他们就业的能力。

(二) 基本医疗保险政策

澳大利亚的基本医疗金是国家通过税收的形式从人们的收入中抽取一定的比例作为医疗保险基金，可以用于支付住院费用和门诊的费用，同时对一定的医药门店进行基金补助。但是澳大利亚的医疗保险政策对于农村有不同的政策规定。第一，与城市居民相比，农村的医疗保险政策更加注重减轻农民支付的费用，减轻因为疾病而给农村家庭带来的负担。第二，在村落人口聚集的地方，设立专门的医疗卫生机构。同时采取一定的优惠政策，培养和吸引愿意扎根农村的医疗卫生专业人才。第三，在农村开展丰富多样的医疗卫生公共服务项目，比如说定期帮助老年人和孩子进行身体检查。由于澳大利亚人口构成的特殊性，联邦政府将当地土著人的医疗保险政策作为重中之重，帮助其建立一定的医疗卫生自我保健意识，培养当地的医疗卫生人才，向其提供各项全面的医疗卫生公共服务。

(三) 澳大利亚社会保障政策的启示与借鉴

1. 分类明确的社会救助群体

澳大利亚政府经过调查，会根据救助对象的救助需求，将其分为不同的求助群体，之后再根据这些不同的群体所面临的不同社会问题和不同自身的情况，予以不同的社会救助补贴，这样可以避免受救助对象"重复受益"，节约了一定的社会资源，可以使更多应该得到社会救助的对象得到国家的救助。这其中最为重要的调查就是对其财产情况进行调查。当进行调查时，不可避免地会遇到很多现实的问题，而且会遇到很多的阻力。但是财产情况必须视为参照，才可以作为其是否应该受到救助的标准，体现的是一种社会公平。虽然受到了国家的社会救助，但是具有一定劳动能力的救助对象还是需要进行一定时长的社区义务活动，这样就可以帮助受助者培养感恩的心态，使得他们能够更快地融入社会，通过自己的努力为国家做一定的贡献。

2. 社会保障政策向农村倾斜

澳大利亚的农业发展在全国的经济发展中起着重要的作用，所以政府更加注重对农村医疗保障水平的投入，大力推进对农村医疗卫生公共服务的建设，建立专门的农村医疗卫生学校，培养具有专业医疗卫生技能的人才。同时在政策制定时更加向农村倾斜,尽量降低农民在患疾病时可能给家庭带来贫穷的可能,还通过建立特定的医疗卫生机构,定期为农民进行身体检查。这种政策对于我国的医疗保险政策的制定具有一定的借鉴作用,我国的社会保障政策大部分是向城镇倾斜,近几年才针对农村发布了一些农村社会保障条例,不对等的社会保障政策在一定程度上阻碍的城乡一体化的建设和发展,所以我国的社会保障政策要更加注重对农村社会保障政策的制定。

二、韩国社会保障政策借鉴

韩国与我国毗邻,并与我国有着相似的文化底蕴和文化氛围,在不到三十年的时间里,韩国经济迅速发展,从一个落后的农业国家变成了新型的工业国家,被誉为"亚洲四小龙"之一。其中韩国的社会保障政策对于促进韩国经济的健康发展起着一定的作用,学习和借鉴韩国的社会保障政策对于我国的现代化建设有着积极的作用。

(一) 社会保险政策

韩国的社会保险主要包括养老保险、健康医疗救助保险、产业灾害扶助保险和雇佣保险。[①] 其中养老保险又主要按照职业的不同,被分为四类不同的保险,只有第四类养老保险被称之为国民年金,就是针对十八岁到六十岁的一般国民。这四种不同的年金,基本上是个体缴纳工资的 5.5%,国家财政或者地方政府负担 5.5%。只有第四种类别,由于针对的是没有固定工作单位的国民,则个人需要缴纳 9% 的年金费用。另外,拥有至少五个员工的企业,由雇主和雇员各自负担一半的费用,而从事农业和渔业的年金保险费,则由国家财政来负担一半。

韩国的医疗保险也是按照类似于年金保险的划分法,将医疗保险划分为三个类别,其中第三个类别又分为城市健康保险和农村健康保险。根据划分的不同类别,不同的职业人群缴纳不同比例的医疗保险金。韩国的医疗保险同样主要用于支付与医疗相关的费用。产业灾害保险是一种由雇主全权负担的社会保

---

① 房斌. 亚洲日韩奥运举办国体育保险市场制度发展模式的比较研究——兼论对后奥运时代我国体育保险市场制度发展模式的启示 [J]. 体育与科学, 2010 (5): 25 – 26.

险，主要用于补偿与职业相关的事故和疾病的发生。近几年加入产业灾害补偿保险的企业越来越多，企业的种类也越来越多。雇佣保险有点类似于我国的失业保险，是为了减轻失业给人们带来的生活困难，但是它又不同于失业保险，雇佣保险不仅起到了保护劳动者的作用，同时也缓解了由于产业结构的升级而造成的熟练工缺失的问题，在一定程度上通过政策对就业进行调整。

（二）公共扶助政策

韩国的公共扶助政策是通过国家财政对生活贫困的人员进行社会救助，主要包括生活保护政策、灾害救济政策，以及有功人员津贴。

生活保护政策的主要扶助对象为家庭成员收入低于政府规定的最低标准的人群，以及没有劳动能力或者丧失劳动能力的十八岁以上的青年和八十岁以下的老年人。根据受保护对象有无劳动力，又进一步将生活保护的类型分为：有劳动能力人群的自救保护、无劳动能力而需要在家救助的居宅保护和无劳动能力的设施保护。其保护的内容主要包括医疗、教育、丧葬、生计等。

灾害救济政策是指因发生自然灾害或者突发灾难而给与一定的物资救助，费用由国家财政负担70%，地方政府负担30%。

有功人员津贴主要针对的是对国家有功的爱国人士，以及受伤、殉职的警察和公务人员等予以一定的补助，对其正常的生活进行保护。有功人员津贴不仅发放生活补助，同时还提供和其他受扶助对象一样的政策帮助。

（三）社会福利政策

韩国的社会福利政策主要是针对那些因为特殊情况而需要得到帮助的群体，包括老年人福利、残疾人福利、妇女儿童福利等。这里的老年人福利主要是针对没有年金领取的六十五岁以上的老年人，目前韩国主要进行的老年人福利就是提高老年人的居住生活条件，开展敬老优待的活动以及帮助有就业意愿的老年人再就业。而残疾人福利主要是制定相应的政策帮助残疾人就业，让他们过上自食其力的生活，韩国政府要求具有一定规模的企业至少要招聘3%的残疾人，同时要予以其和正常人同等的待遇。妇女儿童福利主要是指那些被遗弃或者不宜抚养的十八岁以下的儿童，以及未婚妈妈、失足女青年等，通过帮助其心理康复，并提供令儿童健康成长的场所和妇女保护机构，让他们渡过难关。

(四) 韩国社会保障政策的启示与借鉴

1. 社会保险政策详尽，分类细致

我们不难看出韩国的社会保险在很多方面和我国的社会保险政策都是很类似的，比如说养老保险、医疗保险、失业社会保险。但是从韩国的被保险对象的划分中我们可以得出，韩国首先是通过职业将社会大众的社会保险进行分类，然后将不属于某几个职业的其他人群统统划归为年金保险。而我国的社会保险的分类对象，首先是根据地域将其分为城镇社会保险和农村社会保险，然后城镇的社会保险再根据不同的职业划分为不同的社会保险类别。这样一来，在社会保险政策的制定中就将城乡隔开了，不利于城乡发展的一体化。而相较之我国的城乡社会保障分割，韩国的社会保障政策不仅没有明显的城乡划分，而且还在年金保险中对从事农业和渔业的人群予以一定的年金补助。

而且韩国的社会保障政策不仅有失业保险，而且还有雇佣保险，这样就可以降低因产业结构调整的产生的失业所带来的社会影响。我国也可以制定类似的社会保障政策，虽然我国是一个发展中国家，但是我们的经济发展已经达到了一定的水平，我们一直在强调要进行产业结构升级，改变过去粗放式的管理，以劳动密集型的产业方式实现集约式的生产管理。科技的进步必然会对我国这样一个人口大国产生一定的影响，同样会对大量的体力劳动者的就业产生影响，而且会产生一定的社会问题，这就需要相关部门在制定社会保障政策时考虑到这个方面的因素。

2. 救助对象划分合理，有针对性地开展救助

韩国的公共扶助政策类似于我国的社会救助政策。我国的社会救助政策的主要内容就是贫困救济和灾害救济，贫困救济就是最低生活保障制度。而韩国的公共扶助政策就是通过是否具有劳动力来将公共扶助的人群进行划分，不同的公共扶助的对象获得的补贴是不一样的，并且针对不同的人群采取不同的公共扶助的措施，节约社会的资源，更大限度地使社会保障政策的制定内容更加贴近救助对象的生活。以我国的最低生活保障为例，我国的城镇居民最低生活保障对象也是要进行类别划分，而这个划分的标准是对申请人进行家庭财产评估和对家庭成员的现状进行评估，并根据不同情况，政府将给予不同的财政补

助。其实对家庭情况的评估是有一定难度的，因为家庭情况也不是一成不变的，而且如果经常性地进行调查，又会导致一定程度的浪费行政资源的行为发生，并且对于被保障的对象并不只是进行财政补贴，也可以从公共基础设施，如住房、教育、医疗卫生等各个方面对其予以帮助，这还可以在某种程度上减少某些依靠社会保障生活的人。

第四章 城乡发展一体化社会保障政策的完善

一、完善社会保障政策的原则

（一）社会保障政策的完善必须符合我国的国情

我国现在处于并将长期处于社会主义初级阶段，这是我国的基本国情。由于新中国建设初期的实情，为了支援城市建设，促进经济发展，实行农村支持城市的政策，导致我国现在出现城乡二元经济的格局。城市无论从经济发展、基础设施建设、医疗卫生条件，教育资源、基本公共服务的提供等，都远远地超过农村。这种城乡有差别的经济发展模式在经济建设初期确实起到了非常大的作用，但是现在我国的经济已经取得了长足的发展，经济总量已经位居全球第二。所以应该采取相应的措施，逐步缩小城乡发展的差距。城乡差距不断扩大，会引起一定的社会问题，如农民工问题，失地农民的问题和农民的社会保障问题。纵观发达国家的社会保障政策，我们会发现虽然有的国家也是分别针对城市和农村制定了相应的社会保障政策，但是这些国家因为城市和农村没有存在很大的差距，所以城乡的社会保障政策基本上是没有差别的。但我国现行的社会保障政策具有明显的城乡分别，所以促进城乡发展一体化的社会保障政策的制定，主要的切入点就是要逐步提高和完善农村的社会保障政策。中国社会科学院的景天魁教授提出的"底线公平"理论，可以很好地运用到中国目前的社会保障系统中。所谓的底线公平指的是一种适度公平，"底线"即是全社会除去个人之间的差异之外，共同认可的一条线，这条线是每一个公民在生活和发展中共同具有的部分，也是必备的部分，更是其基本权利必不可少的部分。[①] 一个公民如果缺少了这一部分，那么他就无法在社会上生存，因此需要政府来为公民提供这部分的保障。但是由于我国的城乡经济发展差别很大，所以不可能在短时期内实现城乡一致的社会保障政策。所以在制定社会保障政策时，要考虑将城市的社会保障政策进行优化，针对暴露出来的问题进行局部调整，重点便是对农村的社会保障政策进行调整和制定，实现城市和农村的社会保障政策有序衔接。这样一来，既能在一定程度上满足农民养老、医疗、教育等方面的需求，同时又要对特殊的农民群体——农民工和失地农民的社会保障政策进行制定，找到他们与一般农民的共同点和不同点，看看能否使制定的社会保障政策既能符合我国农村的实际情况，同时又可以实现社会保障资源的共享。所以我国的社会保障政策不需要盲目地模仿西方国家实现城乡社会保障政策的一体化，而是要根据我国的实际情况制定科学合理的社会保障政策，更好地促进城乡发展的一体化。

（二）社会保障政策的完善必须立法先行

我国是社会主义法治国家，依法治国是我国社会主义建设的基本内容和原则。只有将社会保障政策的保障对象、保障方式、保障金额等方面通过立法的方式确立，才有可能形成一个统一的标准来制定和执行社会保障政策。我国目前关于社会保障政策的法律有 2010 年通过的《中华人民共和国社会保险法》，这部法律明确了国家的基本养老保险、医疗保险、工伤保险、失业保险等社会保险的内容，还规定了基本养老保险的转移接续方式，以及提高养老保险金的统筹层次，建立新型农村合作医疗制度，农村新型基本养老保险制度等。但是关于农民工和失地农民的社会保障政策只是在附则中简短地说明，这难免为农民工和失地农民的社会保障带来了很多的不确定因素，也会导致全国缺乏一个统一的制定标准，使得政策制定部门忽视农民、农民工和失地农民的一些权益。所以，我国必须将社会保障政策的保障对象、保障范围、给付标准、执行

---

① 景天魁."底线公平"的社会保障体系［J］. 中国社会保障，2008（1）：40-42.

标准以及监督检查机制和相应的权利,通过法律形式明确地规定下来。只有立法先行,才可以保证社会保障政策的制定既符合我国国情,满足广大人民群众的需求。

(三) 社会保障政策的完善必须更加注重公平

城乡一体化的社会保障制度具有"效益上的外部性、消费上的有限非竞争性、受益上的局部排他性"的特点,所以社会保障政策要在关注效率和公平的基础上,更加注重公平。我国城镇里的老人,只要按期缴纳了养老保险,到了一定年龄就可以按月领取养老保险金。但是在农村,新农保的普及率不高,大部分家庭还是以家庭养老为主,很多年轻的农民到城市务工,成为城市建设的中坚力量。而农村老人没有养老金的保障,农民工的保险购买和转接问题得不到解决。所以,政府应该制定相应的社会保障政策,加大对农村的社会保障投入,提高农民的收入,改善农民的生活质量。我国广大的农民在社会主义现代化的建设中做出了重大的贡献,所以更需要国家政府对他们的贡献做出反馈,我国需要的是有一定区别的,以及覆盖范围更广、更加注重公平的社会保障政策。

二、完善社会保险政策的内容

(一) 基本养老保险政策

1. 建立条块一致、整合有序的养老保险政策

首先,将我国的基本养老保险政策分为城镇基本养老保险政策和农村基本养老保险政策,并根据各地实际情况,将失地农民、农民工和城镇灵活就业人员分别纳入上述两个体系中。其次,适时改变我国基本养老政策双轨制的局面,目前我国企业职工养老保险实行由企业和职工本人按一定标准缴纳的"缴费型"统筹制度;机关和事业单位养老保险由国家财政统一缴纳。[①] 这种养老保险制度将我国城镇的养老保险分为两个部分,根据实际情况,逐步将城

---

① 2015年1月,国务院颁布《关于机关事业单位工作人员养老保险制度改革的决定》标志着我国养老保险制度的并轨又进了一步。

镇基本养老保险并轨，采用个人、企业及国家共同缴纳的方式，制定各行业统一的基本养老保险金发放和领取制度，逐步实现城镇基本养老保险政策的并轨。① 最后还需要统筹城乡社会保障政策的制定和实施，需要综合考虑农村的实际情况，制定农村的养老保险政策，加大对农村养老保险金的财政投入。

2. 应建立省级统一、转移接续顺畅的养老保险政策

根据《社会保障"十二五"规划纲要》的规定，要稳步提高各项社会保险统筹层次，全面落实企业职工基本养老保险省级统筹，实现基础养老金全国统筹；新农保实现省级管理；全面实现工伤、医疗、失业、生育保险地（市）级统筹，逐步建立省级基金调剂制度，积极推进省级统筹。

实现省级统筹以及国家统筹是实现基本养老保险全国统一的一个重要环节。目前我国的财政补贴主要是由中央财政负责，而养老保险却一直只在各个地方统一实施，也就是财政权和处理事务权是分离的。在这种事权和财权不统一的情况下，很难实现养老保险的省级统筹。所以考虑到政策制定和执行的一致性和可行性，可以适度地将养老保险的财政补贴下发到各个省份，然后各个地区在全国统一的政策指导下，逐步地实现省内养老保险的统一。养老保险的省级统一甚至是全国的统一，可以进行转移接续养老保险，对于促进经济发展、社会稳定和人力资源健康有序的流动，以及城乡发展的一体化具有重要的作用。

养老保险政策若在同一省份的不同城市之间可以互相转移接续，不同省份之间也可以转移接续，甚至是在农民工参与的城镇养老保险中可以顺利地和新型农村养老保险顺利对接转移，这对于劳动力的转移，以及农村的发展都起到一定的促进作用。在一定程度上可以缓解劳动力输入地的外来人口压力，让农民可以就近就业，大大地缓解了城市交通、医疗、教育、生活设施的压力。

目前在我国经济较为发达的省份可以考虑进一步地推行养老保险政策的统一制定和实施，并且可以在一定的经济圈内实现各个省级之间的联动，比如说江浙沪地区，京津冀地区，珠三角地区，先局部进行整合，再实现全国的统

---

① 2016年1月，国务院颁布《关于建立统一的城乡居民基本养老保险制度意见》，将新型农村社会养老保险制度与城镇居民基本养老保险制度事例并轨。

一。然而我国目前的养老保险政策在城乡的差距还是相当大，而且覆盖面不是很广，实现省级统一及其转移接续的顺畅，就需要从养老保险的各个组成部分研究，逐一实现有差别的统一，毕竟城乡之间的生活成本以及基础设施也存在着一定的差距。只能在认识差距，并且不断缩小差距的理念下才能制定出符合我国国情的，能够促进城乡发展一体化的养老保险政策。

3. 建立参保率高，体现民生的养老保险政策

2013年我国总人口13.6亿，城乡居民社会养老保险参保人数为4.97亿，我国的参保率得到了很大的提高，但是相较于我国的总人口来说，还是没有达到广覆盖的要求。我国的养老保险险种主要有城镇职工基本养老保险、城镇居民养老保险、新型农村社会养老保险，基本上涵盖了城镇和农村的老人。

提高参保率，尤其是提高农民工、城镇灵活就业人员、农民的参保率，需要相关政府部门做好政策宣传和动员工作。首先对于民营企业，政府可以针对为农民工购买养老保险的企业，给予一定的财政补贴，降低民营企业的用工成本；其次对于城镇的灵活就业人员，通过入户、新闻媒体和自媒体等途径对养老保险政策进行宣传，使人们认识到参加社会养老保险的重要性和必要性。最后对于农村的年轻人和留守老人，充分发挥村委会的作用，结合农民的实际想法和实际需求，结合年轻一代"新农民"的特点，做好政策讲解和宣传的工作，进一步将我国的新农保的政策落到实处，为将来基本养老保险保障政策的普惠效应打好坚实的基础。

关于怎么样更好地制定体现民生的养老保险政策，有关专家学者和政府部门也在探索并提出了一些新的建议和想法，比如说推迟退休年龄，以房养老，取消养老金双轨制等。这些建议从根本上就是为了弥补我国基本养老金的缺口。我国的养老金之所以存在那么大的缺口，是因为随着时代和社会经济的发展，我国之前现收现付制的养老保险方式已经不能适应经济的发展和人们的养老需求，就需要从现收现付制向积累制的养老保险方式转变，这中间就出现了转制的成本。而且我国大部分的个人账户都是在空账运行，也就是说年轻人通过自己的工作不仅要为自己将来老年的生活缴纳养老保险金，而且还需要向现在领取养老保险金的老人支付保险金。那么政府部门完全有责任来消化这部分

转制成本，每年我国的 GDP 都是超额完成任务，社会总的财富是在不断地增加，而且是在以递增的方式增加，政府的财政可以将这部分转制成本消化。所以我国的养老保险政策的制定不能增加年轻劳动力的负担，同时应该根据社会经济状况的变化，适时地调整养老保险金缴纳基数和发放的金额，更好的保障人们的老年生活，提高老年人的生活质量。

（二）基本医疗保险政策

1. 建立城乡统筹的医疗保险政策，促进城乡发展一体化

目前我国的三大基本医疗保险政策的覆盖人群达到了 12 亿，基本上实现了全覆盖。我国的医疗保险的险种主要是有城镇职工基本医疗保险、城镇居民基本医疗保险、新型农村合作医疗，这三大基本医疗保险政策分别适用于城乡不同的人群。各省市根据自身经济社会发展状况，通过对现行医疗保险政策的完善，提高医疗保险政策的覆盖面，实现各医疗保险政策之间的接续转移，将城镇居民养老保险和新型农村养老保险进行整合，同时可以更好地将失地农民和农民工划入到相应的医疗保险种类中，有利于促进人力资源的流动，促进中西部地区的农民工的回流，促进县域经济的大力发展。经过一定时期的发展，将城镇职工医疗保险和居民医疗保险通过科学的整合后，形成一个全国统一的新型的"全面医疗保险"，逐渐的实现医疗保险的全国统一。当我国的经济发展到一定的水平之后，城乡之间的差异在不断地缩小，统一的基本医疗保障制度可以更好地体现我国的经济发展的成果，使得医疗卫生资源得到统一的合理地支配和利用。

2. 建立城乡医疗保险支付费用统一结算体制①②

目前我国还没有统一的医疗保险支付费用结算机制，应鼓励有条件的省份利用信息化技术和数学模型，实现全省范围内医保信息的联动。不管在哪个城

---

① 2019 年，我国将医保卡和社会保障卡合并，实现社会保障一卡通，提升社保卡在全国就医联网结算的支撑能力。

② 2017 年，国务院颁布《关于进一步深化基本医疗保险支付方式改革的指导意见》，进一步建立了符合我国国情和服务特点的医保支付体系，健全医保支付机制和利益调控体系。

市就医都可以实现医保信息的查阅和调看，实现资源的整合，同时充分发挥互联网＋医疗的作用，简化就医程序，方便医疗保险的结算。将各个地区不同职业、不同身份的医疗费用报销比例进行换算，使不同城市的医保卡可以在省内通行使用，实现医疗卫生资源的合理利用。实现城镇职工、城镇居民和农村村民，使用同一个结算机制的医保卡，在政策的制定时就要有倾向于制定各个标准都统一的政策导向。在试点的基础上，各省市根据自身不同的特点，因地制宜地采用城乡统一的保险支付费用统一结算机制。

3. 均衡医疗卫生资源的配置，为一体化的医疗保险政策提供基础

我国城镇地区已经配备了较完善的医疗卫生资源，但是我国的广大的农村地区医疗卫生资源的配置不均衡。国家应统一布局，撤销原本由私人开设的分布在各村庄内的小诊所，由政府投资建立新型农村合作医疗诊所，选址要以某村庄为中心，辐射到周围的村庄，将医疗资源进行整合优化，扩大医疗诊所的规模，更新医疗设备，配备专业的医疗人员。原私人诊所的医生通过相关的考核，合格者选聘到相应的医疗诊所。医疗卫生资源的完善，可以缓解乡镇医院的就医压力，实现"分级诊疗"的目的，完善农民的就医路径，使农民认识到参加新型农村合作医疗的重要性，为实现城乡一体化的医疗保险政策提供了坚实的基础。

（三）失业保险政策的完善

1. 建立覆盖面广，促进就业的失业保险政策

目前我国的失业保险政策是国家通过立法强制实行的，所有的城镇国有企业、集体企业、外商投资企业、港澳台投资企业、私营企业、个体工商户及其雇工等非公有制企业及其职工；事业单位及其职工必须参加。但是随着我国经济和信息技术的发展，社会上又衍生出很多新生的职业群体，比如网店店主、自由职业者等，他们没有雇主，没有固定的工作场所，但是他们也是社会经济发展的重要一环，他们失去工作也会对其生活产生巨大的影响，可以将这些新型职业的就业人员纳入到失业保险体系中，其费用由个人缴纳。

失业保险是对暂时中断生活来源的劳动者提供物质帮助的，可以将失业保险和再就业连动起来。让失业者不仅可以领取失业金，还可以对就业技能进行

培训。同时将招聘信息及时告知失业者。政府相关部门需要定期去企业进行登记和回访,了解企业的离职情况,主动掌握当地的失业人口数量和失业情况,便于相关部门制定更科学合理的失业保险政策。

2. 建立农村失业保险政策,保证农民生活的稳定

我国目前是没有农村失业保险政策的,因为农民在有耕地的前提下是不存在失业,但是随着城镇化的发展,城市更新改造,乡村建设,农民会失去耕地,需要重新进入社会就业。但是他们拥有的技能更不足以支持他们的生活,就会出现农民失业群体。农民失业保险也可以和新农保一样,实行农民个人,集体和政府共同承担费用,缴费达到一定的年限和规定后,符合失业金领取条件的农民就可以在就业或者失地部门领取失业救济金。那些没有动用到失业保险金的村民达到一定的年纪后,可以将其并入到养老保险金中,更好的改善农民的老年生活。

(四) 其他社会保险政策的完善

1. 建立灵活多样、科学合理地针对农民工群体的工伤保险政策

我国在制定工伤保险政策时要充分考虑到现实的社会情况,将农民工这个群体也考虑到工伤保险的保障范围内,督促用人单位积极和农民工签订用工合同,做好用人单位的思想工作,加强农民工在工作时的自我保护意识。同时对于企业在劳动场所的安全问题也要及时查处并整改,减少工伤的发生。由于农民工的流动性较大,所以关于工伤保险金的转移接续就是一个重要的难点问题,如果可以做到工伤保险可以随着农民工的工作调动而自由的流动,那么就会更加保障农民工的自身安全。同时还要采取一定的政策促进企业积极地进行失业保险金的缴纳,这对实现资源的整合利用,保障农民工的自身权益有积极帮助。

2. 建立覆盖城乡的生育保险政策

对于城镇就业人口而言,生育保险政策的覆盖面广泛,但我国的广大农村并没有设立生育保险政策,而且农村妇女在分娩或者进行相关的手术时并没有相应的减免政策。所以在农村地区也需要有生育保险政策,这部分生育保险金不由村民个人缴纳,而是由村集体和当地政府公共负责缴纳,生育时或者进行

计划生育手术时，每位分娩的妇女可以获得相应金额的补贴，而对于遵守国家计划生育政策的村民可以在原有补偿的基础上给予一定的奖励。这样不仅减轻了农村妇女生育给家庭带来的压力，而且还进一步鼓励农民遵守计划生育政策。全民的生育保险政策保障了全民的生育权利，实现了生育保险政策的最基本的保障作用，保证了政策实施的公平和公正。

三、完善社会救助政策的内容

（一）最低生活保障政策

1. 建立合理确定保障对象，应保必保的最低生活保障政策

目前我国确定最低生活保障的对象，城市主要是以所有家庭成员的平均工资低于最低生活保障标准，农村也是所有家庭成员的平均收入低于当地的最低生活保障标准。这里所谓的最低标准就是根据当地城镇和农村的年收入为标准，但是对于申请最低生活保障的人群的确定，仅仅是从经济方面予以确定。这就需要相关部门合理界定家庭平均收入的保障线，同时对于进行申请的家庭要仔细认真的审核，不仅要从书面材料上对申请的标准进行审查，同时还要进行入户调查，走访申请人所在的街道和村委会，并对申请人进行随机的访问和调查，确定真正生活在最低生活保障标准下的人能够享受到国家政策的福利。

所以不仅要建立合理的保障对象标准，实行公平民主的评议决定方式，而且要对社会保障对象进行常态化管理，做到应保尽保。所谓的应保尽保就是符合申请条件的人员，都应该纳入到我国最低生活保障体系中，但是在实际的操作过程中，大部分的低保户是采用申请制，但是我国有部分孤寡老人、五保户、城市流浪人员等，由于各种原因，他们对政策不了解而未能主动进行申报，需要这部分人群所在的村委会和居委会准确掌握这些他们的信息，帮助他们进行申报。这样才能保障我国该部分人群的基本生活，实现社会保障政策全覆盖、保基本的原则。

2. 建立统一的最低生活保障标准调整机制，实现政策的一致性

由于实施最低生活保障的标准是为了保障城乡居民的基本生活，而经济在不断发展，社会的物价水平在不断变化，城乡居民的基本生活状况也是处在不断变化之中的。所以国务院在《关于在全国建立农村最低生活保障制度的通知》(国发〔2007〕19号)中规定:"农村最低生活保障标准要随着当地生活必需品价格变化和人民生活水平提高适时进行调整。"[①] 所以,各个地方的城镇和农村根据国务院的政策也相应地制定了本地区的最低生活保障标准政策,但是我们可以发现保障标准的城乡之间差距过大,保障标准的调整幅度参差不齐,保障标准的调整周期随意性较大,保障标准的地区差异程度较大。因此为了实现最低社会保障政策保障人民最基本的生活,除了一些原则性的规定外,应该尽量地缩小各级政府在制定保障标准时的"自由裁量权",从而制定统一的、合理的,而且具有可操作性的标准。当然我国幅员辽阔,东、中、西部地区经济发展状况各不相同,各省份内城镇经济发展也不同,各地区城乡之间发展也不同,所以在短时间内用统一标准来制定保障标准是不切实际的,我们需要不断地以区域为试点,实现一定区域内的保障标准的统一,只要标准是统一的且科学合理,具有一定的可操作性,即使各地的保障金从数字上来看差距很大,但应保障当地城乡居民的基本生活。在最低生活保障标准的制定过程中,要遵循科学执政,民主执政的要求,探索建立民主的渠道,了解当地城镇居民和村民以及社会各界人士对于最低生活保障标准的要求和看法,一旦制定出来的保障标准得到人民的认可,就大大降低了政策执行过程中人为操作的可能性,同时也实现了政策的连贯性和一致性。

(二)建立覆盖面广泛,政策之间衔接顺畅的医疗救助政策

目前我国的医疗政策主要就是有城镇职工医疗保险,城镇居民医疗保险和新型农村合作医疗制度,以及城乡医疗救助政策。城镇职工基本医疗和城镇居民医疗保险基本上可以解决我国城镇人口的医疗保障问题。但是我国的新型农村合作医疗政策和医疗救助的发展还不够完善,两种政策的覆盖面都不是很广,所以可以考虑将两项政策之间进行衔接,当然这两种政策之间的衔接不是要实现同步一致,而是要体现其提高农村贫困人群医疗水平的目标,充分发挥医疗保障金的经济效益和社会效益。

---

① 国务院. 关于在全国建立农村最低生活保障制度的通知. 2007.

我国的医疗救助还是以大病救助为主，但是针对农村和城镇的实际情况，充分发挥医疗救助金的积极作用，把地方病、传染病等一些常见的门诊疾病纳入到医疗救助的覆盖范围中，如果进一步加大医疗救助的范围，使其成为我国城镇职工医疗保险、城镇居民医疗保险和新型农村合作医疗的重要补充，充分发挥城乡医疗救助政策的救助作用。

（三）建立应急及时，保障到位的灾害救济政策

近几年我国频发各种自然灾害，对我国广大农作物生产造成了严重的减产的问题，同时给灾区的农户带来了严重的经济困难。这就需要当地政府给予及时的灾害补救措施，主要有以下四方面的措施：（1）政府主导，就是在灾害救济方面中央政府要发挥主要领导作用，给予一定的财政补助。（2）分级管理，根据灾情的不同程度，各级地方政府同时负担财政补贴，积极进行抢救措施。（3）社会互助，每当全国某个地区有灾情发生时，我国的广大人民群众就拧成了一股绳，纷纷伸出援助之手，不管是企业家还是普通老百姓，都会从人力物力和财力上予以支援，这还需要政府加强对公益组织的监管工作。（4）生产自救，在外面对灾害时，灾区人民在自身安全有保证的情况下，进行生产自救。

（四）其他社会救济政策

其他的社会救济政策主要包括农村的五保供养政策和城镇生活无着流浪、乞讨人员救助政策。我国农村的五保供养主要分为集中供养和分散供养，但是目前我国农村的五保供养总体还是处于低层次、低水平、低覆盖的局面，所以各级地方政府在财政能力允许的情况下，应提高五保户的补助金。目前很多地方的补助金都低于当地的农村低保金，仅能满足五保户的一般生活需求。另一方面，应利用现有的资源，大力发展农村养老院和老年人福利院，对五保老人实行集中供养，提高养老院的建设标准，对养老院的服务人员进行专业的培训，让五保老人可以安享晚年。对于分散供养的五保老人，村委会要彻底地进行仔细的调查，了解当地五保老人的身体状况、生活情况、精神状况，定期了解老人的情况。对于身体残疾或者有重大疾病的老人要委托其当地的村民代为照顾，并给予村民一定的经济奖励。

城镇总是存在着流浪乞讨人员，有年幼的孩子、年迈的老人、残疾的成年人等，各级政府在各个地区要建立设施完善的救助管理站，救助站的工作人员要及时摸排当地流浪乞讨人员的分布情况，劝说其进入救助站。救助站的工作人员在进行工作时要充分地尊重流浪乞讨人员的人格尊严，对于不进入救助站的人员，要将其集中安置在一个较为安全的住宿场所，并且定期对流浪人员进行回访，了解他们的身体健康状况。对于老人和孩子要尽力帮助其有一个较为舒适的住宿环境，对于成年人要劝其进行劳动，对他们进行生存技能的培训。

四、完善社会福利政策的内容

（一）建立覆盖面广泛的未成年人福利政策

我国的未成年人福利政策主要体现在乘坐交通工具、教育和医疗保健方面。目前我国城镇已经具有较为完善的未成年人福利政策，基础设施完善，有着医疗水平发达的儿童医院，师资力量雄厚的公办幼儿园，只要有城镇户口的孩子，从小就可以享受到高质量的医疗和教育方面的政策福利。但是反观农村地区，基本上就有没有公办的幼儿园和师资力量完备的小学，而且现在很多的农村地区只剩下年迈的老人带着孩子在家，父母都外出打工，根本不能满足农村孩子接受学前教育的需求。所以各级政府需要加大对农村幼儿园建设的资金投入，让农村学龄儿童接受正规的学前教育。公平公正的未成年人福利政策应该覆盖城镇、乡村所有的孩子，每一个孩子都是祖国未来的建设者和接班人，当优质的教育、医疗卫生、交通和就业资源全部集中在城镇的时候，会使城乡发展的差距越来越大。

（二）建立公正平等的老年人福利政策

我国的老年人福利政策在老年生活的各个方面都有所体现，比如说城镇老年人乘坐公交车免费，免费进入实行政府定价、政府指导价的场所，定期的免费健康检查等。但是我国城镇的老年人福利政策是依托于户籍的，所以老年人福利政策要打破户籍的枷锁，不给老年人福利政策的享受设置"门槛"。老年人福利政策还有一项就是带有公益性质的敬老院和老年托管所，但是我国的敬老院和托老所的床位是存在很大缺口的，而且敬老院的基础设施不完善以及社工的专业能力和职业素养有待加强。相较于我国的城镇老年人的福利政策,农村老年人的福利有着较大的差距。政府需要重视敬老院和托老所的建设,对社工进行定期的职业考核和培训,在城镇和农村地区建立老年人活动中心,丰富老年人的晚年生活。

(三)建立全面的残疾人福利政策

2006年,第二次全国残疾人抽样调查结果显示,我国的残疾人大概有8296万,占到全国人口的6.34%。他们是一群特殊的群体,由于各种原因他们不能像普通人一样正常的交流或者进行劳动,所以残疾人群体是需要政府和整个社会支持的群体。所以各级政府需要加大对于残疾人福利政策实施的财政支持,建设更加完善的残疾人公共设施,更重要的是在教育、医疗、就业、心理等各个方面给予支持、加快残疾人学校的基础设施建设,增强师资力量,增加有劳动能力的残疾人的就业机会,使其更好地融入社会。政府要与当地的企业联合制定相应的残疾人就业保障政策,在保护企业的经济利益的同时促进残疾人就业。根据经济发展和产业的要求,对残疾人的职业能力进行培训,增强其就业的实力。

五、结 语

本文通过对当前我国的社会保障的基本政策的概述,对国内和国外的社会保障政策进行借鉴,同时结合我国的实际国情,提出了促进城乡发展一体化的社会保障政策。当前所说的城乡发展一体化并不是说城乡的经济、文化、社会保障等方面实现完全一致,而是在城镇的经济和社会不断发展的时候,也要保障农村的经济、教育、医疗和社会保障共同发展。在城镇和农村不断发展的过程中,不断地缩小城乡之间的差距,实现社会各种资源的合理分配,实现基本公共服务的均等化,本文中的农村的社会保障政策和城镇的社会保障政策的共同完善可以更好地促进城乡发展的一体化。我国社会保障的主要三大体系:社会保险、社会救助和社会福利,每个体系的政策都要加大对保障人群的覆盖面,提高保障的层次,提升保障的标准,真正地实现社会保障体系的全覆盖。希望我国的社会保障政策可以真正做到保障每个人的基本生活,实现老有所依,病有所依,幼有所教,实现天下大同。

专题三　昆明市居家养老服务问题研究

第一章 居家养老服务概述

一、我国居家养老服务概述

（一）我国居家养老服务的政策发展历程

在20世纪80年代，我国开始出现居家养老服务，时至今日居家养老服务已经经历了三十多年的风雨。通过阅读研究相关文献及政策资料，同时为方便论文的撰写，现将居家养老服务的政策发展历程划分为三个阶段：萌芽阶段、起步阶段和初步发展阶段。

1. 居家养老萌芽阶段（1980—1989）

我国在20世纪80年代人口老龄化问题逐渐显现，国家开会关注人口老龄化问题，国家有关部门为解决人口老龄化所带来的问题相继出台了相关政策。1983年，国家老龄委印发《关于老龄工作情况与今后活动计划要点》的通知，该文件主要从老龄领导工作人事安排、宣传教育、科研活动等方面指出了工作方向，尤其是首次提出建设日间公寓，并对老人生活类和休闲娱乐类活动等工作做了安排部署[1]；1985年，民政部召开全国社会福利会议，首次提出建立社会化福利制度[2]；1987年民政部首次提出"社区服务"概念，并把发展、完善社区服务体系定为新的发展目标。

---

[1] 国家老龄委. 关于老龄工作情况与今后活动计划要点. 1983.
[2] 民政部. 全国社会福利会议文件. 1995.

该阶段的发展主要有以下几种特征：第一，初步出现养老概念，但还没有完全形成；第二，养老服务开始进入人们的生活，包含生活休闲娱乐等服务项目；第三，社区服务要优先于居家养老服务。

2. 居家养老起步阶段（1990—1999）

1994 年，由国家教育委员会、民政部、财政部等八部委共同发布了《中国老龄工作七年发展纲要（1994—2000 年）》，文件中指出我们要坚持家庭养老与社会养老相结合的原则，建立健全养老法制，增加老年福利设施，促进老年社会化服务的发展。[①] 1995 年，民政部印发《全国社区服务示范城区标准》的通知，通知中明确提出要展开争创全国社区服务示范城区的活动，并将区、街道的养老托老福利服务、社区养老服务设施建设等作为示范标准。1998 年，"全国家庭养老与社会化养老服务"研讨会，首次明确并使用了"居家养老"概念。

该时期养老政策的主要特点是明确地提出"家庭养老"和"社会养老"相结合的思路，居家养老的概念开始真正的出现。

3. 居家养老初步发展阶段（2000—至今）

2000 年，民政部、国家计委、国家经贸委等 11 部门联合发布《关于加快实现社会福利社会化的意见》，明确提出要推进社会福利社会化的理念，并提出在供养方式上坚持以居家为基础、以社区为依托、以社会福利机构为补充的发展方向，明确了居家养老在养老服务体系的地位和作用。[②] 2001 年，国务院印发《中国老龄事业发展"十五"计划纲要》（下文简称《纲要》），《纲要》提出建立政府、社会、家庭和个人相结合的供养体系，并对老年人的医疗保障、照料服务、精神生活和权益保障，以及保障机制做了规定。2008 年，全国老龄办、发改委等 10 部门联合发布《关于全面推进居家养老服务工作的意见》（下文简称《意见》），《意见》要求坚持政府主导和社会参与，促进居家

[①] 国家教育委员会、民政部、财政部等.中国老龄工作七年发展纲要（1994—2000 年），1994.

[②] 民政部、国家计委、国家经贸委.关于加快实现社会福利社会化的意见，2000.

养老服务向内容充实、形式丰富、队伍壮大、管理和监督评估机制健全方向发展。① 2011 年，国务院办公厅印发《社会养老服务体系建设规划（2011—2015年）》的通知，明确指出社会养老服务体系由居家养老、社区养老和机构养老三部分组成，并明确规定居家养老服务以上门服务为主要形式，提供生活照料、医疗保健、精神慰藉等服务。②

该阶段主要有以下几个特点：居家养老服务理念基本形成；政府开始高度重视，养老问题上升到了战略高度；政府部门制定了明确的居家养老发展路径。

（二）我国居家养老服务现状

现如今，我国的居民社区中，大多数居家养老服务需要政府购买，但也有部分由非政府组织购买，或者由街道、社区承办的模式。普遍做法是由政府购买服务，而由政府购买具有三种类型：第一类针对孤老户或"三无"老人，由政府直接拨款对其进行特定服务；第二类是根据不同老年人的情况，政府给予代金券或者服务券，老年人可以根据自己的需求，去特定机构选择服务，所有的消费由政府承担；第三类是"民办公助"和"公办民营"的形式。

近年来，我国居家养老服务体系建设不断发展完善，居家养老服务的规模不断壮大，机构数量逐年增加，服务方式变得越来越专业，越来越多样化，服务设施也在不断地完善，已经初步形成服务网。全国各地积极地开展居家养老服务，其中北京、天津、上海、广州、南京、大连、哈尔滨等地，在开展服务过程中创造和形成了一些独具特色的服务模式。

但是，现阶段社区发展的统筹规划仍然很欠缺，存在着服务总量严重不足，服务设施与需求不吻合，服务功能和方法相对单一，地区发展不均衡，各方投入不足，专业化程度总体不高，人力资源不足，优惠政策难以落实等问题，这些问题需要我们认真研究并给予解决。

---

① 全国老龄办. 关于全面推进居家养老服务工作的意见，2008.
② 国务院办公厅. 社会养老服务体系建设规划（2011—2015 年），2011.

二、昆明市居家养老服务概述

(一) 昆明市概况

1. 地理位置、区县划分

昆明市位于中国西南边陲，地处云贵高原，南边是滇池，三面环山。云南与老挝、越南、缅甸等国家接壤，作为省会的昆明则是中国面向世界的门户之一。

昆明市有7个市辖区（五华区、盘龙区、官渡区、西山区、呈贡区、晋宁区、东川区）、1个县级市（安宁市）、3个县（富民县、嵩明县、宜良县）、3个自治县（石林彝族自治县、寻甸回族彝族自治县、禄劝彝族苗族自治县）。

2. 经济发展

昆明，是中国国家级一级物流园区城市之一，是中国面向西南开放的门户城市。昆明具有"五个度"的发展特色：一是发展首位度，二是产业支撑度，三是经济集中度，四是文化多维度，五是社会集聚度，昆明的经济发展已经覆盖全省范围。

3. 人口结构

2015年末全市常住人口为667.7万人，其中城镇常住人口467.7万人，占常住人口比重为70.05%。人口自然增长率5.98‰；户籍总人口555.57万人，其中城镇人口317.71万人，占户籍人口比重为57.2%。

昆明市人口以汉族为主，占全市常住人口的86.16%。少数民族人口占全市常住人口的13.84%，万人以上的少数民族有8个，即彝族391337人，占总人口的7.7%；回族146922人，占总人口的2.9%；白族71443人，占总人口的1.4%；苗族45013人，占总人口的0.89%；傈僳族17289人，占总人口的0.34%；壮族13835人，占总人口的0.27%；傣族13101人，占总人口的0.27%；哈尼族10649人，占总人口的0.21%。全年出生人口58796人，人口自然增长率为6.23‰。①

---

① 数据来源：昆明市政协网站，http://www.kmszx.gov.cn/Default.aspx.

4. 昆明市老龄化现状

有关调查显示，1991 年昆明市老年人口为 36.25 万，占总人口比例的 10.09%，根据之前提到的老龄化划分标准，标志着昆明市已经进入老龄化社会。截至 2012 年底，昆明市户籍老年人口达 87.26 万，占全市户籍人口的 16.06%，较 1991 年增长了 1.41 倍。目前昆明市有空巢老人 23 万，占老年人口总数的 26.36%；失能老人 19 万，占老年人口总数的 21.77%。[①] 纵向来看，在全国 31 个省会城市中，昆明市老龄化程度排第 9 位；横向来看，在云南省 16 个州（市）中排第 1 位，是人口老龄化较为严重的城市，高龄和空巢的现象很明显，失能或者半失能的老人数量剧增。由此可以看出，昆明市老龄化状况不容乐观，面临着巨大的挑战，亟须改善现状，完善当前的养老服务体系。

（二）昆明市居家养老服务概述

1. 昆明市居家养老服务实施现状

昆明市居家养老服务体系建设大致经历了三个阶段：第一阶段是 2000 年的"星光计划"，即 2000 年之后的 2~3 年，通过发行福利彩票筹集的福利资金约 40~50 亿元，用于自主城市社区的老年人福利服务设施、活动场所和敬老院的建设；第二阶段是 2007 年的"163"计划，即给予每个社区 5 万元启动资金，建立老年服务中心，针对社区内的特困、残疾、高龄、独居和患病老人等，开展温情、援助、医疗、教育、康乐和维权 6 项服务，实行领导、标准和标识"3 个统一"；第三阶段是当前开展的"社区居家养老服务中心"建设，即建立健全县（市）区、乡镇（街道）和社区（村）三级服务网络，在街道和社区中要全部覆盖服务网络。八成以上的社区和两成以上的农村要建立起综合社区服务设施和站点。

2. 昆明市居家养老服务内容

根据云南省《老龄事业发展"十二五"规划》相关要求，昆明市于 2012 年启动了社区居家养老服务中心的建设工作，服务对象为 60 周岁以上的老年人。具体根据老年人的实际情况分为无偿服务、低偿服务和有偿服务，无偿服

---

① 数据来源：昆明市政协网站，http：//www.kmszx.gov.cn/Default.aspx。

务的对象为具有本辖区户籍的城市"三无"老人和农村"五保"老人；低偿服务对象为具有本辖区户籍老年群体中的高龄、特殊群体的老年人；有偿服务对象为有经济来源并有服务需求的老年人。服务内容根据不同社区老年人的实际需求而设置，除了基本的日间照顾、医疗陪护、卫生清洁、棋牌娱乐，有的社区还增加了情感关怀、小家庭结对等服务，使服务内容趋于差异化、多样化。

（三）以昆明市为个案的访谈

1. 对社区人员的访谈

一线社会工作者经常会深入到社区当中去，依靠当地社区资源开展相应的专业社会工作服务，但由于基层人员工作认识能力有限，会将一些政府行为简单地安排到社工人员身上。因此一线社工人员应该掌握沟通技巧，妥善地与人沟通，处理好与基层社工人员的关系。这对一线社工人员的应变能力有很高的要求，同时也要做好自我保护与自我宣传的工作，从专业的角度出发，去寻求社会工作者、老年人、社区工作者的利益共同点，在这个基础上，开展专业性社会工作服务，同时还要保持工作的自主性。

一线社会工作者由于经常直接与老年人接触，他们往往能够最先了解到老年人的实际需求，同时也能很好地把握老年人对当地政府相关政策的评价与感受。因此一线社会工作者不但要做好服务工作，还要承担起反馈相关地区政策真实信息的责任，把这些来自老年人的心声做好记录和整理，然后通过合理的方式反馈到相关的政府部门。一线社会工作者必须做好自我定位，因为一项好的居家养老政策的出台与实施会影响到很多的老年人生活，同时也会给众多社会工作者开展工作带来很多方便。

在访谈中也了解到，很多社会工作者都秉承着"助人自助"的宗旨，以坚持个别化、案主自决、保密、价值中立、平等与差别平等的原则，本着对案主负责的态度开展专业化的服务，从而给老年人带来晚年的幸福，在这个工作岗位上持续地带来养老服务。

2. 对NGO组织的访谈

非政府组织（NGO）也被称为"第三部门"，主体是不同于政府组织且不以营利为目的的社会组织。① 在国外,很多社会团体(即 NGO),会为老年人事业提供服务。西方社会学理论认为,当国家体系中的政府不能有效地配置社会资源(即政府失灵)、市场体系中的企业又只顾着谋取利益而不愿提供公共物品(即市场失灵)时,民间组织便会作为一种新的资源配置体制出现在两者之间,以此来弥补政府和市场这两种主要的资源配置体制的不足。在美国,大约有 100 个为老年人服务的全国性团体。比利时的老年人服务事业,大部分交给民间组织去办理,只有少部分会由政府的社会事务部门来办理。同时政府只负责制定制度、裁定待遇和投资建造服务设施等。德国的老人院一般由城镇自行出资兴建或由私人基金会出资兴建,由社会福利部门统一管理,维持收支平衡,属于非营利性机构(NPO)。在老人及子女都不足以支付养老费用时,由社会救济来承担这部分费用。香港地区在 1958 年社会福利署成立之前,社会福利服务都是由民间组织(NGO)自发提供。

政府在社会福利中承担主要责任,但不参加具体服务项目的实施。计划、组织、人事、财务等方面,全部是由社团或者福利服务组织承担。在这种背景下,使民间服务组织有了空前的成长空间,同时很多民间组织也积累了开展养老服务的工作经验,并培育了大量的相关人才。香港民间开办的老人院舍服务有接近一半是营利性的,其收费水平可以超出成本价格,这在福利服务领域是很特殊的。由于有了利润的刺激,民间在养老服务领域的积极性也将增大。

---

① 章晓懿. 社会保障:制度与比较 [M]. 上海:上海交通大学出版社,2004.

第二章　昆明市居家养老服务需求影响因素的实证分析

一、实证研究设计

(一) 问卷设计

本次调查问卷内容共包括个人基本情况、家庭基本情况以及居家养老服务需求情况三部分，共 30 个问题。第一部分主要包括性别、年龄、民族、户籍以及婚姻状况等 9 个问题，采用单项选择的形式；问卷第二部分包括家庭结构以及家庭收入等 5 个问题；第三部分居家养老服务需求情况主要包括日间照料、医疗陪护、保洁清扫、送餐服务、紧急救助、棋牌娱乐 6 个方面的问题。

日间照料需求主要涉及老年人的饮食、穿着等日常生活方面的照顾，满足老年人正常生活的需要；医疗陪护主要是针对医疗保健服务，可分为常规医疗和专业护理，老年人最需要的医疗服务项目就是医疗知识解答、医生上门服务、开设健康讲座、带他们去看病、设立家庭式病床以及帮助康复治疗等；保洁清扫主要是指打扫卫生、保持居住环境卫生等方面的需求，有些独居老人由于身体原因不方便进行卫生清洁，居家养老服务可以发展这方面的服务；送餐服务是为了帮助在家不方便做饭的老人开展的一项服务，可以保证老年人正常餐饭的需求；紧急救助更多针对的是独居老人及失能老人，他们偶尔会发生一些突发情况而子女又不在身边，这时紧急救助功能就体现出来了；对于老年人，不仅要重视其日常生活，还要关注其娱乐生活，为了丰富老年人的业余生活,可以在棋牌室进行棋牌类等娱乐活动,供老年人在茶余饭后放松休闲。

(二)样本数据的来源和研究变量的选择

本文用来实证分析的数据主要来源于问卷调查。调查的样本总数为 240 份,运用随机抽样法选择调查对象,调查范围覆盖昆明市的 7 个市辖区。只有年龄达到或者超过 60 周岁同时还接受过居家养老服务的老年人才能成为调查对象,抽样调查对象的地域分布见表 3-1,最终收回问卷 221 份,其中有效问卷 208 份。

表 3-1 调查对象分布表

辖区名称	调查对象人数(人)
五华区	45
盘龙区	45
官渡区	30
西山区	30
呈贡区	30
东川区	30
晋宁区	30

本文根据受调查区域常住老年人口的个体因素、家庭因素和社会因素三个方面,选取了 13 个自变量作为调查内容,对影响常住老年人居家养老服务需求的因素进行调查。参考以往学者的研究经验,在有效问卷的基础上,分类合并与重新编码,并设定变量。具体名称及取值如表 3-2 所示。

表3-2 变量及变量编码

变量类型	变量名称		变量编码值
因变量	老年人是否有居家养老服务需求		没有=0；有=1
自变量	个人因素	性别	男=0（参照组）；女=1
		年龄	60~79岁=0（参照组）；80岁及以上=1
		民族	汉族=0（参照组）；其他=1
		婚姻状况	有配偶=0（参照组）；无配偶=1
		受教育程度	初中及以下=1（参照组）；中专/高中=2；大专及以上=3
		退休前职业	机关事业单位=0（参照组）；其他=1
		老年人的月收入	1500元以下=1（参照组）；1500-3000=2；3000元及以上=3
		生活自理情况	完全自理=0（参照组）；不能完全自理=1
	家庭因素	家庭结构	有子女=0（参照组）；无子女=1
		居住方式	独居=0（参照组）；非独居=1
		家庭总体月收入	3000元以下=1（参照组）；3000-5000元=2；5000元及以上=3
	社会因素	户籍	本地户籍=0（参照组）；非本地户籍=1
		补贴情况	有补贴=0（参照组）；无补贴=1

注：①本文所研究的常住老年人口具体包括：本地户籍老人以及外来老年人；②根据SPSS统计软件的输出结果整理得到。

（三）模型设定

在实际问题中，常常出现结果只有两种可能的情况，即因变量是两种可能结果的定性变量，称这种回归模型为二项逻辑（Binary Logistic）回归模型。①

---

① 朱星宇，陈勇强. SPSS多元统计分析方法及应用 [M]. 北京：清华大学出版社，2011.

该模型中,因变量 Y 为二点分布,通常用 1 和 0 来表示两种结果,其中 1 表示事件发生的情况,0 则表示事件没有发生的情况。P 表示事件发生的概率,因此有 $E(Y) = P(Y=1) = P$,对 P 进行 logit 变换后,得到二项逻辑回归模型如下所示:

$$\ln\left(\frac{P}{1-P}\right) = \beta_0 + \beta_1 X_1 + \beta_2 X_2 + \cdots + \beta_j X_j + \varepsilon, \quad j = 1, 2, \cdots, m$$

(式 5 – 1)

在此次研究中,因变量为昆明市 60 周岁及以上的常住老年人口是否有居家养老服务需求:1 表示有需求,0 表示没有需求;P 表示需要居家养老服务的概率;X_j 是自变量,具体包括 8 个个体特征、3 个家庭特征和 2 个社会特征;β_j 是各个自变量的回归系数,反映其影响方向及影响程度。

二、实证分析

(一)调查对象描述性统计分析

运用 SPSS 22.0 统计软件的频数分析功能,统计调查对象的基本情况,并用下表列出相关结果:

1. **性　别**

表 3 – 3　性别分布

		Frequency	Percent	Valid Percent	Cumulative Percent
Valid	男	82	39.4	39.4	39.4
	女	126	60.6	60.6	100.0
	Total	208	100.0	100.0	

从表 3 – 3 可以看出,这次问卷一共调查了 208 人,其中男性有 82 人,女性有 126 人,其中男性占调查总人数的 39.4%,女性占 60.6%。并且根据我国老年人的特点制定调查方案,设计调查中女性比男性人数多,老年人口的特点之一是女性老人平均寿命比男性老人寿命长。因此,在大多数家庭,往往会出现只剩女性老人独居的情况,随着年龄的增长,在自理能力大不如以前的时

候，就会选择居家养老的方式。

2. 年　龄

表 3-4　年龄分布

		Frequency	Percent	Valid Percent	Cumulative Percent
Valid	60~65	32	15.4	15.4	15.4
	66~70	36	17.3	17.3	32.7
	71~75	58	27.9	27.9	60.6
	76~80	48	23.1	23.1	83.7
	80及以上	34	16.3	16.3	100.0
	Total	208	100.0	100.0	

表 3-4 显示，我们把这次调查的老年人口年龄分配在五个年龄段，分别是 60-65 岁、66~70 岁、71~75 岁、76~80 岁和 80 岁以上。调查结果显示，在 60-65 岁年龄段的老年人有 32 人，占调查总人数的 15.4%；66~70 岁年龄段的老年人有 36 人，占调查总人数的 17.3%；71~75 岁年龄段的老人有 58 人，占调查总人数的 27.9%；76~80 岁年龄段的老人有 48 人，占调查总人数的 23.1%；80 岁以上的老人有 34 人，占调查总人数的 16.3%。从数据中可以看出，71~80 岁年龄段的老人占调查总人数的一半左右，说明这一年龄段的老人更加需要居家养老服务，年龄因素与居家养老服务需求成正相关关系。

3. 民　族

表 3-5　民族分布

		Frequency	Percent	Valid Percent	Cumulative Percent
Valid	汉族	149	71.6	71.6	71.6
	其他民族	59	28.4	28.4	100.0
	Total	208	100.0	100.0	

从表 3-5 中可以看出，汉族占总调查人数的 71.6%，其他民族占 28.4%。在云南这块多民族的土地上，少数民族享受居家养老服务的人数较少。

4. 婚姻状况

表 3-6 婚姻状况分布

		Frequency	Percent	Valid Percent	Cumulative Percent
Valid	有配偶	97	46.6	46.6	46.6
	无配偶	111	53.4	53.4	100.0
	Total	208	100.0	100.0	

表 3-6 显示,在居家养老服务需求影响因素调查中,有配偶的老年人占 46.6%,剩余的人都是无配偶的老年人。可见在接受调查的人数中,无配偶的老年人占到大多数,这说明经常处于独居状态无配偶的老年人更加需要接受居家养老服务。这些老人的子女由于工作原因,可能无法全天候地照顾老人,所以也会选择居家养老这种方式来尽孝。

5. 受教育程度

表 3-7 受教育程度分布

		Frequency	Percent	Valid Percent	Cumulative Percent
Valid	初中及以下	140	67.3	67.3	67.3
	高中/中专	40	19.2	19.2	86.5
	大专及本科以上	28	13.5	13.5	100.0
	Total	208	100.0	100.0	

表 3-7 显示,初中及以下学历的人数为 140 人,占调查总人数的 67.3%;高中或大专学历的人数为 40 人,占调查总人数的 19.2%;大专及本科以上学历的人数为 28 人,占调查总人数的 13.5%。这一调查结果分布反映了虽然当前昆明市老年人总体的学历层次偏低,但还是可以接受居家养老这样的养老方式的。

6. 退休前职业

表 3-8 退休前职业分布

		Frequency	Percent	Valid Percent	Cumulative Percent
Valid	机关事业单位	62	29.8	29.8	29.8
	其他	146	70.2	70.2	100.0
	Total	208	100.0	100.0	

表 3-8 显示的是被调查老人的职业分布情况,退休前为机关事业单位的老人数量为 62 人,占调查总人数的 29.8%;退休前为企业职工、个体劳动者等其他工作的老人为 146 人,占调查总人数的 70.2%。通过调查数据可以发现,被调查的老人退休前职业主要是工人等其他工作人员。显然,昆明市从事各行业工作的老年人都是比较能接受居家养老服务的。

7. 月收入水平

表 3-9 月收入水平分布

		Frequency	Percent	Valid Percent	Cumulative Percent
Valid	1500 元以下	86	41.3	41.3	41.3
	1500~3000 元	44	21.2	21.2	62.5
	3000 元及以上	78	37.5	37.5	100.0
	Total	208	100.0	100.0	

表 3-9 显示的是老人收入水平分布情况,每个月平均收入水平在 1500 元以下和 3000 元及以上的老人人数分别为 86 人和 78 人,分别占调查总人数比重的 41.3% 和 37.5%;每个月平均收入水平在 1500~3000 元的老人人数为 44 人,占调查总人数的比重为 21.2%。根据调查数据的内容,我们不难发现,老年人月平均收入水平在 1500 元以下的人数最多,月平均收入水平在 1500~3000 元的人数较少,这也符合我国当前收入水平"中间小,两头大"的现状,老年人月收入 3000 元以上的人数占大多数,老年人享受的居家养老服务在很大程度上与经济收入有关。

8. 生活自理情况

表3-10 生活自理情况分布

		Frequency	Percent	Valid Percent	Cumulative Percent
Valid	完全能自理	63	30.3	30.3	30.3
	不能完全自理	145	69.7	69.7	100.0
	Total	208	100.0	100.0	

从表3-10的数据中可以看出，不能完全自理的老年人有145人，占调查总人数的69.7%。也就是说，老年人的自理能力或多或少都会随着年龄的增长而下降，还有就是疾病的影响会导致老年人的生活不能完全自理。因此，他们更愿意选择居家养老方式，从而可以享受到日间照顾、卫生清洁、医疗陪护等方面的照顾。

9. 家庭结构

表3-11 家庭结构分布

		Frequency	Percent	Valid Percent	Cumulative Percent
Valid	有子女	143	68.8	68.8	68.8
	无子女	65	31.2	31.2	100.0
	Total	208	100.0	100.0	

在被调查的老人中，有子女的老人为143人，无子女的老人为65人，分别占总调查人数的比例为68.8%和31.2%。在当前的社会背景下，人口红利下降，每个家庭的养老压力巨大，青年人因为工作等原因无法经常陪伴、照顾老人，可能会采取居家养老的方式来保证老年人的日常生活。

10. 居住方式

表 3-12　居住方式分布

		Frequency	Percent	Valid Percent	Cumulative Percent
Valid	独居	127	61.1	61.1	61.1
	非独居	81	38.9	38.9	100.0
	Total	208	100.0	100.0	

从表 3-12 的居住方式分布表中可以看出，调查对象中独居老人占到 61.1% 的比重，这表明独居老人会因为自理能力等状况而选择居家老服务，从而保证自己的正常生活。非独居老人占 38.9%，说明这部分老年人会更多地关注送餐服务以及紧急医疗救助等方面。

11. 家庭总体月收入

表 3-13　家庭总体月收入分布

		Frequency	Percent	Valid Percent	Cumulative Percent
Valid	3000 元以下	93	44.7	44.7	44.7
	3000~5000 元	74	35.6	35.6	80.3
	5000 元及以上	41	19.7	19.7	100.0
	Total	208	100.0	100.0	

从家庭总体月收入方面来考虑，在调查对象中，大多数家庭月收入是少于 5000 元的，但是可以根据自身情况来选择所需要的居家养老服务。

12. 户　籍

表 3-14　户籍分布

		Frequency	Percent	Valid Percent	Cumulative Percent
Valid	本地户籍	166	79.8	79.8	79.8
	非本地户籍	42	20.2	20.2	100.0
	Total	208	100.0	100.0	

表 3-14 描述的是户籍分布情况,从中可以知道,本地户籍人数占79.8%,但是非本地户籍人数也占到 20.2%。可以说在昆明这样一座四季如春的城市,吸引着相当一部分外地户籍的老年人来这里进行养老疗养等。

13. 补贴情况

表 3-15 补贴情况分布

		Frequency	Percent	Valid Percent	Cumulative Percent
Valid	有补贴	87	41.8	41.8	41.8
	无补贴	121	58.2	58.2	100.0
	Total	208	100.0	100.0	

从补贴情况来看,大部分受访者是无补贴的,占 58.2% 的比例,说明在当前的情况下,补贴并不是影响老年人选择居家养老服务的主要原因。

(二) 信度分析

信度 (reliability),指对同一事物的重复测量结果的一致性程度,它能够反映测量工具的稳定性或可靠性,一般用信度系数表示,目前常用的信度指标为 Cronbach α 系数。信度分析用于评价问卷的稳定性或可靠性,当我们想要知道问卷对同一事物进行重复测量所得的结果的一致性程度如何的时候,我们便可以用信度分析来测量。一般情况下,量表的信度系数在 0.9 以上,我们便认为这个测验或者量表信度较高,量表的信度系数在 0.8 以上,我们便认为这个测验或者量表信度还可以接受,量表的信度系数在 0.7 以下,我们便认为应该对这个测验或者量表进行修改,量表的信度系低于 0.5,那么此表的调查结果就很不可信了。由此可见,信度系数越高,测验的信度也会越高,表示的测验结果的可信性也会越高。

表 3-16 信度检验表

Cronbach's α	基于标准化项的 Cronbach's α	项 数
0.868	0.868	30

从表 3-16 信度检验结果可知，通过 SPSS 22.0 统计软件对调查问卷信度进行分析，得出 Cronbach's α 为 0.868，说明该问卷的信度较高。

（三）效度分析

效度（validity）即有效性，它是指测量工具或手段能够准确测出所需测量的事物的程度，反映了测量结果与"真值"之间的接近程度。效度一般由内容、准则、结构三个效度构成。内容效度是指所要研究的问题在调查问卷的题项中是否能表现出来，如果能够表现出来，就可以认为内容效度较好。结构效度是指某种结果与所测值之间的对应程度能否在测量结果中表现出来，若所产生的结构与先前的结构一致，那么结构效度较好，反之则结构效度不好。结构效度的验证可以利用 KMO 样本测度和 Bartlett's 球体检验来验证问卷数据是否适合做因子分析。根据前人的研究经验可以知道，当 KMO 值在 0.7 以上时，就认为问卷数据适合做因子分析，同时表明结构效度较好。

表 3-17 效度检验表（KMO and Bartlett's Test）

Kaiser-Meyer-Olkin Measure of Sampling Adequacy.	0.768
Bartlett's Test of Sphericity Approx. Chi-Square	1454.272
df	150
Sig.	0.000

KMO 值和 Bartlett's 球体检验可以用来分析问卷数据是否适合做因子分析，根据 SPSS 22.0 统计软件的分析结果可知，KMO 值为 0.768，说明问卷数据适合做因子分析，问卷的结构和问题设置较为合理。在 Bartlett's 球体检验中，近似卡方为 1454.272，自由度为 150，显著性为 0.000。

（四）因子分析过程

本文采用主成分分析法对调查问卷数据进行因子分析。利用 SPSS 22.0 统计软件对调查问卷的主要 6 个问项（紧急救助、医疗陪护、日间照料、送餐服务、棋牌娱乐、保洁清扫）进行主成分分析，分析结果如下。

表 3-18 列出的是公因子方差表，在下表中列出了每个变量的共同度数

据。我们通过观察共同度数据可以发现,每个变量的共同度都较高,这种情况表明因子分析的效果较好。

表 3-18 公因子方差 Communalities

	Initial	Extraction
紧急救助	1.000	.939
医疗陪护	1.000	.836
日间照料	1.000	.878
送餐服务	1.000	.906
棋牌娱乐	1.000	.912
保洁清扫	1.000	.959

Extraction Method: Principal Component Analysis.

通过对表 3-19 的数据进行分析,从其结果可以看出,初始特征值大于 1 的有 2 个选项,共累计包含 90.494% 的问卷信息。通过旋转得出的 2 个因子能够包含 90.494% 的问卷信息,分析结果可以接受。详细分析结果见表 3-19,表中只列出了特征值大于 1 的主维度,因素载荷量见表 3-20。

表 3-19 解释的方差总变量表 (Total Variance Explained)

Component	Initial Eigenvalues			Extraction Sums of Squared Loadings			Rotation Sums of Squared Loadings		
	Total	% of Variance	Cumulative%	Total	% of Variance	Cumulative%	Total	% of Variance	Cumulative%
1	4.425	73.746	73.746	4.425	73.746	73.746	3.285	54.751	54.751
2	1.005	16.748	90.494	1.005	16.748	90.494	2.145	35.744	90.494
3	0.296	4.930	95.424						
4	0.139	2.323	97.747						
5	0.080	1.338	99.085						
6	0.055	0.915	100.000						

Extraction Method: Principal Component Analysis.

表3-20　旋转后因素负荷矩阵（Component Matrix^a）

	Component	
	1	2
紧急救助	.689	.682
医疗陪护	.909	
日间照料	.842	
送餐服务	.887	
棋牌娱乐	.944	
保洁清扫	.858	.472

Extraction Method: Principal Component Analysis.

a. 2 components extracted.

三、实证结果归纳

由实证分析的结果，可以归纳得出如下结论：

（一）普及程度

通过对居家养老的详细调查结果进行分析，我们发现大部分的老年人群体都表示比较了解居家养老，并正在享受社区提供的各项服务，同时有部分老年人表示知道一些但不了解其具体内容。由此可见，昆明市居家养老服务的普及程度较高，大部分老年人都或多或少地听说过居家养老服务的理念。

随着信息社会的发展，人们了解各种信息的渠道也越来越多，对于怎样了解居家养老服务，不同的老年人也有不同的看法，有的老年人从社区进行的宣传中得知这一服务，有部分老年人从电视新闻、广播中得知这一服务，还有部分人在跟亲戚朋友邻居交流的过程中得知这一服务，同时老年人在日常的休闲交谈中也会谈到养老这一话题。但有一个现象却很奇怪，报纸作为一个传播广泛的媒体，但在老年人中选择较少，这应该与老年人身体状况有一定联系，老年人一般随着年龄增长，会开始出现眼花等问题，因此较少阅读报纸，大多数时间是从电视广播中得知各种新闻时事的。还有部分老人从网络上得知相关信息，可见网络在老人当中普及率有所上升，越来越多的老年人也会使用电脑上网浏览一些信息。

（二）需求程度

从受访老年人的养老服务选择可以看出，目前还有部分老年人并没有完全接受居家养老服务，这表明未来居家养老服务市场的拓展空间还很大。其中，本地户籍老人对居家养老服务的需求高于外来常住老人。

（三）主要影响因素

根据统计显示，老年人的自理能力、家庭结构以及居住方式是影响老年人选择居家养老服务的主要因素。自理能力是影响老年人日常生活以及医疗健康的因素，关系到老年人日常的生活自理以及身体的健康状况；家庭结构以及居住方式的因素主要是指老年人是否与子女居住、婚姻状况等，子女无暇照顾的独居老人以及失独老人更愿意选择居家养老的方式来度过晚年的生活。

（四）服务项目的显著性

本地户籍老人与外来常住老人在居家养老具体服务项目方面存在着一定的共性与差异性。两者都认为应该先满足基本需求。在这个共识上，本地户籍老人对于日常生活服务的需求更显著，而外来常住老人则希望能够优先发展医疗保健服务。综合分析结果，对于常住在昆明的老人来说，女性老年人以及生活不能完全自理的老人的居家养老服务需求可能更为明显，主要集中在日间照料、医疗陪护方面，而可以自理的老人对于居家养老服务的需求主要是在送餐服务以及棋牌娱乐方面。

根据以上调查结果分析表明，昆明市的居家养老服务需求主要有以下六类项目：保洁清扫、医疗陪护、日间照料、紧急救助、送餐服务。这表明在昆明市居家养老服务发展过程中，老人可以享受到基本的居家养老服务项目内容，但是这些服务项目过于统一，没有考虑到不同老年人的不同需求，缺乏针对性。

第三章 昆明市居家养老服务存在的问题
——基于实践调研

在实地调研的过程中,发现昆明市居家养老服务存在一些问题,归纳起来主要分为以下几方面。

一、社区居家养老服务体系建设发展不平衡

昆明市社区居家养老服务体系建设发展不平衡主要体现在两方面:一方面是各县(市、区)之间的不均衡发展,越是靠近中心地带发展越得好;一方面是一个地区内的各社区之间呈现出不平衡的状态。

根据实地调研我们发现,昆明市全市主要城镇的街道都基本上覆盖了居家养老服务,只是部分社区还没有建立居家养老服务中心。在发展居家养老服务方面,一些开展居家养老服务时间较早的社区,各项服务发展较为完善,服务内容覆盖面较广泛,家政、生活、精神、康复护理和紧急救助等方面均有对应服务;而还有一些社区在发展居家养老服务工作方面相对滞后,虽然大部分社区都建有相应的居家养老服务中心,但是这些居家养老服务中心除了提供基本的医疗和家政服务以外,并没有其他服务项目。

二、缺乏政府层面的政策支持,各部门之间难以形成合力

(一)政府的政策支持力度不足

根据调查数据实际落实的情况来看,现阶段仅有极少部分的特困、特殊的老年群体会受到由政府承担责任的服务照顾，也就是说，政府并不是针对所有老年人提供这些服务。其他的老年人则需要通过自己花钱购买以后，才能享受到相应的居家养老服务，这种现象说明有一部分无购买能力或者购买能力低，但条件又没达到政府部门要求的老年人会被排除在外，无法享受到居家养老服务。那么，我们来思考下，这种情况究竟是由什么样的原因造成的呢？我们经过调查和研究分析，认为主要是因为以下几个方面造成这种局面的，一是政府没有做好自己的角色定位，没有履行好自身的职责。在实地调查中有社区工作人员告诉我们，在他们的眼中居家养老服务更像是一种等价交换的买卖，只有老人提供了服务费，工作人员才会上门服务，跟平常的买卖并没有不一样的地方，只不过这里的卖方成了政府部门。很显然，基层人员的这种阐述与政府一直宣传支持的理念是相违背的。二是资金问题，不管是什么服务，必须要有人员参与进去，同时也需要相对应的设施，这些人力和物力都离不开资金的支持。在访谈过程中我们了解到，现阶段养老服务主要是依靠政府财政拨款来维持，除此以外就没有其他资金渠道了，这种情况导致政府在提供各种优惠服务时，不得不通过设定各种标准与门槛来减轻财政压力。

（二）各个职能部门难以形成合力

社区居家养老服务体系的建设涉及多方面的工作，必须要各个职能部门的协同推进才能完成。而社区是居家养老服务体系的支撑，需要社区内各个组织、家庭的参与合作，才能把整合社区内的各种资源应当纳入社区发展建设的规划中。我们在调研过程中发现，许多社区的基层组织没有实现有效联动，信息资源也没有实现共享，社区资源处于分散状态，未能得到充分的利用。

三、居家养老服务对象狭窄、服务内容缺乏弹性和针对性

随着现代人居住条件的改善，家庭核心化的趋势越来越明显，年轻一代的生活方式也随之发生了变化，如婚后独立居住等，老年人独居的状况进一步突显出来。由于老年人与子女分开居住，使得家庭内部的交流甚少，老年人会感觉到孤寂，从而也更加渴望在精神层面上得到子女的慰藉。在这种情况下，老年人自然会从居家养老服务中寻求一定的精神慰藉，但是现有的居家养老服务

人员大多只能胜任基础性的生活照料类服务，很难做到对老年人心理问题提供帮助。因此，老年人对于精神慰藉的需求与居家养老所提供的服务之间存在着突出的矛盾，老年人精神慰藉方面的服务无法得到满足。

另外，已有的居家养老服务还没有能够细分老年人服务群体，针对性不强。比如，低龄老年人的健康管理、文化娱乐等服务，高龄老年人的长期照护、重大疾病后期康复护理等服务都未能提供，居家养老服务供给与老人的实际需求之间存在着一定的差距。

四、服务队伍建设有待提高

居家养老服务是养老体系中的重中之重，它不仅仅关系到成千上万名老年人的养老生活质量，还关系到老年人小家庭的稳定和全社会大家庭的和谐。居家养老服务的发展固然与充足的财政资金和相关的政策支持息息相关，但是，其服务队伍是否专业与其自身的发展也有着密不可分的关系。随着昆明市居家养老服务体系的不断探索和发展，老年人对现有的居家养老服务也提出了越来越高的要求。现阶段，从事居家养老服务工作的人员并不专业，而其服务队伍所存在的问题也日益突显出来。

由于外界的认知局限，很多人难免会把居家养老服务工作与普通的家政服务混为一谈，又因为其服务对象为需要照顾的老年人，所以工作内容大多较为辛苦，使得社会上普遍对居家养老服务的工作存有偏见。另外，居家养老服务人员的工资待遇也比较低，每个月的工作量并不稳定，收入没有保证，因此很多从业人员一旦找到了其他工作就会马上跳槽。

另一方面，通过对部分社区居家养老服务中心进行调查发现，在居家养老服务的从业人员中，有一大部分从业人员年龄偏大，并且大多数属于外来的务工人员，他们的普遍特点是学历较低、专业素养不够。虽然要经过系统化和专业化的培训才能持证上岗，但是他们也仅仅只能提供家政和日常照顾这两个简单的服务，对于康复护理和精神慰藉服务则很少有人能够胜任。这也造成了居家养老服务的整体质量不高，无法满足需要特殊医疗照顾的老年人的需求。同时，基于昆明市不同的区、县划分，不同的街道和社区所处的区域经济发展也不尽相同，老年人的个体差异化等原因，居家养老服务供需机制常常失去平衡，各社区很难维持一支稳定的、专业的服务队伍，因而在从业人员的供需上也存在一定的问题和矛盾。

五、市场化程度低

从目前的调查访谈中，我们得知，现阶段我国真正进入到社区居家养老服务中去的市场力量只占很小的一部分。在进行实地调查的过程中发现，居家养老服务大部分都由政府主导，另外，少部分由非政府部门提供的，其实也是经过政府指定指导的。例如送餐服务，都是由政府指定附近的某家餐馆，家政服务同样是由政府指定，而市场上的家政公司并没有办法参与进来。这样做的好处在于让服务提供者集中化，以便于管理，但是缺点同样很明显，缺乏市场的竞争机制和供需平衡。市场参与力度不足导致了我国的居家养老服务只能由政府来主导，进而使得服务形式和内容太过于单一。政府部门没有很好地鼓励、支持非政府部门参与到居家养老服务中来，同时非政府组织和企业等民间力量存在明显的缺陷，没有很好地认识到居家服务市场的巨大潜力，因此目前昆明市的居家养老服务呈现出明显的市场化程度较低且供不应求的现象。

第四章 国外居家养老服务发展的经验启示

一、英国的居家养老服务模式

英国是西方国家中具有典型代表性的福利国家,在养老保障方面的政策有很多值得我们去学习和借鉴。

(一)社区照顾的形式

英国的社区照顾模式,主要有两种形式:社区内照顾和社区外照顾。社区内照顾是指政府直接干预,并受到制度和法律保障的规范性的养老照顾,把社区资源有效地运用起来,并由社区内的专业人员进行专业照顾,主要是把那些生活无法自理的老年人列为照顾对象。社区外照顾是指由亲人朋友、慈善组织、社区志愿者提供的非正式照顾。这两类社区照顾模式可以有机结合,通过功能的互补满足老年人从低龄到高龄,直到生命最后阶段的不同层面的不同需要,而且"社区外照顾"是从预防性、发展性的角度为老年人提供照料服务,"社区内照顾"则是从补救性的角度为老人提供照料服务。[1]

(二)社区照顾的内容

现阶段英国的居家养老社区照顾发展良好,涉及内容广泛,其中日常的生活照料服务内容主要通过社区活动中心、家庭照顾、居家服务、老人公寓、暂

---

[1] 祁峰. 英国的社区照顾及启示 [J]. 西北人口,2010 (6):21.

托中心和老人院六种形式来实现。[1]

英国的社区服务不单单包含了物质支援和日常生活照料,还包含了对老年人的情感关怀,专业人员会定期地跟老人做交流,在情感上给老年人以足够的关怀。通过多方面的服务来满足老年人在服务、健康和情感等方面的不同需求,真正把"以人为本"的理念融入进去。

(三) 社区服务的监督管理

英国的社区老年服务内容丰富、形式多样,同时政府部门还颁布了相应的服务监督管理机制。英国的社区老年服务实行"契约制",即把原来由政府承担的一些服务移交给社会工作机构,这些机构再提供社会所需要的服务,然后由政府花钱购买,提供给服务的需求者。[2] 英国社区养老服务实行的是项目管理,在申报项目的时候必须要按照标准的规范来进行,执行、监督、评估一个环节都不能少,只有这样全部按照规范来进行才能确保服务规范,能够更好地提高服务效率及服务质量。同时,服务人员必须要定期接受正规机构的培训,必须要熟悉设施的配置,要清楚服务的价格,要学习服务的标准,以此来保证服务的质量。

总体而言,英国社区居家养老的特点可以概括为社区化、多样化、专业化、官办民助、以人为本的特点。[3] 其中"官办民助"是福利国家最明显的特点,还体现了政府的主导作用,同时公众、民间社团也会积极参加社区老年服务事业。

二、美国的居家养老服务模式

在美国的养老福利制度中,居家养老是的很重要的组成部分。目前,美国最受民众欢迎的养老方式之一,便是居家养老服务网络。美国政府采取了大量有效可行的措施来完善居民养老服务网络,并且这些举措在国际上和对学界都

---

[1] 程中丽. 社区照顾的国际经验对我国的启示与借鉴 [J]. 常熟理工学院学报,2012 (7): 38.

[2] 陈成文,孙秀兰. 社区老年服务:英、美、日三国的实践模式及其启示 [J]. 社会主义研究,2010. (1): 17.

[3] 祁峰. 英国的社区照顾及启示 [J]. 西北人口,2010 (6): 21.

有着深刻的影响。

(一) 健全的法律制度为老年人搭建了一张社会安全网

美国自 1965 年开始就颁布了《老年法》《老年人志愿工作方案》《平衡预算法案》《老年人营养案》《多目标老人中心方案》《老年人社区服务就业法》《老年人个人健康教育和培训方案》等一系列配套法律，不仅仅在法律上确定了老年人在救助、住宅、安养机构、医疗、再就业等养老服务方面的内容，更是希望通过法律来保障养老服务的实施，同时还建立了完善的老年人服务网络，为老年人构筑一张社会安全网，使得老年人在经济收入、保健医疗、居住、就业、学习等各个方面都能得到基本的保障，促进老年人保障事业的健康发展。①

(二) 全面的老年人服务项目——PACE 计划

美国的 PACE 就是一个旨在为老年人提供长期医疗、康复和护理的全面服务项目的模式。美国现在已经形成了非常全面、完善的医疗保障系统，主要包括医疗的保险、救助，以及长期护理和 PACE 四种内容。为了使这一项目能够更好地开展实施，相关政府部门还制定了完善的管理运作机制，使用多学科互助的工作模式，为患者提供更全面、专业的服务。PACE 是采用定量和定性相结合的研究方法，通过 PACE 法对成本进行有效控制，为接受服务者降低了医疗负担，这个项目运行以来效果一直不错。

总体而言，美国的 PACE 项目的基础是医疗保险照顾，是以社区服务为补充而建立起的一种融合性的居家养老服务体系。

(三) 多样化的养老社区模式

社区居住地相关配套资源的整合程度在很大基础上决定了是否能够很好地解决老年人的养老问题。在美国，根据市场需求，会把不同的机构、设施、居住模式整合起来，形成一种新的服务照顾模式，即在社区自治基础上的商业发展模型，并根据社区的差异性建立与之相匹配的服务指标和服务规格。这样就

---

① 程中丽. 居家养老服务的现实需求与发展对策探讨 [D]. 苏州：苏州大学，2014－06－01.

形成了比较完善的老年人居住服务体系，便可以在满足不同老年人的具体需求的同时，与房产开发、物业服务等资源进行有机整合，形成社区养老产业链，把社会、商业两者的效益统一起来。我国在建立居家养老服务多元供给机制时，应该充分借鉴这一成功经验。根据长城物业的最新调查，可以将美国老年人社区照顾模式具体分为以下五种形式：独立居住社区、协助居住社区、护理居住社区、活跃长者社区、持续照顾退休社区。[①]

（四）科技为美国居家养老助力

让老人在熟悉的环境里，独立、安全、有质量地生活是居家养老一直推崇的核心理念。但是随着老年人年龄的增长、身体素质的下降，即便生活能够自理，不需要人陪护照顾，但是也可能会遇到一些突发情况，而高科技产品可以在一定程度上解决这个问题。使用高科技产品能节省很多护理费用，可以带来更多的便利，还能在最大限度上保证老年人生活的自主能力。美国的助老科技系统发展一直走在世界的前列，拥有着多种先进技术，如生命守护者、药片分装和检测装置、电子邻居系统、服药提醒器以及全程监测器，等等。多种多样的高科技产品为美国居家养老服务质量和效率的提高做出了巨大的贡献。

三、日本的居家养老服务模式

据史料记载，从唐朝开始，日本和我国就有密切的联系，日本的很多文化深受中国传统文化的影响，特别是注重家庭观念。我们通过对日本在居家养老方面的研究，有助于我国更好地完善发展居家养老服务模式。

（一）完善的社区养老政策法规体系

从20世纪60年代初至今，日本先后出台了近十部法律法规来保护老年人的福利保障，督促社区养老更好地实施，如《老人福利法》《老人保健法》《护理保险法》等几部法律也包含在其中，这就构成了日本社区养老服务体系强有力的政策支持和立法保障。

---

① 程中丽. 社区照顾的国际经验对我国的启示与借鉴［J］. 常熟理工学院学报，2012（7）：38.

(二) 长期护理保险制度

日本从 2000 年开始实施以"脱离医院,让老人回归社区,回归家庭"为理念的长期护理保险制度,实施十年来对于解决老年人生活照顾、护理和康复指导等方面都发挥了十分重要的作用[①],深受老年人的欢迎和支持。日本在居家养老护理方面的有效举措,就是根据老年人身体的健康程度,以及所需服务的种类,实施"按需分配"的养老护理模式,明确护理级别的划分。这样不仅可以提高养老护理资源的利用率,节省一些不必要的医疗费用开支,还可以有效抑制福利国家在社会保障方面存在的一些弊端。

(三) 重视预防事业的发展

日本在养老服务系统中的预防工作应该是最重要的一环。随着经济的发展,社会的进步,日本居家养老服务的护理人员越来越短缺,护理人员的专业素质越来越低下的问题也日趋明显,另外,护理保险费指数化增长的趋势更是逐年提升。为了应对这些问题,2006 年日本新修订的护理保险制度中便着重提出,要加强以预防为主的地区护理体系的构建。同时,日本政府根据日本国民的健康状态制订了促进国民健身计划,以此来提高国民总体的健康素质;在面对老年人方面,更多地注重预防老年人的突发疾病,为老年人提供更加准确的治疗计划和降低老年人的卧床发病率,大力发展医疗科技研究,期望通过加强医疗水平来达到目标。

(四) 发挥非营利组织的作用

在日本,社区养老服务中非营利组织占据了非常重要的地位。1998 年,日本政府颁布并实施了《特定非营利活动促进法》,通过法律形式为民间社团的养老服务提供了一个便利的平台。这些民间社团不仅积极宣传相关的养老福利法规,同时还组织相应者为老年人提供相应的护理和支援服务,其中包括专门针对高龄、残疾人士的上门护理服务,包括身体护理、家务援助以及精神慰藉等;同时民间社团还组织"小型服务日"活动,活动中有各种各样的娱乐

---

① 程中丽. 社区照顾的国际经验对我国的启示与借鉴 [J]. 常熟理工学院学报, 2012 (7): 38.

形式,从而进一步地丰富老年人的日常生活。"钻石俱乐部"是日本比较典型的民间组织,这是邻居之间建立的社区组织,这种组织的存在有助于建立邻里互助网络,并通过这种居民社区交流会的形式进行邻里之间的交流,从而实现互助,达到丰富老年人社区生活的目的。这在一定程度上解决了日本社会在超高龄化背景下产生的养老问题,同时还诠释了老有所用的新理念,构建了现代都市社区的新型人际关系。[①]

(五) 养老产业的发展成为带动经济增长的新契机

日本政府非常注重利用市场的力量来应对老龄化所带来的各种挑战。因此还出现了一些只针对高端客户群的完全市场化的养老护理机构,这也算是对养老保障服务的补充。同时这种高端养老护理机构非常注重专业性,就能够在很大程度上提高护理质量和效率,从而能够带动"老人用品专卖""养老服务人员培训""宠物饲养""机器人服务""殡仪服务"等一系列相关企业的发展。也就是说,危险与机遇共存,在应对人口老龄化问题的同时还带来了许多商机。

总之,随着日本居家养老相关法律、法规的不断完善和具体实践,已经形成了集家庭照顾、护理、保健、医疗和福利为一体的特色鲜明的家庭型居家养老模式。[②] 在整个社会化养老服务体系中,各个主体都发挥着各自不可替代的作用。

(六) 日本居家养老模式实践对我国养老事业发展的启示

老年人口数量大、老年人医疗保健的需求量大,是老龄化社会最大的特点,因此日本政府一直非常重视预防保健事业,并致力于社区医疗服务保健体系的发展。通过预防保健,提高国民总体的健康素质,提高全民保健意识。为了达到这个目的应该做到以下几点:

第一,政府要通过媒体的力量,帮助老年人,提高老年人的自我保护意

---

① 陈竞. 日本护理保险制度的修订与非营利组织的养老参与 [J]. 人口学刊,2009 (02):58.

② 程中丽. 社区照顾的国际经验对我国的启示与借鉴 [J]. 常熟理工学院学报,2012 (7):38.

识，养成良好的健康习惯。

第二，为老年人提供医疗保健咨询服务，同时加强卫生服务的预防工作，定期对老年人进行常规体检，并积极督促有慢性病的老年人及时去医疗机构进行治疗。

第三，建立家庭病床，提供上门服务。社区卫生人员定期对住在家庭病床的老年人进行随访，对其照顾者提供医疗和护理的技术指导。① 大力引进非营利的医疗机构、康复中心，为有需要的老年人配备长期的家庭保健助手，政府为家庭护理助手发放补助费。

第四，专门设立老年门诊，为老年人建立健康档案。建立医疗、养老相结合的服务模式，以满足老年人对于养老服务的多样化需求，同时要充分利用现有的医疗网络资源，强化各级医疗机构的老年病防治工作。

第五，逐步建立长期的护理保险制度。老年人群体中有一些是失能老人，这是最大的健康风险。为失能老人提供长期护理服务，不仅可以减少医疗卫生资源滥用的现象，还可以提高其利用率。应当逐步进行制度性的探索，研究与建立可持续的长期护理机制与长期护理保险，并结合国内外相关经验进行总结和提炼，为我国长期护理保险的建立提供参考。②

---

① 胡琳琳，胡鞍钢. 中国如何构建老年健康保障体系 [J]. 南京大学学报，2008 (06).
② 吴玉韶，伍小兰. 健康老龄化是低成本应对人口老龄化的重要举措 [J]. 中国社会科学报，2015 (01).

第五章　完善昆明市居家养老服务的建议

一、完善社区居家养老服务体系的建设

（一）完善社区居家养老制度体系

居家养老模式的建立必须要有相关政策的有力支持。俗话说"无规矩不成方圆"，只有依靠制度体系的支持，服务模式才能够持之以恒地发展。制度越完善居家养老服务也就发展得越好。居家养老服务的发展必须要依靠政府来组织和协调，因此，政府部门应该不断地完善相关的政府规章制度，以促进服务体系的完善建立，促进居家养老服务快速有序的发展，从而保障老年人的生活，使老年人能够共享社会劳动成果。

（二）完善质量评估机制

随着昆明市居家养老服务工作的逐步深化，服务工作的范围也会逐渐加大，服务工作的内容逐步向着专业精细的方向发展，因此必须要建立完善的居家养老服务质量评估机制。

首先，通过科学的设计来制定标准统一的质量评估制度。服务体系的制定要严密，对于人员的考评方式、内容、程序等要按照相关规定进行，同时对于考评程序还要进一步加以完善。在此基础上，还要制定反馈机制和投诉机制，对质量评估的操作过程等进行监督管理。健全评估制度、统一评估标准能够更加有效地推动质量评估工作的进行。

其次，要对现有的评估内容和指标进一步地细化，因为评估结果的好坏直

接受到评估内容和指标的影响。因此，我们必须要对评估内容和指标进行优化、升级。

再次，健全质量评估主体。评估结果的好坏直接受评估的结果和效果的影响，因此健全评估主体显得非常重要。一方面要加大民意测评的比例，老年人是直接接受服务的人群，对服务的好坏有最直观的感受，比旁人有更有发言权，因此必须要加大民众对服务质量的评估，可以使民意测评占50%，组织考评占50%；另一方面，要提高组织考评的专业性，通过引入评估机构进入质量评估的举措，以此来提高评估队伍的专业性，最后，我们还要培养职业评估人员。因为职业评估人员具有专业的评估能力与分析能力，能够更加准确客观公正地对服务质量进行评估。[1]

最后，必须要完善质量评估的反馈机制。反馈机制是反映评估结果的重要环节，因此我们必须要做好反馈工作。一方面，在对工作人员考评结束后，应该及时地把评估结果对外公布，同时还要对相关数据进行整理分析，政府通过参考分析得出来的结果来制定相关政策。鼓励和宣传服务质量较高的服务点，同时协助服务质量较低的服务点，找出现阶段所存在的问题，同时分析是哪种原因造成了现在的这种局面，并在条件允许的范围内帮助其解决问题；另一方面，社区自身的服务质量评估一定要做好，质量评估结果一定要通过合适的手段反馈给老年人，评估完成以后，全体工作人员召开总结大会，对于评价低的服务项目进行分析，并根据分析结果对项目做出相应的调整，以此提高老年人对居家养老服务的满意度，真正把质量评估落到实处。

二、进一步明确政府责任，建立长效机制

居家养老服务的提供建立在个人、家庭、社区和国家的基础之上，开展形式是居家养老，社区养老服务网络是主要基础，通过国家政策制定来保证服务的顺利进行。在现阶段，我国政府部门并没有颁布正式的法律制度来保障居家养老服务。因此政府必须成为福利服务的规范者、购买者，以及物品管理的仲裁者，同时促进其他部门更好地从事服务供给的角色。为了更好地完善社区居

---

[1] 李小梅. 厦门市居家养老服务需求与供给调查研究 [D]. 厦门：厦门大学，2014.

家养老服务体系，政府部门必须建立长效的运行、管理、监督机制。

如前所述，居家养老服务作为公共服务，必须是由政府主导运作的，社会其他组织也都可以参与运作，活动由实体机构负责承办。可见，政府在居家养老服务中占据着核心地位，有着非常大的主导作用，其主要包括以下几点：

（1）制定居家养老服务的政策体系，如居家养老服务的评估、监督、服务人才培养制度等；

（2）购买公共物品提供给居家养老服务机构，全力承担贫困、高龄等特殊老年人的服务费用，为有需要的老人提供临时的部分服务，经常对24小时紧急呼救服务系统进行维护。

（3）加大力度培养非营利性的服务社团组织，通过政府补助、直接补贴，政府花钱购买等各种方式来吸引社会力量参与到居家养老服务中来，由此来保证养老服务的可持续发展；

（4）必须加强服务队伍的职业化和专业化建设。政府必须颁布相关的法律法规，通过行政手段来解决服务队伍中出现的各种问题。如由政府出资培训专业人员，从社区中招聘服务人员，建立相应的鼓励级别；通过立法保障从事养老服务人员的工资水平和福利待遇，通过法律的力量来规范制定服务人员的工作量，逐步形成为老年人提供专业化服务的稳定的康复护理队伍。

（一）制定支持政策

当前昆明市的居家养老服务网络已经初步形成多元主体合作的供给模式，政府部门、社会市场、社会组织、社区家庭的共同参与均可以为居家老年人提供养老服务。但是多元供给模式中也存在着许多问题，如政府部门的职能还没有完全改变，观念上存在滞后，制度上也有一定障碍；市场竞争机制尚未完善，公平的良性竞争环境还没有形成；社会市场购买居家养老服务没有形成规范，社会组织在筹集资金时过度依赖政府等。要健全居家养老服务多元供给机制，以此来满足老年人的多样化需求，就要将这些问题放在重要位置。

首先政府要转变政府职能，为居家养老服务的发展创造公平竞争环境。政府要建立起公开、透明、平等、规范的居家养老服务业准入制度，营造平等参与的市场环境，并且充分运用现代信息技术，搭建居家养老服务公共信息发布平台，打破现有的制度限制，使政府购买居家养老服务项目，并把购买的服务项目向符合标准的社会企业开放。

再者，社会组织筹集资金困难主要有内部、外部两个因素。面临捐赠与拨款的减少，伴随着政府的资金现在更倾向于采用短期合同、竞争性招标和税收减免等，而不再是提供特殊优待以及让一些大公司作为资助方进行管理输出。这对非营利组织的管理是一个挑战。社会组织为了摆脱自身资金的困境，降低因缺乏捐助带来的收入波动，实现资金来源的多元化以摆脱被动的依附地位，维护自身的独立地位，非营利组织领导人可以通过社会创业接受市场价值，成为社会企业家。另外，要加大政府资金的扶持力度，建立居家养老服务财政投入的长效机制，规范政府购买服务，为社会力量参与居家养老服务提供制度保障，大力发展社会企业，增强居家养老服务组织的造血功能。

最后，政府要制定一系列的政策，引导社会力量进入居家养老服务事业。如政府部门根据养老服务机构用地、用房的要求制定专项政策，制定养老服务社会企业和社会组织的扶持性税收政策，制定养老服务社会企业和社会组织的扶持性融资，制定养老服务从业人员队伍建设的激励政策等。整合社会和社区资源，制定政策扶持和资金引导办法，鼓励社会组织发展居家养老服务，引导和支持社会力量开展居家养老服务，支持其连片辐射、连锁经营，形成品牌；推动日托、居家、机构养老服务功能融合，满足老年人社区就近养老服务需求。

（二）建立长期护理保险制度

老年人的养老问题是一个非常复杂的社会问题。其关键的核心问题主要包括三个：一是如何保障老年人的晚年收入，二是如何保障老年人的晚年医疗，三是如何开展老年人的晚年医疗护理。前两个问题的本质都是经济问题，而第三个却不属于经济范畴，而是属于老年人的福利保障问题。如果一个独居甚至是长期卧床不起的老人，没有其他人给予他生活上的照顾，那么即使他再有钱也同样无法安度晚年。在任何国家，居家养老都是主流，包括所有的发达国家，大部分人都在家养老，去养老院的毕竟是少数。在中国，由于受传统观念影响和经济发展等原因，居家养老在相当长时期内都将作为中国老年人的主要养老模式。所以，我们应当关注、引导、扶持居家养老，为居家养老创造条件，提供社会化服务。所以，建立长期护理保险制度是很有必要的。

老年人口持续快速增长，这是我国现阶段社会和经济方面面临的巨大危机和挑战。一方面随着老年人的身体机能衰退，日常生活受到影响，护理需求逐渐加大；另一方面随着家庭结构日益简单化和小型化，女性走上工作岗位的人越来越多，导致传统的家庭护理功能逐渐弱化。随着社会的发展，思想的解放，越来越多的年轻子女选择与父母分居或者子女外出工作，只剩下老人留守家庭，这种现象使得空巢家庭、空巢老人的数量明显增加，使得社会在老年护理工作方面的压力越来越大，养老机构和医疗机构给老人做护理工作需要昂贵的护理支出，这从人力和财力上给家庭造成巨大的压力。同时，现行的养老、医疗保障不能完全解决老年人的护理问题，因而在解决老年护理问题上需要寻找更多的省时、省力，高效率的新方法。未来的老年护理发展必然会走上保险模式的道路。

十八届五中全会首次提出要探索建立长期护理保险制度，这是中央首次正式提出这一概念。目前，居家老人的护理成本主要还是靠老人所在的家庭来负担，社会上越来越多的人呼吁政府解决老年人长期护理的负担问题。党的十八届五中全会提出要探索建立长期护理保险制度，这是中央在"十三五"期间为应对人口老龄化作出的重大战略性制度安排，同时，也是一项重大的民生举措。从20世纪60年代开始，荷兰、德国、日本等国家，都相继出台了一系列的法律法规来应对人口老龄化，其中最重要的一项制度是实行长期护理保险制度，这一举措在解决失能、半失能老人的护理问题上具有积极的作用，效果非常明显。我们国家一些有条件的地区，在早年就开始了对长期护理保险的探索，通过结合自己的实际，因地制宜地采取了一些符合当地民情的措施。从当前已经掌握的实施情况来看，效果明显，能够有效地帮助政府部门分担参保人员在长期护理保险方面的一些压力。

老年人主要有四个方面的物质生活需求，主要包括物质生活需求、日常生活照料、健康保健及精神文化。老人物质生活的需求在我国现行的养老保险下可以得到满足，而老年人的日常生活照料、健康保健与精神文化的需求则要通过老年护理保险来满足。在"十三五"期间，应尽快建立长期护理制度，第一，可以有效避免各地政府碎片化地引入五花八门的护理制度，有利于中央的政策执行。第二，由于福利是有刚性的，在制订好完整的顶层设计之后，可以提高福利的利用效率，不至于造成各地攀比，形成惯性，但又停不下来的局面。

（三）政府购买

根据福利多元化的理论依据，可以发挥市场在资源配置中的作用，放开社会化养老服务市场，采取政府建立机构民间经营、政府发放补助、政府购买服务等多种形式，同时引导社会力量参与进社区居家养老服务体系的建设中来，实现投资主体多元化和服务对象的公众化。

在人口老龄化背景下，根据经济发展的现状以及未来发展趋势，居家养老服务体系属于社会福利框架，它应当由"补缺型"向"普惠型"的方向转变。昆明市应当加快普惠型居家养老服务体系的建设，实现真正意义上的人人享有居家的养老服务。但是从实地调查中了解到，目前满足政府条件的援助对象非常有限，愿意自费购买居家养老服务的老人只是少数，他们购买居家养老服务的意愿还不是非常强烈，即使在昆明市的中心城区，更多的老年人还是愿意选择家庭养老。选择居家养老的服务模式不仅受老年人自身年龄、身体状况、经济水平等因素的影响，还受服务质量、服务价格、传统观念的影响，当然在很大程度上还和政府购买居家养老服务机制不健全有关。完善政府购买居家养老服务，政府对自己购买养老服务的补贴力度要加强，政府部门要大范围、大强度的购买养老服务，以此来满足更多老年人不同的需求，最根本的是要建立稳定的资金投入机制和完善的服务监督管理机制。

稳定的资金投入是政府购买居家养老服务的基础，政府部门应该积极培育和发展非营利性的居家养老服务组织，通过多种形式，如公建民营、民办公助、政府补贴、购买服务等，将各种社会力量吸引到居家养老服务体系中来，让社会力量提供居家养老服务，通过吸引多种非政府力量的参与来确保居家养老服务的可持续发展。并且政府部门要积极购买服务体系中的纯公共物品，如无偿地为经济困难、高龄独居等特殊老年人提供相应服务，对有需求但购买力不足的老年人提供部分服务等。

另外，需要引入第三方监管和评估机制。在调查过程中发现，有的老年人反映居家养老服务质量难以保障，并且没有地方可以投诉，没有专门的部门来监管居家养老服务的实施以及评估。现有政府购买的居家养老服务，在监督管理和评估方面还没有形成一套系统，规范化程度的高低直接影响了政府购买服务的效率。现阶段的养老服务评估机制中，往往政府行政色彩浓重，影响了评估的专业性与客观性。因此在政府自我评估的基础上，应当引入独立的第三方监督管理和评估机构，将政府内部、外部的评估进行有机整合。第三方参与的监督管理和评估机构，可以是专业的学者，也可以是一些主流媒体，更可以是表达自身利益诉求的老年人。必须要为政府购买居家养老服务制定一套切实可行的实施体系，确保老年人的多元化、个性化需求可以得到满足，并且在此同时可以享受到优质的居家养老服务。

三、优化服务内容，拓宽服务项目

（一）服务项目多样化与个性化相结合

由于老人的个体特征严重影响着居家养老服务需求，因此在社区中我们可以重点考虑无配偶、文化程度相对不高以及生活不能完全自理的老年人，根据他们的生活、知识、身体等的个性差异，设计个性化的服务方案。对于居家养老服务的供给者来说，只有定期通过市场调查，才能更好地、更准确地把握住投资的机会，通过市场调查结果，制定合理的服务方式，以便更好地满足消费者的需求，同时对服务的内容与供给对象进行合理的调整。

此外，从服务的内容来看，医疗保健与日常生活这两种服务应该是未来居家养老应重点发展的服务项目，尤其是在帮助清洁、帮助急救、帮助困难、帮助行走、代办业务、生活护理、医疗咨询、陪同就医等方面。如果只是靠政府部门来提供服务的话，根本就无法顾及外来常住人口的养老需求，甚至有时候连本地老人的养老需求都无法满足。而通过开发多样化的投资主体，能够为居家养老服务市场提供公平竞争的机会，提高受服务老年人群的满意程度，同时还能开发更多的服务项目。① 因此，应该鼓励和支持各种企业进入养老服务市场，通过市场的竞争不断的优化服务内容，提供给更多的差异化和个性化的养老服务。

（二）提供异质化的服务项目

将老年人按照年龄、身体状况等标准进行细化，并根据调查结果提供具有针对性的养老服务。昆明市的养老服务应该要做好以下几点：第一，对有艺术特长的老年人进行重点关注。有文艺特长的老年人非常喜欢热闹和特长展示，特别是舞蹈、唱歌、器乐等方面，因此可以提供一个专门供老年人进行文艺交流的场所，让他们能够在温馨的氛围中进行交流，并且给老年群体带去更多的欢乐。第二，多与独居、空巢的老年人聊天解闷，给他们做心理咨询。一些丧偶或独居的老年人经常会感到孤单，我们应该多组织志愿者结伴行走，多走访一些社区，给更多的老年人带去关爱和关心。第三，对于文化程度较高的老年人，应当多提供各种文化活动场所。社区可以定期举办比赛，来激励老年人更多地参与到文化活动中来，使老人们能够在心理得到更多的满足。第四，为老年人多提供一些医疗保健服务。由于老年人的身体原因，老年人更加需要医疗类服务，特别是对于身体状况差、患慢性病的老年人，更应该要多地给他们提供医疗方面的服务，比如给他们提供上门看病服务，帮助他们做医疗护理，有时间带他们去做体检。第五，对一些条件好的，有钱的老年人提供有偿服务。据调查发现，老年人对于目前社区提供的服务价格普遍都能够接受，随着时代的发展，社会的进步，老年人的消费观念也得到了转变。总之，社区居家养老服务不单要满足普遍的养老需求，还要满足特殊老年群体的养老需求。

四、培养专业人才，提升专业素质

现在居家养老服务质量不高的根本原因是由于专业性不强导致的，要让"专业的人做专业的事"。人员的素质高低在很大程度上决定着养老服务质量的高低。居家养老服务队伍应由服务人员、管理人员，以及其他人员构成。目

---

① 徐璐璐. 城市居民居家养老服务需求影响因素的实证分析 [D]. 上海：上海师范大学，2014-03-01.

前，昆明市居家养老服务队伍数量少，并且从业人员普遍专业素质较低。因此，我们迫切需要打造一支具有优良素质的居家养老服务队伍。

（一）加强服务人员的培训

推进老年人居家养老服务，人才队伍建设是重中之重，我们应该应着力做好以下四个方面：

首先，做好老年人家属的教育和培训工作。中华民族的孝道文化根深蒂固，子女对老人的赡养被看作是孝文化的具体体现。所以在居家养老服务发展过程中很有必要让专业人员对家庭成员进行专业培训，使家庭成员不单要掌握老年人的照顾技巧，还要了解老人的内心需求。通过这些培训可以使老年人在家中享受到更为专业的护理和照料。

其次，在增加居家养老服务人员数量的同时应努力提高人员专业化的水平。应该着重提高服务人员的专业能力与思想水平，让他们树立正确的养老观念，提高他们对老年人需求的了解程度。同时，还要与劳动就业部门配合，加强服务人员的培训，定期对专职人员进行护理学、心理学等方面的针对性培训，提高服务队伍的专业化水平，培训结束后要对培训合格的人员颁发证书。此外，还可以从现有的专业社会工作者中选拔居家养老服务人员，并对其进行定期的培训考核。

再次，将社会中热爱老年服务事业的人吸纳进居家养老服务的队伍中，诸如下岗工人或有能力也有爱心的老年人。这样既有利于提高再就业率，又可以满足老年人继续发挥余热的诉求。此外，还可采用试用期制，依据他们的实际工作成效和老年人的反馈来判定其合格程度。

最后，根据当地的工资福利标准，适当地提高服务人员的收入水平，并且从政府层面经常鼓励服务人员，彰显其社会价值，使他们更加重视和尊重自己的工作。同时也要加强对服务人员的职业规划和引领，通过岗位的培训，给服务人员展示出明晰的职业发展前景。

（二）发挥志愿者队伍的作用

志愿者队伍是所有服务队伍中稳定性最差的队伍。一般由学生、社会爱心人士和部分老年人组成。因此，队伍稳定性差、专业水平低是现阶段的养老服务队伍所面临的主要困境。此外，在未来居家养老服务人员的需求量会越来越大。我们要通过各种合理方法手段来吸引志愿人员参与到服务中，以此来保证队伍稳定，通过进行专业培养来提高志愿人员的服务素养。因此，要根据养老服务人员需求量的变动趋势，制订合理的志愿者需求计划。

另一方面，志愿者队伍在养老服务方面是最有力的支持力量，我们除了进一步规范已有志愿者队伍以外，还要通过不同的方式来让更多的人加入到志愿者队伍中。其中更重要的是，要大力倡导低龄老人加入，同时我们要根据年龄特点推行"时间银行"志愿服务形式。充分发挥志愿者队伍的作用，可以定期去做一些帮扶性的工作，或者开展一些文娱活动，给老年人带去更多的欢乐。

（三）发挥非营利组织的作用

除了让志愿者加入，还应积极发展社会福利事业，鼓励各种社会组织积极进行慈善捐助，通过这种手段来扩充社区养老资金的储量。同时重视非营利组织（NPO）在养老服务中的作用，非营利组织主要是指非政府的、由民间自发组织的志愿性社团、协会等。随着时间的推移，非营利组织的发展在社会生活中的作用越来越大，现阶段已经成为推动社会发展进步的重要力量之一，对于社会经济的发展影响巨大。我们在发展养老服务时应当重视非营利组织的建设，为非营利组织的发展营造良好的社会环境，加强非营利组织在居家养老服务中的作用。

五、推进居家养老服务市场化

（一）鼓励民营企业进入居家养老服务市场

居家养老是一个广泛而复杂的社会工作过程，不能只依靠政府单方面的努力，应改变过去政府大包大揽的观念，拓宽思路，鼓励社会力量进入居家养老服务行业。另外，要多渠道筹集居家养老所需的资金，对积极参与居家养老事业的企事业单位、社会团体和个人，可以通过财政补贴、税收减免等方式鼓励并支持其经营，进一步激发其参与居家养老服务的积极性。建立合理的居家养老评估监督机制，为参与竞争的企业、组织营造公平的竞争平台，在众多服务提供者之间做出最优选择,提高居家养老服务的效率。①

鼓励民营企业的加入。民营企业的加入不但能够满足老年人的需求,还能够减轻政府和社区的负担,能够提供更贴近老年人需求的服务,通过引入竞争机制,能够带活整个养老服务业的发展,因此要积极鼓励民营企业的加入。其一,政府应该鼓励民营企业为老年人提供养老服务项目,并制定相应的法律法规;其二,社区应该主动积极地与民营企业进行共建,通过政府购买的方式对有需求的老人提供便捷服务;其三,转变老年人的消费观念。

(二) 实现居家养老服务供给主体多元化

调查显示,老年人对养老服务需求较高,而对当前的养老生活满意度则较低,这在一定程度上表明了我国老年人在居家养老方面没有得到应有的服务,我国关于养老服务的政策制度在大多地区并未得到贯彻执行。应在坚持福利多元主义的理论前提下,动员社会力量开展居家养老服务,积极推动多方合作机制,主要包括:(1) 发挥家庭的支撑作用。居家养老的重心虽应从家庭转移到社区,但仍需要发挥家庭的支撑作用,从而发掘利用家庭养老的有力资源,让家庭、子女更多地参与到居家养老服务建设当中,努力尝试动员周围邻居相互关照帮助的新模式。(2) 支持社会各方力量加入到居家养老服务行业中,在市场竞争的作用下,整个养老服务行业会更加成熟,日臻完善。这样不仅能够缓解现有居家养老服务资源不足的现状,而且能从多层次为不同类型的老年人提供优质的居家养老服务。(3) 整合已有的社会养老资源。将已有的养老资源尽可能地提供给有需求的老年人,这样既能提高资源的利用率,而且能推进社区居家养老服务的进一步发展。

(三) 加快居家养老服务产业化

虽然居家养老的基础属性是福利性,但居家养老服务的良好发展离不开市场的引导。首先,根据我国社会进入老龄化的现状,我们需要引入市场机制来解决养老问题;其次,养老服务市场化是提高养老服务质量的重要举措,市场

---

① 庞亚莉. 潍坊市城市社区居家养老需求与对策研究 [D]. 济南:山东财经大学,2014-05-01.

竞争的出现有助于服务体系不断地优化自己的服务质量，从而让老年人的需求能够得到更多的满足；最后，现代观念的转变对居家养老的市场化提出了新要求，居家养老的市场化也是顺应社会的发展趋势。

加快居家养老市场化和产业化发展是实现可持续发展的必然选择。在可持续发展的进程中，我们必须正确处理好公共性、公益性与市场化、产业化之间的关系。

加快居家养老服务市场化和产业化的发展，主要应做到以下几点：第一，在市场经济条件下，居家养老服务产业应该主动调查和了解老年人的实际需求和购买能力，积极探索新的、需求明显的养老服务项目，主动适应居家养老服务市场的新变化、新需求。第二，让政府养老服务机构市场化，使其与非政府的服务机构一起公平竞争，通过市场来配置资源，从而达到适应产业化和市场化不断发展的目的。第三，政府作为职能部应当规范与引导居家养老服务市场，提供高效便捷的绿色通道，以及出台多种能够促进行业发展的优惠举措，鼓励社会各方力量参与到服务中来，对提供居家养老服务的企业实行减税或免税政策，以及用水、用电优惠，还要对居家养老服务项目创新企业给予财政补贴与支持。

专题四　W市社会保障基金监管研究

第一章　社会保障基金监管的理论概述

社会保障基金监管是一项涉及多个领域综合协作的工作，对其内涵的把握和监控尤为重要。本章节将从基本概念、监管主体、监管内容、监管原则及监管价值五个方面加以阐述。

一、社会保障基金监管的核心概念

为了更深入地了解社会保障基金监管，本文拟从以下几个方面，着手对社会保障基金及其监管的相关概念进行说明诠释。

（一）社会保障

社会保障制度最早产生于德国。在社会市场经济理论的基础上，为了确保社会安全和社会公平，德国率先建立了一系列的社会保险制度，目的是给在竞争日益加剧的市场经济环境中失败的人提供最基本的生活保障，以避免其由于无法生存而可能造成的社会动荡。

1942年，在英国大臣贝弗里奇组织编纂的 *William Beveridge Report on Social Insurance*（俗称《贝弗里奇报告》）里说过社会保障应该是作为促进社会进步的政策而存在的，其目的是消除贫困，是在国民受到年老、失业、生病、灾害等因素影响造成收入锐减、生活贫困时所提供的生活保障[1]。由此看来，福利国家的社会保障是在社会和经济发展到一定高度后国民普遍享有的、有明确类

---

[1] Social Insurance and Allied Services. Report by sir William Beveridge Cmd, 6404.

别之分的保障权利。

"社会保障"一词最早出现在美国1935年颁布的《社会保险法》中,其保障对象最初仅限于老年人、残疾人及遗属。随后在《全球社会保障》中指出,社会保障"系指根据政府法规而建立的项目,给个人谋生能力中断或丧失以保险,还为结婚、生育或死亡而需要某些特殊开支时提供保障"①,同时,这其中还包括子女抚养津贴。

本文所提到的社会保障是广义的社会保障,即在国家法律法规规定范围内建立的,携带典型经济福利特征和社会普遍性的全民生活基础保障体系。

(二) 社会保障基金

社会保障基金是指在社会经济生活中,国家为确保各种社会保障政策的顺利开展实施,要求收支平衡、专款专用而依法设立的资金。

将国民收入减去两次分配就能得出相应的社会保障基金金额。在初次分配过程里,国民收入初步分化成企业职工报酬和企业利润两部分。其中,企业劳动者收入按照个人所得税税率和社会保险费费率代扣代缴,分别记入税收和社会保险费;企业利润被分割成企业留利、社会保险费、税收三部分,从企业留利中提取的福利基金记入社会保障基金,从企业利润中直接提取的社会保险费连同企业劳动者个人缴纳的部分一并记入社会保障基金,将企业利润里代为计算扣除的各种所得税一并直接上缴财政系统。财政拨款中的相关福利金和社会后备基金记入社会保障基金资产中,同时,部分社会捐赠也计入社会保障基金资产里②。这样就形成了一个完整的社会保障基金体系。

本文所研究的社会保障基金主要是由两个方面构成:一是社会保险基金,主要包括养老保险、医疗保险、失业保险、工伤保险及生育保险,其中养老保险、医疗保险均开设了个人账户和统筹账户,个人按相应比例扣缴的资金记入个人账户,企业按比例缴纳的资金记入统筹账户;失业保险金、工伤保险金及生育保险金均属于社会统筹范围,记作社会统筹基金。二是全国社会保障基

---

① 美国社会保障署编. 全球社会保障——1995(阅读指南)[C]. 北京:华夏出版社, 1996.

② 覃有土、樊启荣. 社会保障法[M]. 北京:法律出版社, 1997.

金，这部分基金设立于 2000 年，中国政府指定社会保障基金理事会直接管理运营。

（三）社会保障基金监管

社会保障基金的监管是指由国家行政职能部门、监督审查部门和相关利害关系部门为确保社会保障基金财产管理部门及其管理者依法有效管理社会保障基金财产而相互协作，对其管理工作、效果进行实时监测和督导的程序。

社会保障基金监管包含监督和管理两个部分，实际工作中往往结合在一起，监督侧重于约束和预防，管理则是偏重规则的制定和施行①。

二、社会保障基金监管的主体

社会保障基金的监管主体既要对社会保障基金的整个运作过程进行监督管理，还要对其自身监管行为进行再监督。从监管层面上来看，这一主体主要分为内部监管部分、外部监管部分和社会监管部分三个主体。

（一）劳动与社会保障部门

严格来讲，作为对社会保障基金进行监督管理的关键组成部门，劳动与社会保障部门所参与的监察管制是社会保障基金财产的内部监管。其主要从以下两个方面来完成这一内部监察管理过程：一是内部财务监督，为了确保社会保障基金在正常状态下合法运行，需要通过制定内部控制财务规则，来控制经济管理活动，从而进行事前预防、事中控制。内部财务监督的内容包括平衡收支两条线、专款专用情况、是否存在挪用资金使财政预算达标等内容，另外，对基金投资的计划、控制、分析、考核也在内部财务监督的范畴内。二是内部审计监督，劳动与社会保障部门下设的社会保障基金管理机构设置了专门的审计岗位，会对社会保障基金的使用和流动现况加以审查，对社会保障基金管理工作采用二次督查。内部审计监督属于事中、事后监督，是对社会保障基金在运行过程中有偏离正常域时的矫正。

（二）审计部门

审计部门作为专业从事审计业务的机构，在社会保障基金监管行为中主要

---

① 莫泰基. 香港贫穷与社会保障［M］. 香港：中华书局，1993.

是作为外部监管主体来完成监管职责的。审计部门依据法律规定的监察权限，可以对社保各类资金在参与经济活动中时进行事中及事后的监督，具体监督内容包括社会保障基金的收支情况、投资收益率以及是否存在违背财经纪律的经济活动。

（三）社会公众

社会公众在社会保障基金监管过程中起到社会监督的作用，特别是有利害关系的受保人通过新闻、网站等大众传媒了解社会保障基金的运行情况，对社保工作采取检查。社会公共监督通常会以社会团体、群众自治组织的形式对相应的管理工作进行事前、事中和事后监督。

三、社会保障基金监管的内容

社会保障基金监管的内容即社会保障基金从征缴、投资运营，到支出、结余的整个过程，以及对参保人员的管理。通过这几个方面对社会保障基金进行日常监管，以及保值增值、风险监控。

（一）社会保障基金征缴监管

社会保障基金征缴监管主要是针对在社会保障基金征缴环节出现的保费延时拖欠、擅自提高或降低征缴额度等，可能会造成资金无法及时、有效供给的行为进行预防和整治。

（二）社会保障基金投资运营监管

社会保障基金投资运营监管包括对社会保障基金专款专用情况的督查，对社会保障基金投资过程中保值、增值情况的审查，以及在整个投资运营中出现的问题进行实时监管。同时，是否具有投资运营资格也是其监管的重点对象。

（三）社会保障基金支出监管

社会保障基金支出监管的重点内容是对社会保障基金的计算是否合理、发放是否及时、发放过程中应付金额是否准确，以及发放对象是否正确等进行监督，以确保资金及时、全额发放，杜绝冒领、骗领现象的发生。

（四）社会保障基金财务监管

社会保障基金的财务监管是为确保社会保障基金投资风险最小化而在社会

保障投资环节对投资机构和投资组合的选择及操作进行监督和管理。其中，监督内容包括是否超过国家规定的最高投资限额、投资组合的百分比、安全警戒线设置，以及是否存在挪用基金进行非法高风险活动的情况。

（五）社会保障基金参保人员监管

社会保障基金的参保人员监管主要是从参与社会保障制度的人员加入、退出以及对其个人账户资金转移等方面进行监督管理，目的是使每个参保人员的个人账户资金在涉及跨区域转移时都能及时、准确，以维护参保民众的最大权益。

四、社会保障基金监管的原则

（一）法制原则

社会保障基金监管必须通过立法来明确其必要性，在执行监管过程中做到有法可依、有法必依，根据相关的法律法规来制定监督管理准则，规范监管手段。

（二）安全原则

监督机构须合理设置各类监控指标，在确保社会保障基金安全性、流动性、收益性的情况下，谨慎预测，保障社会保障基金投资运行环境的长期稳定、安全，在有效规避风险的前提下追求最优效益。

（三）公正原则

社会保障基金监管机构应当以相关法律法规为基准，以客观存在的既成事实为依据，做到公平、公开、公正的透明监管，不受任何外来非常因素影响，对经办机构违法违纪行为进行督查。同时，监管机构还应严格按照规章制度所制定的统一规范的程序执行监管工作，不随意简化监管程序。

（四）独立原则

社会保障基金的监管主体依照相关法律规定对社会保障基金参与的经济活动进行监督管理。在这个过程中，任何部门及个人不得以任何理由干涉其执行，从而保证监管过程的权威性、有效性、法治性等。

（五）科学原则

为了适应持续发展的经济社会和日趋成熟的资本市场，基金监管部门必须科学有效地制定统一的监管规章制度、合理规范的监管指标体系，运用科学知识手段持续提升监管品质和效率。

五、社会保障基金监管的价值

（一）维护社会和谐稳定

社保制度作为各个国家的核心制度安排，不论是经济发达地区，抑或是经济落后地区，社保制度在维护社会稳定、促进经济良好发展、保障人民基本生活权益等方面起着"安全阀""减震器"的作用。健全的社保制度必须要以稳定的社会保障基金为经济基础，我国作为一个建立社保制度较晚的发展中国家，要建成一个安全稳定的社会保障体系，必须首先制定一套运行良好有序的社会保障基金监管机制。社会保障基金监管就是要以国民权益为根本，严查社会保障基金管理操作中违规、违法现象，为基金保值、增值护航。同时，提高政府工作能力，增加群众满意度。这样才能够进一步确保社会保障基金的安全性、收益性，将保障人民基本生活水平落到实处，减少国民的后顾之忧，提升国民生活幸福指数，促进社会稳定团结。

（二）保障人民基本权益

社会保障具有社会普遍性，是国民依法享有的最低生活保障权益。在社会保障制度中，社会保障基金监管体制通过观察、测定、评价等方式发挥其作用，对社会保障基金的运行管理行为进行约束，来确保社会保障基金的征缴、发放、保值增值等环节得以顺利实施，从而保护参保人受益权，防止社会保障基金因管理不善、投资不利、顶替冒领等不当行为的发生。

（三）完善资本市场结构

社会保障基金进入资本市场是完善社会保障基金投资运行、保障收支平衡的重要手段之一。由于社会保障基金规模巨大，一旦进入资本市场，将会带来大量可持续的资本储备金，为我国资本市场发展提供最基本的经济基础。坚持社会保障基金各项工作的建设，尤其是其监管政策、监管体制、资本市场的制约机制、参与项目的开放程度等方面,进一步规范资本市场管理,必将带动资本市场结构的变革。因此,强化社会保障基金相关监察管制工作能促进该项基金种类以其独有优势参与资本市场。

(四) **强化市场经济建设**

社会保障作为市场经济的一部分,由市场和政府双方共同作用,在整个社会生活中对普通百姓生活有着举足轻重的影响,同时,社会保障基金监管体系的构建也是发展市场经济的一部分。我国社会保障制度建立较晚,发展较为滞后,加之经济体制改革之后,我国社会保障模式由国家保险型逐步转变形成混合型社会保障模式,社会保障基金管理规模也逐步扩大,而"边缘灰色地带"也日益显现出来。完善社会保障基金监管体系就是为了更有效地弥补社会保障基金管理中存在的漏洞,通过逐步制定和执行社会保障基金的投资、运营、管理规范细则,将一些"越轨"行为扼杀在萌芽之中,从而进一步规范市场,促进市场经济的良性循环。

第二章 W市社会保障基金监管现状

W市作为我国中部地区人口密集、流动人口较多的大型城市,是我国首批社会保障体制改革试点城市之一。根据已公布的《2013年W市人力资源与社会保障事业发展公报》,W市2013年度社会保障基金统计数据如表4-1所示:

表4-1 2013年度W市社会保障基金数据一览表①

保险	总收入(万元)	总支出(万元)	滚存结余(万元)
养老保险	2736948	2625037	1491020
医疗保险	981448.68	971074.11	896852.61
失业保险	174752.07	54785.52	516669.23
工伤保险	44134.16	31070.23	94118.56
生育保险	46112.07	35080.25	72656.43

本文作者先后对该市人社、财政及审计三个主管部门的工作人员进行访谈,并通过查阅资料数据,了解了W市在社保体制改革后所采取的政策措施,以及得到的效果反馈。

---

① 数据均来源于W市人力资源和社会保障服务网《2013年W市人力资源社会保障事业发展公报》,http://www.wh12333.gov.cn/publish/rbj/C1201412121618461136.shtml。

一、W 市社会保障基金监管的具体措施

W 市政府结合本市具体情况，采用边研究、边探索、边试点的方式逐步对本市社会保障基金监管工作进行改进，这些进步主要体现在以下几个方面。

（一）构建社会保障基金监管体系

从设立内部控制部门到鼓励社会公众组织进行社会监管，自上而下的监管体系雏形逐渐形成。目前，W 市社会保障基金监管体系主要由内部监管和外部监管两部分组成，内部监管主要负责财务监管和内部审计，外部监管涵盖了法律监督、行政监督及社会监督三方面，其中行政监督由市人社局规划财务处、市财政局社会保障处和市审计局社会保障处三部门共同负责[1]。同时，W 市人社局还定期开展督办调研工作，在每年六月中上旬，W 市人社局会组织全市社会保障专家领导组成调研组，每个调研组随机分配一名局领导及若干单位负责人开展督办调研。督办调研工作主要通过召开座谈会、查阅报表资料核对数据、实地走访、现场听取办事群众意见等方式，了解各辖区人社部门该年度工作目标绩效的完成情况、问题对策以及开展民主评议政风行风工作情况。

（二）建立社会保障基金信息披露体系

W 市政府为了建立社会保障基金信息披露体系，进一步推行政务公开制度，提出建立"金保工程"，通过逐步建立社会保障大数据库来构建社会保障基金财政监管网络体系，提高"五险一金"运作的透明度，旨在降低信息交流不畅所带来的危机。同时，W 市政府还规定，社会保障基金托管机构必须定期将资金运作情况通过标准途径进行公示，将中期、年报表按时传送给上级管理部门以作审计、备案等。上级监管机构也要定期向社会公众公布社会保障基金的财务情况，提高民众对社会保障基金的保障意识。

（三）促进全民参与社会保障基金监管

有关资料统计显示，当前 W 市社保科目参保人数已达到 1700 余万次，其

---

[1] 姚春辉. 从 W 市社会保障基金监管体系看社会保障基金的监管 [J]. 四川行政学院学报，2009（2），97—100.

中八成的企业通过本市人社局服务网办理社保经办业务。2014年11月，W市人社局面向社会推出了"W人社手机App"软件。参保市民利用手机下载该应用程序，就可以查询相关政策法规、个人保费信息和相关待遇情况，还可以查看就业招聘信息及培训咨询。社保服务实现移动互联化。此软件能让参保人随时随地知道自己每月应当缴纳的社会保障基金额和到账日期，退休者还能查询其退休待遇的支付详情。不仅如此，此软件还具备查询医保卡实时到账信息，查询最新招聘信息，并且具有通过GPS定位搜索附近定点医院、药店和社保经办机构等强大功能。随着此软件的更新和优化，未来人们还可以直接通过手机进行自助缴费、投保，自助完成信息修改等指令。

（四）建立社会保障基金监管法律体系

W市社会保障基金法律体系由三个层面构成，第一层面是以宪法为基础的概括性层次，主述社会保障待遇是每位公民依法享有的权益，是为了保障公民基本生活水平，公民有义务参与到社会保障体系中来。这是从最高立法层面确定了社会保障的重要地位，用强制性的法律效力保证了社会保障在我国开设的必要。第二层面是以2011年7月1日正式实施的《中华人民共和国社会保险法》为中心的社会保障法层面，这一层面更为详细地制定了有关社会保障基金监管的具体工作内容，为各省（市、区）制定社会保障基金监管细则提供法律依据。第三层面就是W市根据自身地区特点、经济发展状况、人口结构等现实情况制定的一些具有地方特色的社会保障基金监管制度条例，如《W市人大常委关于进一步加强审计监督若干问题的决定》等。这三个层面一层比一层更细致精确地对本市社会保障基金监管任务进行了规范，其中，第一层面的法律效率最强；第二层面最具有广泛的社会性，第三层面则针对性最强；第一层面是后两个层面的制定依据，第二、三层面则是对第一层面的细化，同第一层面的思想内容保持一致。

二、W市社会保障基金监管的基本经验

在传统社会保障基金管理体制之下，由于私人会牺牲消费者利益来为自己牟取利益的最大化，而不受到相应的惩罚，政府受到通过其理想主义的职员会

公正无私地追求所谓的公共利益这一理念影响，世界各国对社会保障基金的管理采用了垄断式的统一管理模式。以 W 市养老保险金为例，现收现付制的养老金模式在应对不断变化的人口结构，尤其是老龄化逐步加深的人口结构现状时，出现了难以调和的矛盾。随着老龄人口的增多，年轻一代所承受的当期养老金支付压力也会随之加重，养老金空账问题也越来越成为养老金管理中亟待解决的重要方面。因此，越来越多的国家开始采用完全累积制或部分累积制的社会保障基金管理模式。经过多年的实践探索，W 市社会保障基金监管工作取得了一定的进展，具体经验可以总结为以下三点。

(一) 坚持"精算平衡"的监管原则

对社会保障基金购买力进行精细核算，严密监控社会保障基金的各个投资环节。在十八届三中全会之后，W 市政府联合人社局、财政局、审计局积极响应"坚持精算平衡原则"。在累积制的模式下，个人账户中的资金在整个职业生涯的累积过程中，不可避免地要考虑到通货膨胀、货币购买力变化等客观经济因素的影响。将社会保障基金账户进行必要的风险管理，加以市场化运作来达到保值增值的目的，就成为一条长期有效的解决途径，而市场具有竞争机制，有效引入竞争，才有可能达到资源的有效配置，实现帕累托最优。

(二) 加强监管环节各个指标的测定

在针对社会保障基金投资监管这一环节时，W 市政府大力借鉴了西方发达国家的在社会保障基金监管方面的宝贵经验，在选择最佳投资组合的同时，尽最大的可能减少风险，同时增加收益。根据当地社会保障基金的特点，W 市政府设置了四种风险监测预警指标：社会保障基金的投资运作方向指标、社会保障基金的备付金指标、风险监管指标和社会保障基金的收益性指标。与此同时，市政府从两方面对社会保障基金实行严格的限量监管：一是对社会保障基金管理机构的责任权限予以严格规定；二是规定投资最高限额、投资各类项目的比例、禁止或者限制投资项目、风险准备金的规模与安全警戒线等各项具体投资规则。

(三) 强调工作重心是社会保障基金的监管

W 市政府和 W 市人力资源与社会保障局对社会保障基金监管工作的重视

程度越来越高。近年来，由 W 市政府和人社局牵头，带领着研发团队充分利用现代科技手段，将社会保障基金监管工作同时下最流行的 APP 应用软件相结合，同时为照顾中老年人使用习惯，还开通了电话查询功能，使民众可以更便捷地参与到社会监管工作中来。同时，W 市政府及社保部门定期组织座谈会，邀请民众代表参与其中，鼓励代表们积极提出意见与建议。我们可以看到的是，社会保障基金的监管工作不仅仅是政府来做，更多的还需要相关权责部门正确引导，让监管工作真正走入寻常百姓的生活，使民众能够逐步形成对社会保障的维权意识，自发有效地完成监管行为。

第三章 W市社会保障基金监管中存在的问题及原因

虽然W市在积极努力地对社会保障基金监管工作进行改革，但是通过调查走访，仍然能够发现一些问题，本章节将对这些问题及其成因进行简要说明及分析。

一、W市社会保障基金监管中存在的问题

W市作为中部人口密集的大型城市，社会保障工作中面临着许多问题，由于人口流动性较大、城市化范围广，对社会保障基金监管的实际可操控性相对较弱，以下就将从五个方面来剖析所存在的问题。

（一）监管主体较单一

尽管在有关社保类资金监管方面的学术文献中都有指出社会保障基金的监察管理主体是多部门、多层面的，但是在实际工作中，往往很难做到内部监管、行政监管、社会监管等监管途径的有效默契配合。

1. W市人社局权力过于集中

社保类资金监察及管理职能主要还是集中在地方政府中的人力与社保部门。因此，W市人社局基金工作督查部门也同时担当了内部监控和政府监管的双重角色。作为几乎是唯一的监管主体，W市人社局在主导制定政策、收缴费用、投资基金、管理账户等工作的同时，还身兼审计核算、风险控制、监督查处等职务，集委托人、投资人、资产管理者于一体，自我实施监管，职能

定位界限模糊，容易使社保各类资金缺乏及时、客观、有效的行政监督。同时，社会保障基金监管机构职能不明确，使监管力度相对薄弱，监管工作的协调性也受到一定影响。

2. 社会监管的存在感较弱

很遗憾，不论是中央政府或是地方政府，切实有效地建立起一个较为完善的机构来完成社会监管都不是一件容易的事，而现有的社会监察及管理也无法完全展现对各类社保资金进行社会监督的功能。同时，对于社会监管这一特殊主体而言，在现有的规章制度里我们也无法查到其是否享有何种监管权，这使得当遇到社会保障基金管理方面的问题时，社会监管机构的知情权、督查权不能得到很好的使用，其对该类社会保障基金监管上的操控力也大打折扣。就目前情况来看，W市的各个工会组织尚且不能对自己的立场掌握决定权，很多监管方面暴露出来的问题往往在正式着手处理前就已经被内部化，相关利益团体间进行交易来掩盖弊端，更不用说社会舆论、民间团体、非政府组织等社会监管主体更难起到实质性的监督作用。

3. 监管主体间的配合度低

不论是行政监管与内部监管，还是行政监管与社会监管，抑或是内部监管与社会监管，三种层面的监管形式都不能有效默契配合对方工作，在有限理性、官僚主义属性、经济人属性、垄断性等因素的共同作用下导致的政府失灵，更容易加大监管操作中的配合难度。社会保障基金运作管理的信息得不到充分分享，处理问题方式步骤的差异，都是监管主体间低效率配合的障碍。而各部门在制定相应的管理政策时，在一定程度上会受到W市政府的干预和影响，各部门执行过程中又会根据自身利益进行调整，这使得其实际操作与制度安排间产生了一定偏差，这也为众多监管单位间的信息流通造成阻碍。在各个监管部门不能良好配合的情况下，一旦社会保障基金运行管理出现问题，同时作为内部监管和行政监督的人社局就会从自身利益出发想办法弥补漏洞，而社会监督的力量不足对此有所作为，也不能有实质性的举动。

（二）监管信息不对称

当前W市的社保各项资金使用公开状况只能通过国内的社保相关基金理

事会定期对全体民众公布部分数据消息，但这类特殊资金的结余使用等具体情况在本市的人社局公开官网中也仅仅是两年数据的显示。在其政务公开的数据统计一栏中，截止到 2015 年 2 月 7 日，能够查阅到的数据信息有 2012 年度和 2013 年度的 W 市人力资源社会保障事业发展公报，以及城乡居民人均可支配收入增长实现途径探究的统计分析结果。其中在 W 市人力资源社会保障事业发展公报中披露的有关社会保障基金运作的信息包括以养老保险、城乡居民社会养老保险、医疗保险、居民医保、失业保险、工伤保险和生育保险为主的七大保险基金相应的总收入、总支出及其相对同比增长率、收支结余、滚存结余等基本情况。从这些可以看出，关于社会保障基金运作收益方面的问题没有明确被公布，并且公布年限只有 2012、2013 两个年度，显然同应该公布的数据量存在明显差异。对每年例行的审计工作、社会保障基金预算管理等方面的公开信息更是少之又少的。民众对社会保障基金运行管理信息的了解渠道也比较单一，官方网站能够公开的信息也十分有限。同样情况也发生在审计局官网，浏览其相关栏目后我们也无法查阅到近几年 W 市社会保障基金的审计结果。

随着经济发展，社会保障基金的规模也日趋扩大，除了社会保障基金监管行政部门以外，银行、工商、税务、财政、审计等部门也逐步加入进来，由于没有一个标准化的管理平台，许多社会保障基金运作管理信息得不到及时分享，数据传输延误，基金收支情况存在较严重的时间差，各部门间在基金监督管理方面不能进行良性互动。

目前，W 市社会保障基金的运营监管的整个过程是不对外公开的，仍处在一个封闭的投资管理环境中。由于没有了解渠道，公民无法对社会保障基金使用情况进行实时追踪，社会监管、新闻媒体只能通过各种会议文件零星地了解社会保障基金运作情况，实际可以起到的监察作用微乎其微。同时，社会保障基金的投资运行部门对其具体的损益情况并不会做公开发布，只是对缴费、结余等非关键环节进行披露。这些都说明 W 市社会保障基金监察管理及信息披露存在漏洞。

通过查阅现有的法律规章，作为整个信息链条最下游的社会公众基本没有一个常态化、标准化的渠道对社会保障基金进行监督，这也不利于社会监管工作的开展。同时，由于监管信息透明度低，作为参保人、受益人的社会公众不能够及时了解自己所缴纳的各项社会保险金的支出、投资、运营等情况，加之社会保障基金管理部门对管理工作信息公布不及时，使得公众对行政部门管理可信赖度降低，容易使参保人进行逆向选择。长此以往，更会加重社保类资金的收支相悖。同时，在社会保障基金的发放环节，信息不对称带来的信息更新不及时也为一些人冒领社会保障基金提供了可乘之机，会给社会保障基金造成亏空。

（三）监管手段不成熟

理论上讲，社会保障基金监管是由多部门全方位协作的，但从现阶段 W 市社会保障基金监管思路设置和制度安排上而言，W 市人社局及其相关部门占据了监管的主导地位。过分重视行政监管手段，必然会弱化内部监管和社会监管所能发挥的作用。行政监管在制度上的优势在于其权威性、强制性，在信息获取方面其最有能力掌握较为完整的第一手信息，在执行力方面由于以政府为依托与其他监管主体相比，其更能有效完成监管任务，然而行政监管并不是一种全面的监管手段，它不能真正彻底地综合所有监管职能，对其他监管手段也不具备绝对的整合优势，与其说行政监管为主要监管手段，不如说行政监管必须在符合权力制约法治要义的前提下，与内部监管、社会监管相互协作，共同发展，合力达到最优资源配置。

监管手段不成熟不仅体现在其各监管主体发展不平衡上，还表现在监管措施实施不到位等方面。例如，在 W 市的出租车行业里，在从业年限内出租车司机缴纳的养老金，由政府承担十五年的养老金缴纳义务，在之后的十年，由从业者承担养老金缴纳义务。然而监管主体无法保证从业者能每年定额、定期上缴 6000 元的养老金，经调查访问，许多从业者更倾向于在临近退休年龄时再一次性缴纳十年的养老金。在部分累计制的财务机制下，这样做可能造成的后果是养老金空账运行、入不敷出、财政负担加重，同时不按时缴纳的养老金随时存在通货膨胀带来的贬值风险。然而这些情况都是监管部门使用当前监管手段所无法控制的。

据了解，W 市社会保障基金是由政府部门独立操控，在专业投资管理公司引进方面尚为空白，从近几年本市人社局招录公务员的专业情况来看，具备社会保障基金监管工作相关知识的工作人员是非常缺乏的，这也使许多运营投资增值方案只能停留在理论中。由于我国资本市场起步较晚，发展较不稳定，造成社会保障基金监督管理机构专业人员匮乏且不擅于基金投资运营管理，客观上也提高了基金被违法占用、挪用的危险。

（四）社会保障基金安全存在隐患

政府作为行政部门，对市场信息了解有限，对市场的把握不是很专业，加之对金融产品的投资收益分析不全面，特别是对社会保障基金进入金融市场的风险控制能力不足。同时，在缺乏专业人员参与管理的背景下，不具备社会保障基金进入金融市场所需的财务分析能力，甚至会为了完成任务指标而选择组合产品，因此社会保障基金在金融市场的运营失败率较高。

不仅是 W 市，全国很多地方都有社会保障基金运行的违规操作，一些以经济利益为目的寻租的不法投机者利用制度上的漏洞，对社会保障基金进行违规投资，编制虚假财务账目、审计报表，进而从中牟利，造成社会保障基金的巨大亏空。另外，规模巨大的编外资产由政府一手掌控，若是被个人利益所蒙蔽而造成贪污腐败，社会保障基金安全将被置于不治之地。

在征收资金过程中，监管工作盲点加深了资产安全隐患。部分新建企业在办理完工商营业执照、纳税登记后，并不按规定到社会保障部门继续办理社会保险登记，还有不少单位的征缴基数与其经营盈利状况严重不符。这些行为造成社会保障基金漏缴、少缴现象，社会保障基金不能按时如数征缴，造成缺口漏洞逐年变大，对社会保障基金安全造成一定威胁。

另外，社保相关资金管理机构超标提取管理费用、挪用累积这类特别资金等情况也让社会保障基金安全问题日益凸显。针对结余基金该如何使用，由于出发点的不同，人社部门同财政部门各执一词，至今难以达成共识。将社会保障基金结余违规挪作他用，或购买固定资产、置办在建工程，或投资风险理财产品，这些不规范的基金管理行为直接造成各类社会保障基金额的流失，严重影响其安全性。

（五）监管法制较薄弱

时间追溯到 1951 年，我国首部综合性的社会保险规章制度《中华人民共和国劳动保险条例》就是在那年年初由政务院正式公布实施的。相较于德国1889年针对残疾人和年老者颁布的首部具有法律效力、里程碑式的《保险法》而言，我国的这部条例足足晚了六十年。2011年7月1日，我国颁布、实行完整意义上的《中华人民共和国社会保险法》，正式以法律条文的形式将社保体制予以立法规范。由于历史原因，我国颁布的法律法规在很大程度上是对社会公共实践程序中发现的疏漏进行弥补而非预防。同样，一个设计周到的、应用范围普遍的社会保障基金监管系统在我国社会保障发展史上还是一份空白，而现有的相关行政法规条文中所涉及的内容也是片面的，不能满足实际社会现状的需求。在涉及有关于社会保障基金监管方面的行政诉讼时，人民法院和仲裁机构也难以根据现有的法律法规进行裁决，可以说在这一领域基本属于无法可依的状态。

由于现行的有关社会保障基金监管方面的条例不具有强制力，只是以意见、管理办法等形式零散地规定，使得一些行政管理机构找到了社会保障基金监察及管理中的法律漏洞，从而有了可乘之机，因此导致一系列连锁效应的发生。例如，上海在2006年就曾发生由于个人账户运营没有得到有效监管而造成巨额社会保障基金被挪用的案例。例如，由于缺乏相关法律法规的明确规定，W市也存在一定程度的养老金冒领情况。造成这种情况的原因，一是在经济利益的驱使之下，对于已去世的人的养老金个人账户余额监管不到位，使得牟利者有了可乘之机；二是我国并没有出台相关法律法案来明确规定申请代领养老金的程序，使得申领程序不够严谨，一旦发生冒领事件也无法有据可查。

通过查阅相关资料文献可以看出，近几年来，W市出台的关于社会保障基金监管方面的规章制度少之又少，而涉及社会保障基金监管的条文也仅仅是单一片面的，更多是一笔带过，并没有全方位对社会保障基金监管工作做出规范和调整。目前，不论是《社会保险法》《劳动法》，还是W市人社局出台的各类规章制度、意见办法，都仅仅对社会保障基金监督管理做了原则性规定，并没有涉及具体的操作流程，结合到地方的差异性，地方政府对社会保障管理有较强的自主性，也较难整合出一套详细、具体的监管法规。另外，我国现行的社会保障监管制度并没有为多方参与进行管理的模式制定、划分明确的责任范围，这使逐步参与到社会保障体系中的银行、财政、审计、税务等部门权责交叉，监督程序臃肿烦琐。因此，导致社会保障基金监管部门不能被明确地赋予法定强制权力和监管职责，也缺乏具体的法律追责主体，进而大大削弱了基金监管的功能。

二、W市社会保障基金监管中存在问题的原因

针对上面所述的问题，联系W市当地特色，不难发现这些问题产生背后所存在的深层原因有如下几点。

（一）机构设置不合理

在我国的《社会保险费征缴暂行条例》中有明文规定："国务院劳动保障行政部门负责全国的社会保险费征缴管理和监督检查工作，县级以上地方各级人民政府劳动保障行政部门负责本行政区域内的社会保险费征缴管理和监督检查工作。"因此，W市人力资源与社会保障局同时承担了社会保障基金的征缴管理和监督检查两项工作，那么其管理和监督的双重责任只能依托于W市人社局。在这样一个情况下，社会保障基金监管体系中内部监督与政府监督的双重监督方式就形同虚设了，一旦面对道德自律危机时，作为利益共同体的人社部就很难履行切实有效的监管义务。

同时，造成社会监管这部分的空白主要有以下三个原因：第一，在我国现有的基金监管制度设计上，尽管在一些关于社保费征收及相关财务管理的条例、制度中明确提出接受社会监督行为，在已经出台的相应的征缴办法里也提到过社会民众有权利向人社部门征询社会保障基金的监督投诉电话，鼓励社会民间组织进行监督举报，但都没有涉及具体的操作流程和处理办法，这使得社会监管的管理权限受到抑制，管理途径也有所影响。第二，民众对社会保障基金监管的认识不足，尽管近年来随着网络新闻媒体对社会热点问题的探讨日趋深入，但由于大多数民众特别是工薪阶层劳动人民对社会保障基金及其监管的基本知识储备不足，在不少情况下只能听信网络媒体的宣传，人云亦云地参与讨论，而缺乏对真实情况的客观理性了解，不能结合自身情况做出理智的判断。在这种情况下，如若发现社会保障基金存在的监管中的问题，就很难用一

种理性有效的办法去维护自己的合法权益。第三，缺乏专业的民间社会团体、民间组织机构的监督。工会在维护职工社会保障基金知情权等方面没有绝对的话语权。非政府监管机构的缺失使得社会保障基金在社会监管层面又薄弱了一些，民众发现社会保障基金问题后无法接受专业指导帮助，使得投诉效率低，维权路漫长而艰难。

再者，没有一个详细的制约机制，来对监管主体进行行为指导和制约，监管主体彼此间的信息沟通不畅，工作配合度不高，达不到信息共享和功能最大化。单就行政监管的监管主体来讲，以社会保障与人力资源管理部门为中心，以财政、审计等行政部门为辅助，部门间开展工作相互限制，职能划分不明朗，或相交或相离，使得管理效能低下，该管的没有人员负责，产生弊端后单位内部彼此推卸。同时，对以政府职能部门为主力的行政监管手段依赖过度，使得监管主体分布不均衡，反而会造成监管不力。缺少了强有力的制约机制，各个部门为了自身利益考量，会各自做出对自己有利的处理办法，而不是以参保人利益为出发点，相互沟通协作解决问题。

事实上，社会保障基金资产监察委员会所发挥的实际作用并不如预期。尽管该委员会的建立是为了规范监督流程，促进监督工作顺利实施，但是从法律层面而言，该委员会既不能划分为独立的监督管理方，也不能称作专门的政府监管部门，它是以政府为委托方进行独立监察和提供建议，在多数情况下，该委员会不具备绝对的监管权，因此不能够视为专业性的监管部门发挥职能。

（二）信息披露效用低

监管消息不敏锐实际上是由数据公开效用低造成的。近几年来，虽然 W 市政府在对社会保障基金监管信息公开环节出台了一些规章制度，但从现在表现出来的执行结果来看，现有的制度安排是比较简单，可操作性不强，更不用说形成一套完整的、成熟的、体系化的社会保障基金监管信息公开披露网络。这直接影响到社会保障基金监管工作对有效信息的搜集，对各项监管工作也缺乏切实有效的指导和约束，从而在某种意义上对监察工作的顺利实行减分不少。由于在制度层面没有严格要求，W 市人力资源与社会保障局在既是委托人又是监督者的双重身份下，自己主导自己进行投资管理、预算决算分析、风险调控，能够参与到公开发布的信息实际都是人社局单方面说了算的。在这种情况下，由于官僚主义思想，集体利益单位化、单位利益部门化、部门利益个人化，难免会造成信息透明度低的局面。因此，监督制衡也不可能市场化，失去了暴露在阳光下的保护，更容易导致社会保障基金投资违规操作。

在以行政监督为主体的大环境中，无故拖延时限、有逃避性的披露信息，使社会保障基金运行的每项环节很容易处在监管的"灰色地带"，一旦由于个人利益诱惑而发生监管失灵，同时又没有有效信息的及时公布，在社会监督匮乏的条件下，违规操作就很难在第一时间被发现，各种监管方式即是空想虚构。作为社会保障基金的缴纳者，参保人有权利知晓自己所缴纳的社会保障基金在各个环节的操作流程及收益情况，而现今信息公布工作的不成熟，无法为参保者提供公开、合理的途径来了解社会保障基金的运作情况，这使得参保民众丧失了本应拥有的知情权和话语权，对于在管理过程中是否健康运行、是否存在贪腐情况都一无所知。

由于缺乏完善的信息披露制度，参与到整个社会保障运行管理系统中的各个部门无法及时更新信息，部门间的财务账目不能保持一致，参保人信息错发、漏发、重发等现象时有发生，而社会保障部门对此也是不能够及时掌握的，这使得众多单位间合作没有默契，工作效率很低。同时，因为没有系统的社会保障基金信息公布平台，社会公众对自己的基金缴纳、结余等情况也无从查阅，更不用提实时监督、自行参与管理了。

(三) 专业能力不娴熟

各种监管手段都是由人来制定的，监管手段的不成熟主要原因就是监管人的专业能力不足，主要体现在以下两个方面。

监管部门员工关于社保相关资金的监察和管理的理论知识储备不足。W市乃至全国之所以目前基金监管主体侧重于行政监管，是因为自20世纪80年代之后，我国进行了市场化取向的经济体制改革，社保及相关制度由国家保障型逐步过渡为中国特色混合型的保障制度，而对于之前社会保障由国家单方面承担调控的模式仍未完全转化过来。监管部门政策制定者没有充分认识到内部监管、社会监管等监管手段的必要性。

同时，政府作为非营利机构，自然是不以市场经济效益最大化为目的的，大多数的基金监管者也非投资管理、风险控制等专业出身。在许多情况下，不能对社会保障基金保值增值方式做出较为专业的判断，那么为了确保社会保障基金在合理合规的环境中稳定增长，同时具备开设资质和运营能力的专业机构就可以根据负责社会保障基金工作的行政部门直接授权，将这类基金的经营权委托给其负责，因而作为委托人，政府只保留了对社会保障基金的监管权和所有权。

自2005年之后，W市社保相关资金规模迅速扩大。据统计，截止到2013年底，W市养老保险基金滚存结余1491020万元，城乡居民社会养老保险金滚存结余108168.75万元，医疗保险金滚存结余896852.61万元，居民医保滚存结余114968.15万元，失业保险金滚存结余516669.23万元，工伤保险金滚存结余94118.56万元，生育保险金滚存结余72656.43万元[①]。面对数额如此巨大的社会保障基金规模，由于缺乏基金管理运行的专业人才，使社会保障基金保值增值工作更为艰难。没有专业的人才储备，再全面的制度也只能是纸上谈兵而无法顺利地投入到实际社会工作中。

在经济发达国家，社会保障基金监管已经逐步转变为市场化方向，通过外部选拔竞争，将社会保障基金监管工作交给资金雄厚、信誉优良、管理专业、手段先进的第三方中介机构来执行。这样既能避免由于专业知识缺乏而造成管理混乱，又能有效降低管理成本。然而，我国市场经济起步晚，现有市场上的基金管理公司资质不足、数量较少，尽管行政部门专业技术人才不足，但也只能暂时依靠这些部门来进行社会保障基金监管。

（四）预警机制不灵活

严格来讲，当前W市社会保障基金运营监管工作中，在预警监督机制方面的能力是十分薄弱的，这也是造成社会保障基金安全性较低的重要原因。一个较为完善的预警监督机制需要财力支持和人力配合，然而W市在社会保障基金监管预警机制构建中尚未有一个较为明确的规划，资金储备和人员培养计

---

① 数据均来源于W市人力资源和社会保障服务网《2013年W市人力资源社会保障事业发展公报》，http：//www.wh12333.gov.cn/publish/rbj/C12014121216184611346.shtml.

划因而迟迟不能得到落实。同时，社保部门在每年的财政拨款安排调度上对建设中长期预警机制的补助也基本无法满足正常的必要开支，在人才培养方面缺少系统的、科班出身的专业性复合人才，造成技术支持水平较低。

改善社会保障基金的监察与管理规则离不开成熟的中长期预警监督机制，良好的中长期预警机制是社会保障基金所在账款安全运行的保护盾，它能及时地将社会保障基金运行时的状态反馈给监管系统，使监管系统能够随时掌握社会保障基金运行情况，从而确保社会保障基金的安全。

目前，W市关于社会保障基金保护监察管制所采用的预警设置是较不灵活的，不足之处主要集中在以下几点：一是监督指标的设置。在设置单因素监管预警指标时没有充分将运行模式、计算方法灵活地考虑在内，没有有效划分科学合理的社会保障基金风险级别。二是风险预警程序的设置。缺乏规范有效的风险预警程序，没有按照时间按月份、季度、年份进行预警预报的分析，并且缺少对各个预警级别、预警报送时间和内容要求的相应规范。社保各类资金的监管机构应该对当期各项社保关联项目入账情景的优劣及该种资金是否具有保障效力给出说明，在认定出现基金风险时及时向上提出预警报告，及时止损，避免资金的大量损失。

（五）法制建设不完整

社会保障基金出现问题的重要原因之一乃社保各类资金管理之法制不健全。纵观近年来W市乃至全国出台的社会保障法律法规，其中对社会保障基金的管理只是一些概括性的规定。例如，《社会保险法》作为我国第一部对社会保险的专门立法，其对社会保障基金的监管做出了一些较为基础的原则性规定：国家应严密监管社会保障基金的运行管理等一切程序，有关社保方面的各类资金的监察和管理规章要依靠各级人民政府根据当地情况来安排，争取达到人人加入社保各类资金的监管工作中的目标。法制的不完善，使社会保障基金操作随意性较大，增加了社会保障基金监管的难度，对容易发生的违规操作无法在法律层面进行控制。由于没有关于社会保障基金监管方面翔实的立法，在对许多违规操作行为判定时没有切实的法律依据，对违规行为操作者的量刑也不具有指导意义。

再者，立法层面的缺失也说明政策制定者对社会保障基金监管认识程度的不足，并没有完全认可社会保障基金监管的法律地位，没有把监管的重要性、必要性重视起来，没有意识到只有国家强制力才能保障监管工作的初步落实，从而导致监管法制环节薄弱。参与社会保障基金运行管理的管理者们对监管工作的法制观念淡薄，在他们随意挪用社会保障基金进行投资时，并没有意识到这样的行为是将老百姓的"活命钱"置于危险境地，稍微一个疏忽就可能造成亏空，他们甚至没有"违法"这个概念。

第四章 加强 W 市社会保障基金监管的对策措施

针对以上 W 市在社会保障基金监管中存在的问题，结合 W 市实际情况和调查访问中搜集的群众建议，本章对其依次提出了以下相应的建议措施。

一、全面完善监管主体

我国的《社会保险法》在第 10 章中指出：统筹地区人民政府成立由用人单位代表、参保人员代表，以及工会代表、专家等组成的社会保险监督委员会，掌握、分析社会保障基金的收支、管理和投资运营情况，对社会保险工作提出咨询意见和建议，实施社会监督等。

（一）发挥人大的监督职责

人大必须真正承担起宪法所赋予监察及管制能力。各级人大作为全国或地方最高国家权力机关，有责任和义务依法对政府行为进行全面监督，其中就包括对社会保障基金监管工作是否合规进行监督。我国应该尽快以立法形式确定以"社会保障监督委员会"为组织形式的监督制度，强化人大的监督职能，赋予其直接纠正有关社会保障基金工作中发生的重大不良行为的权力。各级人大要明确自己在社保各类资金监管工作中的定位，提高对社保各类资金的监管意识。在监督委员会成员构成方面，应当包括政府代表、企业代表、职工代表、退休人员代表、工会代表以及有关专家学者。同时应该特别指出，监督委员会的定位是代表广大受保人的根本利益，因此与受保人相关的各个利益体，如工会代表、企业代表、职工代表、退休人员代表应当在监督委员会中占大多数席位。在监管工作中，人大应当结合政府关于社会保障基金的工作报告，充分运用宪法所赋予自己的知情权、处理权、制裁权等权利，对政府在社会保障基金管理运营中的违法、违规行为进行及时纠正，对无法纠正的违法行为及时上报，开会讨论并给出处理意见。同时，也要善于聆听来自社会各界，特别是相关民间组织的声音，鼓励社会各界针对政府社会保障基金工作所反映的切实性问题积极展开讨论，进而争取实现有效监管。

（二）设置专门机构进行再监督

设立专门的机构二次监督与社保各类资金工作有关的行为，再督查应当至少包含两方面内容：一是设立社会保障主管部门的内部监督机构，通过制定内部的监督制度，安排人员专门负责对社会保障基金的主管部门的日常操作行为进行督查，从而规整操控程序、提升操控效力、保障整个社会保障基金监管事务安全有效运转。由于内部监督机构实质上受社会保障主管部门统辖，与管理部门有直接的利害关系，必须在部门间制定出有效的制约机制进行互相牵制。二是在政府其他相关部门开设专项督管部门。随着我国社保事业的不断发展壮大，已逐渐形成多层次、辐射广的社保关系体制，各方面的社保相关资金滚存结余数额也越来越大，对于这部分社会保障基金的管理需要人力资源与社会保障部门、财务部门、审计部门、保监会等各部门互相配合，所以我们必须在各个相关部门设立针对社会保障基金监管的专项机构，从而确保在社会保障基金投资运营过程中完成金融监督和财务监督工作。包括人社管理部门在内的各个相关部门有义务按时向专项监督机构提供社保各类资金管理情况，专项监督机构有权选择在任何时期查阅社会保障基金及相关工作情况。需要特别说明的是，社会保障部门的内部督管单位和专项监督单位应该是两个相互自由存在的督管单位，其工作侧重点是有所区别的，内部监管机构主要负责社会保障部门内部管理事宜，而专项监督机构更侧重于统筹全局，履行监督管理职能。再者，无论是社会保障部门内部监管机构还是专项监管机构，它们与各级人大的社会保障监督委员会的监督工作是不能相互替代的。

（三）注重社会监督多样性功能

把政府监督与社会监督相结合，将金融机构、专业基金管理公司、媒体舆论机构引入监管体系当中。社会监督不同于国家专门的权力机关系统内的监察,它属非国家特征的督查,社会监督即由专业性的非政府监管机构及非专业性民间监管组织共同协作完成。总的来说,社会保障基金的社会监督是来自社会公众自上而下的监督,其监督主体是人民群众、社会团体及社会组织,其监督对象就是政府、社保日常工作部门、相关责任部门及其中的工作人员。近些年来,随着社会不断进步,社保各类资金的使用情况及稳定性、收益性也越来越受到社会公众的重视,在网络新闻媒体快速发展的今天,越来越多的关于社会保障基金的政策举措以各种方式暴露在社会公众的信息网中,社会公众应该充分利用这一优势积极努力地参与到该项全民基金的社会监管中去。政府部门和社会组织应该加大宣传力度,将我国社会保障制度改革内容普及给基层群众,让他们更了解我国当前社会保障基金工作的现状,避免以讹传讹的情况发生,使他们更加支持甚至参与到社会监管工作中来。在社会监督中,企业和职工是这一体系内绝不可被替代的构成因素,他们既是各项社保资金的直接供款者,又是相应社保服务之受益者,这部分群体最为关注与社保相关资金运营情况。我们建议以这部分受保人为主体,建立民间社会保障基金监事会,制定完整的监督工作制度,监事会可以邀请相关专家学者提供必要的专业性帮助。再者,工会也要发挥其根本责任能力——不仅要保护集体综合利得,还要积极争取工人的利得,作为一个社团组织,工会必须找到一个平衡点对关乎职工利益的社会保障基金的相关情况进行有效监管。另外,在社会监管中,金融机构、专业基金管理公司应是完全与政府监管分离而独立存在的,这些社会监管机构必须发挥自己的专业特长,对社会保障基金管理工作提出有效的监管意见。再者,媒体舆论作为社会监管的新型模式,有责任向社会民众传递有效信息,而不是随意捏造舆论蛊惑人心,从而使舆论监督发挥其最大效用。

(四)协调监管机构之间的关系

无论是内部监管与外部监督,还是政府监管与社会监督,各个监管机构都必须明确各自的监管职责,完成本职工作并配合机构间的协调沟通。例如,审计监督分为由国家审计机关负责的外部审计监督和社会保障部门内设的审计监督,其中国家审核督查负责出具社保工作核查年鉴,主述社保各类资金之审核程序。在行政监管方面，政府监管部门应该侧重制度的制定和监管行为的规范化，要研究制定统一标准、统一格式、统一监控指标、统一填报要求的监管程序，将更多的细节性的监管工作下放到各个相关责任部门，并定期对其工作成果进行考核。行政监管不能过分制约社会监督，社会监督并不是行政监管的补充，而是采集基层问题，将民众的心声传递给政府管理部门的手段。社会督查要走向条理型、系统型，这样才能有的放矢。社会监督的形式多种多样，虽然不具有较强的权威性和专业性，但其广泛的社会性是其他监管形式无法企及的，政府职能部门要充分认识到社会监督的这一特性，协调其在整个监管体系中的功能，敦促各个监察机构间的友好沟通。

二、强化信息披露工作

社保各类资金关系着数以亿计民众的根本利益，作为社会保障权益的直接受益人，广大参保人有权利知晓有关社保各类资金的各种信息，政府及社保负责机构有责任和义务通过有效途径定期将社保各类总额情况公布给社会大众，协助社会大众行使其知情权、监督权。社会保障部门要把社会保障基金的相关信息充分公示，让公众能够更直接、清晰、全面地对社会保障基金管理机构有一定了解，为公众执行监督工作拓宽渠道，使其真正实现询问有门、投诉有路、解决有方。关于强化信息公布工作，具体可以从以下三点来说明。

（一）制定详细的信息公布规则

一个良好的信息公布程序需要一套严谨的信息公布规则，制定该类规则涉及有关财务、金融等诸多专业领域知识，要明确与资产评估有关的各个变量因素之间的关系，有关社会保障基金投资成本收益率情况，以及原始资本、保证金等重要信息公布程度的规定等。这些信息的公布，就是为基金投资等工作做一个重点说明。社会保障基金监管机构和其他相关部门以及投保人可以通过这些信息告公布有效获取充分的监管信息，及时掌握社会保障基金管理动态，从而降低因为信息不对称引发的一系列道德风险问题。我们有理由相信，构造规范的信息公布规则是加强社会督查职能的有效手段。通过制定切实详尽的信息公布规则，社会公众能够更及时准确地了解与社会保障基金运作有关的筹集、支付、资本运作、收益管理等活动,进而完善信息获取层面的社会督查工作,由内而外形成与行政监管、社会监督相联系的社会保障基金监管体系。另外,对于所公开的信息的真伪,其负责监管的机构必须进行重点审核,特别是对社会保障基金收支使用环节的信息核查。监管部门有责任将公开的信息汇总,定期以统计数据的形式公示给社会公众,不断提高参保民众维护自身合法权益的意识,用社会舆论、公民意识来巩固社会监督的地位,从而同行政监管相互配合,以保障社会保障基金的安全。就当前而言,在信息公开方面,既是管理者又是监督者的政府部门并不是完全将其拥有的信息公开给社会公众,或多或少地就会造成信息获取方面的不对称。为了尽可能地缓解此问题,我们就要尽快研制信息公开的处理办法。市场只能在有限能力内处理信息交换的障碍,而政府的行政干预是解决这一问题的有效手段。政府通过制定信息发送制度,保障信息可以及时传送到社会民众中;制定信息甄别标准,以确保公众收到的信息是真实、有效、可信的;建立信息搜索平台,使信息归纳更为合理、充分。政府作为主要监管主体,在信息掌握上占有绝对优势,必须以谨慎的态度制定信息公开规则,在信息采集、处理、加工等的每一个环节,都要进行严密的科学论证,还要以立法的形式保证信息披露的重要地位。一般而言,社会保障基金信息公布主要是对历史信息的公布,在尊重客观原则的基础上,我们往往需要对这些历史数据进行专业的再加工,从而有所对比,预估未来可能产生的收益和风险。通过这种前瞻性的评估手段,投资者可以更科学地对潜力组合细微调整以躲避陷阱。例如,在美国,证券交易委员会要求以图表化、定量化和标准化为基本方式,公开特定基金的总体风险,并讨论对基金净资产价值和总收益可能具有负面影响的各种情形,这就是一种比较成熟的基金信息公布制度。

(二)加强基金监管信息化建设

随着社会保障体系建设的逐步进行,信息技术在社会保障领域的应用日益受到人们的重视,政府部门应该尽快构建并大力推广社会保障基金管理信息系统。官方网站给每个参保人无偿提供查询服务,使其能随时掌握动态,这样的民主信息化举措有力地提升了监管工作的透明程度,在宣传民众能及时了解社会保障基金运作的宏观状态的同时,又为虚心接受社会民众督查的政府及人社部门树立了良好的社会形象。社会保障基金信息化建设不仅要注意信息对外披露，为社会监督工作服务，还要完成大量数据处理，为大量信息交换提供平台。社会保障基金其监察及管理中的信息交换主要分两类：一是系统内部的信息交换。系统主机可以通过同步数据通信协议与远程网中的各服务器做数据传递。远程网络中的工作站可以利用本地资源对各种社会保险业务进行处理，其数据由服务器通过通信线路发送到主机系统进行数据存储或进行批量处理。二是与相关行业、单位的消息互换。这里主要是社会保障部门与银行、医院、财政部门、统计部门、审计部门、参保单位等的信息交换。在这一系统中，参保单位和参保职工可以查询到与社会保障有关的各种法律法规、政策、规章制度等文件，还可以查询到参保人及其所在单位基本情况、缴费情况，以及个人账户使用情况等。另外，还可以为参保人定期打印下发个人账户对账单，以方便查询。因此，建议W市尽快着手建立社会保障基金监管中心数据库，逐步将信息数据收集、分析、反馈等工作整合为一体，从而形成社保各类资金监察和管理网络，提高社保各类资金管理工作的透明度与专业度。

（三）引入第三方披露监管信息

在引入第三方监管披露时，我们要注意以下几点：一是第三方机构的资质，该机构是否具备监管资格、能力，其监管手段是否符合国家相关法规条例的规定，其监管指标是否有效且具有代表性；二是第三方机构所掌握的信息情况，这些信息获取手段是否合规、合法，所要披露的信息是否真实可靠有效，已披露的信息是否触及一些保密条例等；三是第三方监察部门同行政管制的关系。行政监管机构并不是第三方监管机构的上级管理部门，但是第三方监管机构的信息披露行为应该受到相关行政部门的正确引导，当第三方监管机构做出有悖于信息披露规则的行为时，政府有权修正甚至终止其监管行为；四是第三方监察机构同民众督查的关系。严格来讲，第三方监管机构中包含社会监督的一部分，在社会监督工作中相较其他形式的社会监督而言，它的监管工作要更为专业，因此它也可以为社会组织、普通民众提供专业梳理工作。

三、深化专业监管手段

做好社会保障基金监管工作必须依靠成熟有效的监管手段来提高监管质

量,专业化的监管手段是社会保障基金监管工作的利刃,甚至能达到事半功倍的效果。目前 W 市的社会保障基金监管所存在的问题同监管方式不到位、监管人员不专业有很大关系。就此,本文拟以如下四点来推进监管手段的高效化。

(一)制定统一的社会保障基金监管流程

标准化的监管流程使社会保障基金监管工作有据可行,从而避免了盲目操作而造成的监管漏洞。在社会保障基金征缴监管环节,具体可以对征缴机构行为和征缴单位行为进行监管[1];在社会保障基金支付监管环节要做到对办事单位,以及委托进行发行单位,以及参保集体和参保民众进行监管;在结余基金的监管环节要保证对政府办事部门及关联人员定期检察是否存在非法挪用结余基金作为他用甚至私吞的行为,重点检查会计账簿、会计报表等财务信息是否真实可靠、所公布的内容是否完整,以及内部控制部门是否具有有效的形式权利,管理人员有无贪污、私分社会保障基金等违法违纪现象,是否发生盗窃、自然灾害等不可抗的社会保障基金损失;在社会保障基金投资运营的监督环节中,要注意严格审核社会保障基金投资运营的准入和退出情况以及偿付能力的监控,还要及时掌握外部托管业务的执行情况,密切监管各类投资比例组合的变动情况及信息公布等。

(二)提高社会保障基金监管人员的技能

社会保障工作对监管人员的政策水平和业务水平的要求很高,业务人员必须不断进行学习,增加知识储备量。在人员选拔时,侧重选择与社会保障、财务管理、金融投资等领域的相关专业人才;定期组织业务人员进行业务培训进修,邀请专家学者开展内部公开课活动,提高监管人员分析处理专业问题的技能;定期举办业务技能比拼,提高业务人员实际操作能力;对业务办理效率高、效果佳的优秀人员实行奖励制度,从而调动业务人员的工作积极性。还可以在社会保障部门内开设的办公管理内部网中增设业务助理。当业务人员遇到一些政策、文件不了解的问题,可以通过此查询渠道进行查阅;工作人员还可

---

[1] 张广科. 社会保障基金——运行与监管 [M]. 上海:上海财经大学出版社,2008.

以组织时间进行短期网络培训，将必须掌握的政策内容、相关专业知识发布在局域网中展开学习讨论；同时，为了活跃工作气氛、增进同事间交流，还可以采用交互式程序交流信息、发布内部通知等。

（三）加强金融监察和财务监察

金融监管主要是针对社会保障基金投资运营方面展开的监管手段，我们可以考虑将监察及管制分成对市场进购资格的监管及对资金平时操作实际的监管。前者主要是审核申请者、资金委托者和资金实管者的资历和条件，监察单位要对相关的资质需要、表报要求等进行审批，符合条件的一方具有运行各种社会保障基金品种业务的资格等；证监会还是主导后者工作，其中包含对社会保障基金代管公司自己风投的约束，对对方投资人进行规制，对集资及传播工作信息公开的制约。于财务监管上，首先要理清社保工作代理单位在开展社保各类资金工作时与其他相关组织所发生的各类经济关系；其次要规范社会保障基金的财务管理流程，具体涉及社会保障基金各种收支情况和相应的财务处理工作，定期对账，检查账面与实际呈现有无偏差，定期对各种结算凭证进行归纳汇总登记管理，编制预算决算草案和报告期会计报表等。

（四）建立社会保障基金数据库

随着科学技术日益更新，建议W市政府大力发展新型监管手段，研发社会保障管理系统，并将它作为其日常事务处理部门与其他相关责任机构同社会大众沟通交流的平台。该系统可以采用现今较为流行的客户/服务器方式和集中处理（多用户）方式，以社会保障基金中心及局机关领导为最高级，下设信息、业务、财务、统计及电话网络查询系统五个二级部门，信息部主管系统管理及维护，业务部主管基本信息维护、业务前台处理、业务容错系统，财务部主管财务前台处理、财务账表系统、财务容错系统，统计部主管统计查询系统、统计报表系统、辅助决策系统，其中信息部、业务部、财务部对系统后台处理都有管理权限。同时，社会公众可以通过电话网络查询系统查阅其他四部所公布的信息。这样一个庞大的系统需要软件开发人员进行专业化处理，将开发出的应用软件与系统进行良好结合，并持续提供专业的后期维护与升级，保障系统的正常运行。

(五) 构建好监管绩效评价系统

良好的绩效评价系统有助于社会保障基金监管工作的顺利开展，通过绩效评价可以掌握监管工作执行效果反馈，并及时根据这些反馈信息调整工作细节，同时调动工作人员的工作积极性，提高工作人员的服务意识。将绩效评估标准化，对评价指标设置要求进行定量考核，不能定量的制定定性考核标准，对于绩效考核工作要做到公平、公正、公开。具体绩效评价可以从以下几个方面展开：一是指标选择要具有代表性、说服力，例如在对社会保障基金结余处理工作上，通过收入增长率、收支比率、投资收益率等指标了解结余社会保障基金的使用情况；二是指标数据构成要实事求是、真实可靠，数据本身是客观的，但若为了个人利益而蓄意作假的数据却只能蒙蔽真相、自欺欺人；三是对于绩效评价结果等级划分要更为细致，并且在评价结果中能对其工作效果反馈情况加以说明，使参与到绩效评价中的每一项工作都能发现问题并有所改进。

四、加强预警机制管理

社保各类基金的工作要能够顺利开展，离不开预警机制。社会保障基金监管部门必须深化预警监管概念，认识到预警机制对社会保障基金安全性、收益性等方面的重要影响，依靠预警机制及时捕获对社会保障基金不利的信号，并将危险扼杀在摇篮之中。根据 W 市实际情况，本文建议预警机制的建设可以从以下三点来着手。

(一) 中长期和短期监管相结合

社会保障基金作为典型的长期可持有性基础储蓄资金，同时兼有累积性和硬性提升的特点，在其监察及规范工作中，监管机构应该随时密切关注物价波动对基金购买力产生的影响，尽量避免由于通货膨胀而造成社会保障基金贬值，运营监管机构可以划定基金市场价值波动阈值，通过调整运营策略、改变投资组合来保障基金的保值增值任务。社会保障管理机构要及时准确记录短期监管过程中有关社会保障基金的各项数据，为中长期监管工作提供必要的数据支持。在中长期监管中，我们要以稳定、持续发展为目标，做好社会保障基金的审计、核算、预算工作，在社会保障基金管理工作的每一环节设置相应的监管目标,发现问题及时解决,在必要的关键环节做到未雨绸缪。

(二)提高审计结果的有效性

建议社会保障各经办机构设立专门的内部审计部门,针对各机构内部财务状况、社会保障基金运营过程中的经济往来等情况进行审计,直接涉及被监管的基金运营机构财务管理情况,核对其账务是否准确合规,检查核实基金资产的安全性、完整性,是否按规则条文完成业务程序等。其内部审计行为不受被审计部门及人员的牵制,所得审计结果直接交由经办机构最高权责部门批示。同时,各社保经办机构还要配合独立的外部审计机构的审计工作,外部审计是社会保障基金监管的重要环节,外部审计所公布的审计结果是概括性的简短财务状况报告,主要涉及受审机构是否正确运用公认的会计标准、财务处理工作是否合规等。社会保障经办机构应该将其内部审计工作与外部审计机构工作互相配合,相关人员定期就审核工作进行沟通。政府部门和社会公众应该重视社会保障基金的审计工作,特别是针对内部审计环节所发现的问题,要及时予以上报,不得欺上瞒下,伪造财务报表。关于内部审计的结果,由于涉及国家机密,可以不予以公示,但建议各个监管主体代表通过保密协议获取应知晓的内部审计情况。无论是内部审计,还是外部审计,其审计目的都是为了监督社会保障基金合理使用、改善社会保障基金管理,尽量减少基金工作中的漏洞,防患于未然,提高预警机制的灵敏性。

(三)启动社会保障基金预算机制

事实上,W市实行社会保障基金预算已有一段时间,学术界对社会保障基金预算是否纳入财政预算也持有争议,但不论纳入与否,社会保障基金的核算预估方针一定要进行。数据可能掩盖事实,预算机制的存在就是为了预测数据变化轨迹,协助社会保障基金相关部门规划资金使用层次。2015年1月1日,我国开始正式实施新《预算法》,彻底告别了具有浓厚计划经济色彩的1994年版《预算法》,相较而言,新《预算法》着重强调规范管理国库资金,预防腐败滋生。新《预算法》将"其他公共预算"进行法律明确分类——"社会保险基金预算"首次作为独立的预算形式纳入其中。W市政府应该明确并重视"社会保险基金预算"的重要性地位,敢于将不涉及国家机密的社会保障基金的预算信息一律公开，使社会公众真正做到能看到、能看懂、可监督，对于拒绝公开预算信息的行为予以责任追究。人社部门指定的社保事务经办单位要按时检查本单位承办的基金预算工作进展情况，并在规定时间内将分析汇总的详细数据上报给人社部门及财政部门备案，财政及劳动保障单位需要将资金使用储蓄实况记性督审检查，要针对已暴露的缺陷采取反思，并积极做出合理的补救策略，同时如实向管辖政府汇报实情，确保问题基金恢复安全。再者，政府管理机构绝不能以任何理由随意调整社会保障基金的预算。加强社会保障基金预算工作建设要做到举债有度、监管到位、风险可控，在社会保障基金参与投资领域时必须经过严密的成本收益分析，方能准放"入市"。

当然，加强社会保障基金预警机制建设不能单单依靠以上几点来完成，整个机制构建还需要法律的强制力保障，预警机制在社会保障基金相关机构中的广泛推广，各个部门间的相互配合，规范的预警工作规章程序及专业技术支持，等等。

五、有效健全监管法制

信息不对称将可能导致逆向选择的发生，以农民工、社会底端的自由职业者为主的一部分参保人由于对社会保障基金的了解偏失，甚至会选择退出社会保障体系，放弃缴纳相关的社会保障基金。然而在实际管理中，委托方和代理方的信息不对称是不可避免的，将社会保险法制化，通过强制性的手段来执行，其根本目的就是为了避免逆向选择的发生。我国应将加快社保法制建设作为人社部门及基金经办单位严格履行正常管理工作的可靠保证来执行，因为社保法制化也是一个国家社保制度逐步走向成熟的标志。基金监管工作的规范性、权威性必须依靠明确的法律制度来保障实施，相关管理机构的监管文件必须在法律框架内按照统一标准来制定，这样才尽可能地避免各个规章制度的不配套、不一致。在社会保障基金监管体系中，政府通常会选择采取一些行政干预措施来规范管理部门行为，然而过度的行政干预必将造成监管的依赖性，事实上并不能解决管理工作中实质性的问题。一个缺乏法律约束的监管环境，并不能构建成一个真正意义上有效的监管体系，在监管工作中，无论是监管者还是被监管者都会轻易地被架空而无法适应环境变化可能带来的新变革，监管职能就显得可有可无,监管的意义不断被弱化甚至被忽视,使监管者在很多情况中无所适从,就会出现无法能依、有法难依、执法松散、违法难追的情况。针对 W 市监管法律体系尚不健全的现状,本文也提出了以下几点建议作为参考。

(一) 加强社会保障基金征缴环节的法制建设

在依靠地方政府政策规定和行政监管工作的同时,我国必须建立起一套具有普适性的、统一规范的社会保障基金监管类法律制度,将社会保障费用征收标准用法律文书的形式强制规定。同时,在对各地统筹账户管理差异性的问题上,具体法律条文也要做出相应规定,缓解地方政策与统领政策长期被分割的局面。W 市政府还需要逐步修订已经出台的法规制度,着重注意关键词语的表述及其内涵的界定,对其中模棱两可的概念要转变为清晰的表达。例如,针对无法上交社保费的行为有如下所述规定:"用人单位无故不缴纳社会保险费的,由劳动行政部门责令其限期缴纳,逾期仍不缴的,可加收滞纳金。"在此表述中发现如下几处漏洞:一是"无故"一词的界定,现行法规中并没有说明哪些情况属于"无故"的范畴;二是"限期"一词的时间问题无法说明清楚;三是对"滞纳金"之额度没有做具体说明;四是针对拒绝履行"滞纳金"缴纳的行为时,用人单位需要承担什么法律责任,面临怎样的法律制裁等。如上所述,政府所需要做的修订就是逐步完善已有的这些制度条例中的细节部分,使仲裁机构和人民法院在处理相关社会保障基金征缴的行政仲裁或起诉时能够有法可依,做出明确的判定和裁决。

(二) 重视社会保障基金投资运营的法制建设

W 市政府应该根据本市具体情况,逐步将社会保障基金投资的多元化政策目标、"入市"模式、风险防范机制等内容写进基金投资运营监管法律中。同时,充分借鉴国际案例,对现行法规制度进行检视,对比研究找出可以改进的地方。W 市可以利用其独有的文化教育背景,在重点高校设立社会保障基金监管法制建设研究小组,分工进行调研考察和专家论证,再将得出的结论汇总分析,制定可行性法律修订方案,各方代表参与研讨,由政府部门进行最终决策,进而构建成切实高能的社会保障基金投资运作法律监察体系。

(三) 修改不合时宜的陈旧的法律、法规

随着社会经济水平的不断进步，民众对物质生活的提升，有关于公共部门管理、社会保障等的民生领域也在悄然变化，社会保障相关的法律法规必须紧跟这些变化做出相应的调整。例如，根据人口结构、社会老龄化程度、养老金给付等现状对延长退休年龄做出适当调整；根据社会劳动力结构、男女受教育程度等方面的变化对女性在劳动市场享受的保障进行再研究。再如，为了进一步提高社会保险金来源的稳定性，可以费改税，以税收的形式用强制力保障社会保障基金的征缴。进一步加强社会保障基金相关的监管法律法规的严肃性，提高执行效力，针对社会保障基金运营机构所出现的违法行为，加大对其行为实施人和机构管理人的处罚力度，必要时可依法追究其行政、民事及刑事等相关责任。

六、借鉴国外先进经验

近些年来，中国人口老龄化进程加快，对社会保障基金的需求也日益加大。因此，一个基金安全、基金运作合理的社会保障制度对任何一个国家都十分重要，而欧美国家、拉美国家基于不同国情的社会保障基金监管模式和经验，对于正处于成长转型期的发展中大国——中国具有较强的学习和借鉴意义。

(一) 美国社会保障基金监管经验借鉴

美国是自保公助型社会保障制度最为典型的代表。从美国之社保相应制度中，我们可以明显地感受到效率至上的原则，从低下的保障水平、苛刻的享受条件、重视权利同义务的对等特点等方面都能体现其制度制定所要推崇的效率目标。同时，在管理体制上，美国政府的角色定位是十分清晰的——它仅仅是作为社会保障制度设计者参与其中，因此基金运营是同社会保障署是完全分离的，其相关各类社会保障基金的增值保值也是依托市场融资的方式来完成的。20世纪30年代，美国经历了史上最为严重的经济危机，在当时总统罗斯福的主持下，美国国会通过了《社会保障法》，该法案是美国政府最伟大的成就之一，是美国社会保障发展史里程碑式的存在。

在美国，是以征税的形式缴纳社保税给当地国税系统，联邦政府再依照不同税收比率，依次划分进三个不同账户：中老年退休养老及遗嘱保险信托基金会、残障保险信托基金会和医疗保险信托基金会，分户立账，专款专用。财政部负责统筹管理，受保人根据社保总署所下发的通知按期领取保险金。

随着源源增加的社保税目收入，在减去维持必要的正常开支后其结余金额也逐渐具有规模。因此1969年后，政府开始把社保税的盈余纳入政府预算考量范畴，从而信托基金委员会应运而生。

美国联邦政府对社会保障基金的使用和管理条件十分严苛，而州政府管理的公营计划则相对要宽松许多，其可以进入风险投资领域进行操作。此外，美国的私有退休基金投资风险要更高，一些企业甚至违规诱导本企业雇员使用其养老金账户中的个人所存资金购买公司股票，在2001年安然公司破产事件中，美国政府就要为将近12.18亿美元的雇员私有退休基金买单。

在1974年之前，美国政府对养老金的管理是比较松散的，主要都是交给工厂雇主来打理具体事务，雇主可以按照自己喜好随意支配这些资金，也有贪心的雇主将这些血汗保障纳入自己腰包，而雇员只能眼睁睁地看着自己的养老金被尽情挥霍。这样的情况一直持续到《雇员退休金保障法》的出台，在这部法律中，将雇主的权力加以制约，雇主再也无法私自挪用雇员的养老金了。与此同时，雇主还必须履行为雇员缴纳养老金的义务，最后，在退休金终止支付时，无论是企业方主动还是员工方主动，都必须向有关部门申请得到审核批准后方能执行。

通过研究美国社会保障基金的监察及管理，我们也可以得到一些启发，我国社保相关基金在投资的绩效评估和监管模式上还存在较明显的缺陷，我国政府可以针对美国对公共养老方案和相关基金处理政策进行重点研究。同时，在对私有退休基金投资管理上的失败经验教训，也为我国今后社会保障基金监管工作产生一定的警示作用。

（二）英国社会保障基金监管经验借鉴

作为高福利的国家，英国的社保制度所具备的高福利性是十分具有研究意义的，其社保项目涵盖范围较为广泛、内容细致，是"从出生到死亡"的全民保障。根据英国社会保障法，符合法律规定的个人都需缴纳国民保险费，这一部分所用于的支付约占社会保障总支出的75%，剩余25%则由政府财政承担。雇主根据雇员的收入水平按比例缴纳国民保险基金，雇员工资越高，雇主所需缴纳金额也越高，同时雇主在上限收入以上的部分仍需缴纳相应比例的保险金。同时，英国政府也会根据每年征收税额按比例拨付划入社会保障基金财政预算拨款。然而由于英国实行高福利模式，国民保险基金的未用部分或结余一般较少，加之政府对基金投资安全性和流动性的严格限制，其投资收益并不是英国社会保险资金的主要来源。

在整个社会保障基金监管工作中，英国政府占有绝对的主动权，并且承担了主要的管理职责。英国政府通过其专业的社保工作团队为每一位公民提供"一条龙"式的社保服务。英国强大的社保功能是建立在高税负低人口密度的基础上的，它的整个社会保障基金运行，从收缴纳入国库账目之下，到科学地分配进名目繁多的国民保障服务里，在每个环节都进行了严密的审核、计算。另外，地方政府负责社会保障津贴的税收抵免计算。

从英国的社会保障基金管理现状中我们可以看到，由于社会福利支出的不断累积，政府所承受的财政负担也在加重，庞大的资金链和管理队伍加深了基金监管的难度，这也是我国正在面临的问题。在财政负担逐渐增大的现实社会压力下，英国政府结合自身特点，两任首相——撒切尔和布莱尔都主张将市场与财政挂钩，把经济和社会保障基金有机地联系在一起，修改一系列法规制度条文，将财政压力逐步简化，我国政府需要这样的思维模式去对社保进行革新。

（三）拉美国家社会保障基金监管经验借鉴

20世纪80年代以来，智利开始实施以个人账户为基础，将私营化管理和市场化运作相联系，演变出社保障金管理新模式——基金制保障模式，对拉美国家的社会保障改革产生了重要影响。随后，墨西哥、阿根廷、玻利维亚和秘鲁等以智利模式为参照，建立了适度修正的第二代智利模式——部分基金制保障模式。

1924年，智利就开始了大胆试验，尝试在新型社保给付关系下模式的创新应用。在随后半个多世纪的改革中，智利最终形成了以养老保险、全国医疗体系或公共医疗计划、失业保险、社会救助等为主的"完全积累制"社会保障体系，并主要交给民营机构运作，政府实施立法和监管，并最终承担兜底风险，其着重强调了政府对社会保障基金管理机构的严格控制，同时将基金的投资运营和监控放到了突出的位置。

在智利，自建私营基金公司并不是件难事，在资金准备到位后，只需要在相关部门递交申请，获得资质批准后基金公司便可运营。同购买其他金融产品一样，民众可以到任意一家基金公司用养老金选择购买其投资服务，公司在收到客户投保金后，就可以开始用这笔资金进行金融投资。在委托投资期间，运营利息全部划入个人账户，管理公司还需从自有资金中提取1%作为养老基金法定准备金，这部分的法定准备金也随投保人个人账户中的资金一起参与投资经营。

政府必须对社会保障基金投资组合结构进行比例控制，管理公司要在风险鉴定委员会的指导下安排相应的投资项目，不得私自购买风险等级高的金融产品。当管理公司用自有资金购买金融产品时，必须同投保人资金账户严格区分开来，同时在将投保人社会保障基金进行投资组合时，所购买的同一公司各种股票累积不得超过7%，并且不能将超过资金总额的5%全部用于购买同一只股票。当基金管理公司申请破产后，不能影响其原有投保人该享有的利益。

在智利，负责养老金监管的机构是养老金管理公司总监署，总监署通过对投资范围、投资环境以及金融产品安全性、收益性、收益波动性等方面进行约束，来确保管理公司对投保人资金的合法、合规操作，从而保护投保人的合法权益，保障养老金实现保值增值。当管理公司发生违规操作、提供资金信息不及时等情况时，总监署有权对其及相关责任人进行处罚。智利私有化的体制模式使基金监管也带有私有化色彩，将由政府主导管理的社会保障基金工作"分包"给私营基金管理公司，由于个人账户的功能扩展，统筹账户就失去了必然存在的因素，随之而来产生了基金制的筹资投资模式。

从某种程度上讲，智利模式在一段时间内是较为成功的一种新的突破。在智利模式下，我们可以看到，做实账户不一定是解决我国养老保险金缺口的根本出路，避免政府对个人资金的挪用问题最根本的还是要从立法、制度构建、信息互通等方面来加强监管力度。这是一个逐步探索的过程，监管体系的构建也应该是个渐进发展从而加以完善的工作。

七、结　语

随着社会保障覆盖范围越来越广，随之积累起来的社会保障基金数额也越来越多，包括普通民众、媒体在内的社会各界对"保命钱"的关注度也越来越高，社会保障基金的监管也越来越受到重视。尽管近些年来我国劳动与社会保障部针对社会保障基金的运营、管理颁布了一些试行办法，但是从社会保障基金的监管层面来讲，这些规定仍不能产生实质性的约束作用。同时，监管上的纰漏给有些人提供了可乘之机，从而造成国家财政和人民资产的损失。社会保障基金监管暴露的危机，使我们不得不去反思，应该如何建立一个较为完善的社会保障基金监督体系，加强社会保障基金的监管，让社会保障充分发挥其"安全阀"的作用。

本文就是在充分借鉴前辈们的研究成果的基础之上，以个案研究的形式，将中部大型城市——W市作为调研地，研究该市在社会保障基金监督和管理工作上所做的努力和尚待完善之处，目的是为了对该市社保制度的构建提供一些具有实际价值的建议。

第一，手边资料不够完整，能够查阅到的文献有限，国内在这方面的研究也只是凤毛麟角，尚未形成气候。社会保障在发达国家有一定的历史基础，然而国内资料库可以直接获取的信息较少，主要还是依靠国内学者对国外制度的研究为范本进行深入了解。另外，在已有的可借鉴的文献中，对社会保障基金监察管理方面的专业性研究更是少之又少。加之我国关于社保的数据信息公开尚在起步阶段，最终到手的资料量不是很可观。

第二，还需要用实践来检验提出的对策建议是否有效。这些对策建议如果停留在没有实施的情况下，只是在理论层面上具有可行性，但是随着相关理论研究的不断完善、社会保障基金监管机制也在不断深入的探索完善，最终必定能为社会保障改革的实践做出应有的贡献。

专题五 城市社区困境儿童救助保护机制完善研究

第一章　我国困境儿童救助保护实施的现状

据我国第六次人口普查的数据可以了解到,14 岁以下的儿童数量为 222459737 人,占全国人口总数的 16.6 个百分点①。在这个基数庞大的儿童群体中存在着相当数量的困境儿童,这是我们党和国家不容忽视的一大弱势群体。困境儿童的社会救助是一项复杂的系统工程,因此需要对我国困境儿童救助保护进行现状分析,以发现我国现有困境儿童救助保护存在的不足之处。

一、我国困境儿童救助政策现状

按照层级划分,我国困境儿童政策的制定可以分为以下三类:

(一) 国际公约

作为联合国的成员必定要遵守联合国共同确立下来的公约。联合国为保障儿童的权利而颁发了《联合国儿童权利公约》,由此《联合国儿童权利公约》成为各个国家制定本国的儿童保护制度所要遵循的最基本的公约,我国也不例外。除了此公约外,其他国际公约如《世界人权宣言》《联合国宪章》等也提到了关于儿童保护的一些规定。

我国在遵守《联合国儿童权利公约》的基本思想准则的基础上,根据我国发展的总体目标及基本国情,在国家法律的指导下,制定了适合我国儿童实际发展情况的《中国儿童发展纲要 (2001—2010 年)》和《中国儿童发展纲

---

① 国家统计局第六次人口普查. 中国政府网. http://www.gov.cn/gzdt/2011-04/28/content_ 1854048. htm. 2010.6.

要（2011—2020年）》，在宏观层面上为我国儿童保护提供了框架与指导。

（二）国家法律与政策

1. 国家法律

在法律层面，国家也相应地颁布了较多的法律来保障困境儿童的基本权利，如《中华人民共和国未成年人保护法》（以下简称《未成年人保护法》）、《中华人民共和国收养法》（以下简称《收养法》）、《中华人民共和国残疾人保护法》（以下简称《残疾人保护法》）、《中华人民共和国预防未成年人犯罪法》（以下简称《未成年人保护法》）等。法律是困境儿童维护自己权益的保障，因此国家在这一方面尽可能完善以保障困境儿童的合法权益。

困境儿童也是未成年人，因此《未成年人保护法》是困境儿童实际保护工作中主要依据的法律。该法从未成年人的家庭及学校教育乃至全社会等方面为未成年人成长提供法律保护。虽然有了法律规定，但是在实际生活中由于各种各样的原因，未成年人的权益总会受到不同程度的伤害，例如，父母因各种压力导致无法给予孩子良好的生活环境而导致有困境儿童的出现①。在现今社会大环境中，如何给未成年人创造健康的社会环境也值得我们深思。

如果说《未成年人保护法》是困境儿童保护的普法，那么《收养法》《残疾人保护法》等有明确针对的保护对象的法律就是与各类困境儿童有关的特殊法律。《收养法》对收养人具备收养能力有相对较高的要求，这也是确保孤儿被收养后不会再次受到伤害而提出的门槛，但是在设置要求的同时也拒绝了一部分真心想收养并愿意尽自己最大可能来抚养孤儿的成年人②。

《残疾人保护法》不仅是在法律层面明确了残疾人拥有平等的权利，更是从康复、教育和就业等方面对残疾人做了保护规定③。针对困境的残疾儿童这一类特殊群体来说，该法的作用主要体现在不管是身体康复、特殊教育还是社

---

① 中华人民共和国未成年人保护法. 中青网. http：//news. youth. cn/gn/201211/t20121120_ 2633094. html. 2012. 11.

② 中华人民共和国收养法. 中国政府网. http：//baike. so. com/doc/5381410 - 5617737. html. 2016. 12.

③ 中华人民共和国残疾人保障法. 中国政府网. http：//baike. so. com/doc/5381410 - 5617737. html. 2016. 12.

会及法律层面的保护都适用。

在国家宏观层面的现行法律中可以看出,我国对社会上涉及困境儿童的保护的对象都做出了相应的义务规定,为困境儿童的救助提供了强有力的法律基础。

2. 国家政策

《中国儿童发展纲要(2011—2020)》[以下简称《纲要(2011—2020)》]是我国在困境儿童救助政策方面的指导性文件,同时针对不同类型的困境儿童都出台了相应的政策,比如《关于加强流浪未成年人工作的意见》《国务院办公厅关于加强和改进流浪未成年人救助保护工作的意见》《关于加强孤儿救助工作的意见》《国务院办公厅关于加强孤儿保障工作的意见》等。

由于经济在不断地发展,时代在变迁。同样的,我国儿童问题也在不断地解决过程中涌现出新的问题,所以"儿童发展纲要"也以 10 年为一个发展阶段,以指导我国困境儿童救助工作不断改进。早在 2001 年的《儿童发展纲要》中就提出"困境儿童要受到特殊保护"①,虽然没有明确困境儿童定义,但是已经指导了儿童救助事业的大方向。由此本文着重分析了《中国儿童发展纲要(2011—2020)》相比于《中国儿童发展纲要(2001—2010)》的较大变化(如表 5-1):

表 5-1 《中国儿童发展纲要(2011—2020)》较《中国儿童发展纲要(2001—2010)》的变化

变 化	政 策
由补缺型向适度普惠型转变	两大目标:扩大儿童福利范围,建立和完善适度普惠的儿童福利体系以及完善保护儿童的法规体系和保护机制,依法保护儿童合法权益

---

① 中国儿童发展纲要(2011—2020). 360 百科. http://baike.so.com/doc/6798944-7015749.html. 2017.1.

续　表

变　化	政　策
明确提出建立以社区为基础的儿童保护工作机制	"建立以社区为基础的儿童保护工作运行机制，充分挖掘和合理利用社区资源，动员学校、幼儿园、医院等机构和社会团体志愿者参与儿童保护。整合社区资源建设儿童活动场所，配备专兼职工作人员，提高运行能力，为儿童及其家庭提供服务"，这与本文的写作目的完全契合
强调家庭及社会在儿童保护中的重要作用	"逐步建立以家庭监护为主体，以社区、学校等有关单位和人员监督为保障，以国家监护为补充的监护制度。"只有做好家庭教育工作，才能从源头遏制儿童问题的发生

前文提到过，我国针对不同类型的困境儿童出台了相应的政策，比如在2006年《关于加强孤儿救助工作的意见》中提了关于如何满足孤儿生存及生活的基本需求的意见，并采取不同方式来对孤儿进行安置，使他们能在维护他们自身的权益的同时健康的成长。2006年颁布的《关于加强流浪未成年人工作的意见》也对流浪未成年从救助方面，以及预防的重要性方面提供了意见。在预防管理工作方面要加强其社会行为上的矫正，对其不恰当的行为进行约束，引导其走上健康成长之路；与此同时还需要对其不健康的心理进行干预及疏导，帮助他们以积极健康的心态面对人生；在建立救助机构方面，也提出了相应的意见①。

我国在严格依照法律宗旨的背景下提出了救助困境儿童的具体化的政策，不仅将救助对象的范围扩大，而且更加重视社区的作用，这为本文完善社区救助机制提供了现实依据。

---

① 国务院办公厅关于加强流浪未成年人工作的意见. 中国政府网. http://www.gov.cn/zwgk/2011-08/18/content_ 1927798. htm. 2006.

(三) 地方救助政策

在国家层面出台的法律及政策的指导下,各地方政府也相继结合地方的实际情况出台了相适应的困境儿童救助和保护方案。江西省属中部地区城市,城乡二元结构比较突出,本文以江西省为例来分析地方救助政策。

江西遵循国家相关法律法规的指导精神,结合江西省困境儿童的省情出台了相应的救助政策,比如《江西儿童发展纲要(2011—2020年)》《江西省民政厅、江西省财政厅关于提高我省孤儿基本生活最低养育标准的通知》《江西省民政厅关于进一步做好孤儿保障工作的通知》及《关于进一步加强流浪乞讨人员救助管理工作的意见》等。

《江西儿童发展纲要(2011—2020年)》在坚持五大基本原则的基础上,以科学发展观为指导思想,力争减小城乡儿童发展的差距,促进儿童发展与江西省社会主义现代化的进程相适应,为江西省培养新一代的人才而奋斗[①]。此外,根据国家孤儿基本生活最低养育的标准,江西省也根据省情制定了相应的标准,在《江西省人民政府办公厅关于加强孤儿保障工作的实施意见》中提出了建立江西省孤儿基本生活保障制度[②],并在国家标准的基础上有所增加,增加数额对比具体如表5-2:

表5-2 江西省孤儿基本生活最低养育标准与国家比较

类 型	国家标准	江西省以前标准	江西省现在标准
城乡福利机构抚养孤儿	1000元	1000元	1200元
城市散居孤儿	600元	570元	700元
农村散居孤儿	600元	400元	700元

(数据来源:国家与江西省相关孤儿基本生活最低养育标准文件)

---

① 江西省儿童发展纲要(2011—2020). 新华网. http://www.jx.xinhuanet.com/jxzw/2012-01/12/content_ 24526556_ 6. htm. 2012. 1.

② 江西省人民政府办公厅关于加强孤儿保障工作的实施意见. 江西省人民政府网. http://xxgk.jiangxi.gov.cn/bmgkxx/sbgt/gzdt/zwdt/201105/t20110520_309870. html. 2011. 3.

二、我国困境儿童救助机构现状

(一) 国家机构

由于我国历史的特殊性及国情使得我国尚未有专门机构统一负责管理儿童工作的部门,但是不代表我国没有负责儿童保护的机构。从全国人大到社会群众都有负责困境儿童的某一类型的儿童或者一类儿童的某几个方面的职能部门,各层级单位设置的部门如表5-3所示。

表5-3 我国负责儿童工作的部门

全国人大	全国人大内务司法委员会	妇女儿童室
政府部门	国务院及其下属机构	妇女儿童工作委员会
	民政部社会福利与社会事务司	负责制订孤残流浪等处理困境儿童的社会福利救助方针、政策、规章并指导实施
	卫生部妇幼保健与社会卫生司	幼儿的计划免疫和卫生保健
群众团体	共青团中央少年部	全国少年儿童的教育培养及校内外面向儿童的保护
	妇联儿童部	负责以家庭教育为中心的对儿童的养育,担负教育和保护少年儿童的职责
	中国关心下一代工作委员会	针对青少年特点,组织开展有益青少年健康成长的各种形式的活动;通过家长、学校、社会活动等形式促进学校、家庭社会教育的有机结合

从以上的表中,我们不难发现我国目前还未有统领全国儿童福利的国家机构,也没有明确规定全国人大下属的妇女儿童室在全国儿童工作方面可以全权负责,一旦出现问题,应该由哪个部门负责,各部门都有责任但又都可以相互推诿,最后导致悲剧可能会重现。

(二) 地方救助机构

从南昌市在儿童救助方面的机构设置来看，目前也没有统领的机构，但有很多部门或多或少会涉及但是不全面，其负责工作的大致为以下几个部门（见表5-4）：

表5-4 南昌市各政府部门负责的困境儿童救助工作

政府机构	具体工作
南昌市公安局	1. 进行学校安全整治、学校周边的治安整治和交通整治来保障儿童处于健康的生存、学习环境之中，避免儿童陷入不必要的困境之中 2. 深入学校宣传《未成年人保护法》，防止家庭暴力的法规宣传，定期召开学校老师家长沟通会，做好家庭矛盾的调解工作，缓解或消除家庭暴力行为
南昌市司法局	1. 宣传《未成年人保护法》，加强对困境儿童的法律援助，并推动地方立法 2. 各个司法所摸清本辖区内的情况，定期与留守儿童保持联系，及时解决他们的困难
南昌市城管局	1. 通过城管和监督人员在街面维护秩序的同时进行流浪儿童的巡查，及时向民政部门报告 2. 利用节假日走访贫困家庭，为贫困家庭的儿童送爱心，根据他们的实际情况来解决困难
南昌市总工会	培训农民工和外来务工人员的儿童保护意识，并进行亲子教育技巧传授，提升人员的生活素质，间接地为儿童成长创造条件
南昌市残联	1. 针对困难残疾人家庭的儿童给予资助 2. 开展针对残疾儿童、脑瘫等儿童的康复救助工作

（数据来源：来源于各级政府机构官方网站有关于儿童救助政策文件归纳所得）

从表5-4中不难分析出，南昌市各个部门都结合自己部门的优势以不同的方式救助困境儿童，但是由于各部门之间缺乏沟通与协调，可能会导致重复救助，这不仅造成资源的浪费，同时也在一定程度上给儿童带来困扰，也会导致一些需要被救助的儿童未享受到救助。这时就需要一个能连接各种资源的平台,社区作为这个平台是不错的选择,因为社区是与家庭、儿童联系最紧密的,能及时关注到每个家庭的动态,这也跟本文完善以社区为平台的困境儿童救助保护机制是相契合的。

三、我国困境儿童群体现状

从上文对国内外研究现状中可以看出,导致困境儿童的因素有很多,不同的原因导致了不同类型的困境儿童。本章节对常见的困境儿童群体的现状进行了统计和观察,不难发现,我国困境儿童群体众多,问题也不少。

(一)贫困家庭儿童

贫困家庭儿童是指处于解决温饱问题边缘及需要被救助的家庭中的儿童。我国因家庭贫困而引发的各种儿童问题不胜枚举。据民政部近几年公布社会服务发展统计公报(见表5-5)显示,虽然城乡低保和救济人员总数是每年在下降的,但是总体来说在我国仍徘徊在贫困边缘的人口数量还是较大。

表5-5 城乡低保和救济人数统计表

分 类	2011年	2012年	2013年	2014年	2015年
城市低保(万户)	1145.7	1114.9	1097.2	1026.1	957.4
农村低保(万户)	2672.8	2514.9	2931.1	2943.6	2846.2
城市"三无"(万人)	19.3	9.9	8.6	7.6	6.8
农村"五保"(万人)	551	545.6	537.2	529.1	516.7

(数据来源:国家民政部政府网站公布的《2011—2015年社会服务统计公报》整理所得)

从我国2015年城乡低保的人数数据可以知道,如果用低保家庭数量乘以一个孩子或者更多数时,我国贫困家庭儿童数量将以几何倍数增长[1]。这些贫困家庭的孩子们连基本温饱都没有得到保障,特别是边远山区的孩子们生活条件恶劣急需国家救助,其次才是教育及成长环境等待改善。

---

[1] 民政部社会服务发展统计公报. 中华人民共和国民政部. http://www.mca.gov.cn/article/sj/tjgb/201607/20160700001136.shtml. 2016.7.

(二) 流动儿童

随着我国城市化进程的加快,城乡或者城际之间人口流动速度加快,流动人口中大多数是以青壮年为主,而他们的孩子也随着他们到达流入地城市,随之而来的孩子教育及医疗等保障问题都增加了儿童救助的复杂性。据国家近几年的统计数据 (见图 5-1) 显示,我国流动人口量呈逐年增长趋势。

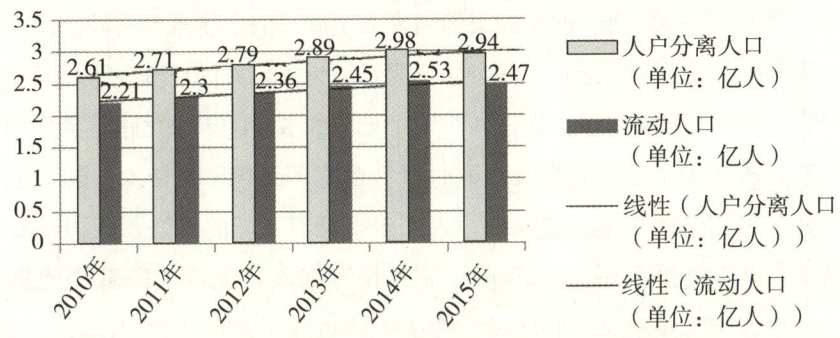

图 5-1 我国人户分离人口及流动人口数据分析图

(数据来源:中华人民共和国国家统计局公布的《2016 年中国统计年鉴》数据整理所得)

在 2010 年进行的全国第六次人口普查中发现,我国流动人口数量达到两亿六千万人次,其中流动儿童数量超过了四千万[①]。由于不属于流入地常住户口,这些流动儿童教育及医疗等保障问题需要政府进一步解决。

(三) 留守儿童

一些父母没有能力将孩子带到自己打工的城市解决孩子上学问题。这部分儿童就被留在老家,由老人或者亲戚看管,这些就是俗称的"留守儿童"。在第五次人口普查统计和第六次人口普查相隔的 10 年间,我国农村留守儿童增加了 3800 万,以平均每年 380 万的增长速度递增。

父母将孩子托付给自己的老父母或者亲戚照看,可能一年都难得回家一次,跟孩子之间沟通交流的机会越来越少,并且由于托付抚养的监护人年迈无

---

① 国家统计局第六次全国人口普查. 国家统计局. [EB/OL]. http://www.ststs. gov.cn/zgrkpc/dlc/yw/t20110428-402722384.htm. 2010.10.

法很好地照顾儿童,这就使得留守儿童得不到应有的关爱,从而影响其心理及性格方面的健康,这些问题都需要我们共同去解决。

(四) 单亲家庭儿童

单亲家庭儿童是指来自由于各种迫不得已原因,如死亡、离异等导致缺少父爱或者母爱家庭的孩子。在离异家庭中,如果父母都很爱自己的孩子,虽然大人之间的感情破裂但是对孩子的爱同样有增无减,这种情况下成长的孩子心中还是充满了爱人爱己的希望。但是如果因为大人之间一时的玩乐而在婚前产子,在这个案例中如果大人双方都有责任心并且愿意结为夫妇共同抚养孩子,那么孩子是幸运的,一旦双方都不想负责任,那这个无辜的孩子的未来之路不会平坦。

改革开放带来了经济的繁荣,同时也将西方多元化思想带入中国,在西方享乐主义与中国传统文化的碰撞中,人们对婚姻有了新的看法,不再信奉一辈子的婚姻,从而离婚率相比改革开放前迅猛升高,导致单亲家庭的比例也猛增,随之带来的儿童教育及心理等方面的问题也成为社会一大问题。

(五) 孤儿和弃婴

孤儿是指由于各种原因缺失了来自父母的抚养及关爱的儿童,弃婴也属于孤儿的一类。国家针对这一特殊群体儿童于 2006 年颁布了《救助指导意见》,将因不同原因导致成为孤儿的儿童纳入孤儿救助的范畴,也取得了显著效果。具体数据见下表 5–6:

表 5–6 全国孤儿人数统计表

单位:万人

年份	2010 年	2011 年	2012 年	2013 年	2014 年	2015 年
集中供养孤儿	10.0	10.8	9.5	9.4	9.4	9.2
社会散居孤儿	15.2	40.1	47.5	45.5	43.2	41.0
总计	25.2	50.9	57.0	54.9	52.5	50.2

(数据来源:国家民政部政府网站公布《2010—2015 年社会服务统计公报》整理所得)

孤儿、弃婴成长为思想健康、有独立行为能力的成年人需要十几年的时间,在成长期间的教育、温饱及就业等方面都一路伴随着,这同样需要国家关注。

(六) 残疾儿童

早在 1987 年,我国进行了第一次全国残疾人抽样调查,时隔 20 年进行了第二次调查,我国残疾人总数从 5164 万人增加到 2006 年的 8296 万人,其中 2006 年残疾儿童人数达到 387 万人①,不同类型的残疾儿童人数如图 5-2:

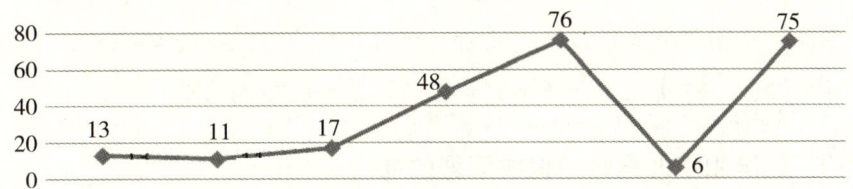

图 5-2 我国残疾儿童人数

(数据来源:来源于第二次全国残疾人抽样调查主要数据公报整理所得)

在这些残疾儿童中文盲率接近一半,在解决完其基本的生活问题后,教育问题又是一大棘手难题,更别说就业及住房方面,这都是一道道需要攻破的难题。

(七) 大病儿童

大病指的是以至今的医疗水平还无法治愈的疾病,如白血病、癌症等,而近年来儿童患上大病的数量有增加的趋势。在现行的医疗保障水平下,医疗补贴对于大病儿童治疗费用来说也是杯水车薪,因此由于儿童患大病而使家庭债台高筑的不在少数,这样就形成了恶性循环,最后儿童的性命没办法挽回并且家庭也受到了严重的打击。

对这样的家庭来说,家中有个患大病的儿童就是人生的一道坝,一旦父母支撑不住,那整个家庭就陷入无尽的深渊。所以,希望国家给予更大的财力支持及政策的倾斜。

---

① 第二次全国残疾人抽样调查主要数据公报. 国家统计局. http://www.stats.gov.cn/tjsj/ndsj/shehui/2006/html/fu3.htm. 2007.5.

(八) 受虐儿童

虐待不单单是指受到来自家庭之外的力量对儿童实施的侵害，也包含了家庭对儿童实施的一切损害儿童健康的所有行为。儿童的自我保护能力脆弱，在面对来自外界的侵害时无力反抗，所有就会不幸地出现各种痛心疾首的受虐儿童案，如贵州嫖宿幼女案、南京饿死女童案等。

在惩治实施侵害的犯罪人的同时，受虐儿童的心理及精神问题更值得被关注，而我国在这方面的救助还不完善，需要给予更多的监护。

四、我国困境儿童救助保护取得的成效

(一) 儿童救助主体多样化

国家是我国儿童救助事业的主力军，政府不断加大对儿童救助的投入，组建救助机构不断完善对儿童的救助。根据民政部《2015年社会服务发展公报》的数据显示①，政府每年在社会服务事业上的费用支出都在逐年增长，具体可见图5-3。

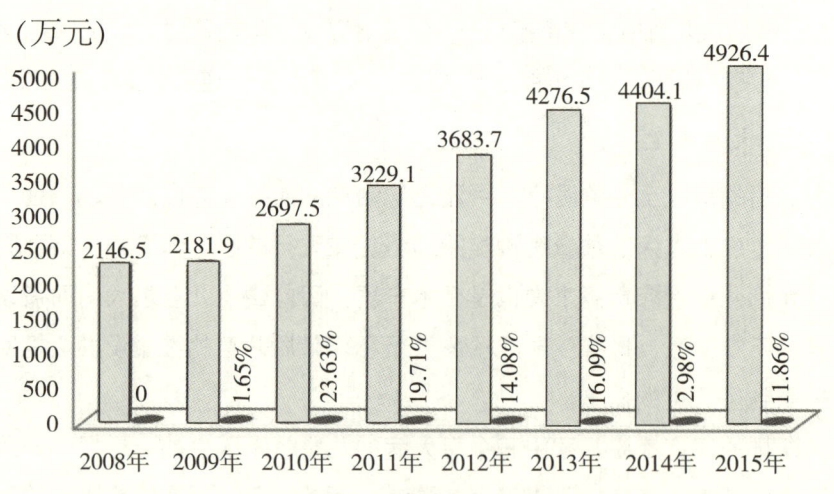

图5-3 我国近年来社会服务事业费用支出数据分析图
(数据来源：《2015年社会服务发展统计公报》)

---

① 2015年社会服务发展统计公报 [EB/OL]. http://www.mca.gov.cn/article/sj/tjgb/201607/20160700001136.shtml.

我国救助主体除政府救助为主力军之外,非政府组织(NGO)已经是我国困境儿童救助队伍的一支强有力的生力军,不仅是国家救助儿童工作上的补充,更是政府行之有效的"减压阀"和社会的"稳定器"[①]。非政府组织无论是在种类还是在物质来源方面比以往更多、更广。我国非政府儿童救助组织有三个种类:(1)政府牵头具备完善的组织建设体系的人民团体、社会团体或群众组织,如青联、妇联、基金会等;(2)民间人士自发成立民间团体;(3)在我国内地组织的国际慈善机构或非政府组织,比如英国救助儿童会、香港宣明会、救世会等[②]。非政府组织所从事的救助工作所牵涉的群体范围基本上包含了所有失去家庭依靠需要保护的弱势儿童群体,其帮助儿童的服务类型丰富,既有医疗服务,也有为其提供法律服务以保护儿童的合法权益。

(二)儿童政策法规细分化

从我国儿童福利及救助事业的长期发展历程来看,我国的根本大法《宪法》中就对包括儿童在内的未成年人的合法权益进行了规定,从而从根本上奠定了对其保护的合法性,其他相关法律,例如《未成年人保护法》《刑法》也规定对于不履行抚养义务的父母要追究其刑事责任。随着改革开放进程的推进,我国社会发展进入了高速发展时期,儿童福利事业也不例外。20世纪90年代初,我国政府签署了联合国成员共同应当遵守的《儿童权利公约》,并随着《婚姻法》《收养法》《未成年人保护法》《预防未成年人犯罪法》《家庭寄养管理暂行办法》到《国务院关于加强困境儿童保障工作的意见》(以下简称《意见》),每个政策的出台都是对儿童问题在法律及国家政策层面的不断细化完善。在《意见》中,对困境儿童进行了概括并提出分类保障政策[③],具体做法如图5-4:

[①] 国务院发展研究中心社会发展研究部课题组. 社会组织建设现实、挑战与前景 [M]. 北京:中国发展出版社,2011.

[②] 薛在兴. 流浪儿童机构救助的困难、困惑与思考 [J]. 中国青年研究,2005.2.

[③] 国务院关于加强困境儿童保障工作的意见. 中国政府网. http://www.gov.cn/zhengce/content/2016-06/16/content_ 5082800. htm. 2016.10.

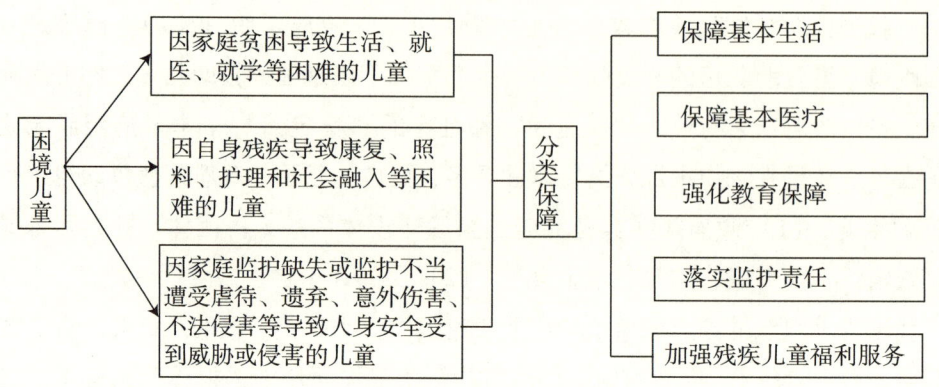

图 5-4 《意见》对困境儿童概况并分类保障政策整理

我国对困境儿童的救助保护越来越细化，不仅从保障基本生命安全起步，更是将困境儿童未来的教育、工作及生活纳入到保障的范围，使其成为真正意义上的社会人，为祖国的建设做出自己的贡献。

(三) 社会力量参与度不断增加

近几年以来，人民生活条件和文化教育逐步得到提高，促进了公民社会志愿服务的意识的进步，来自于社会力量参与到困境儿童救助保护工作中的数量也日益增多。与此同时，人们参与困境儿童救助的渠道也多样化，如有些人当志愿者，有些经济条件稍微比较好点的甚至自己创办机构来救助儿童，更有甚者是在自己家里养育困境儿童。在新疆就有这样一位老人，利用自己微薄的收入收养了来自4个不同民族的10个孤儿，自己原本已经有6个亲生孩子，另外还收养了邻居家的3个孩子，他就是感动整个中国的新疆维吾尔族老人阿尼帕·阿力马洪，在40年里含辛茹苦地拉扯着这19个孩子，现在家族人数达到了180多人。以自己微薄之力尽本不应该他们承担的社会责任，这种精神值得我们弘扬与学习。

(四) 物质救助水平提高

早在2009年，在对社会散居孤儿的最低生活养育标准问题上，民政部在下发的《关于制定孤儿最低养育标准的通知》中明确了标准为每人 600 元/月[①]；而福利机构抚养的儿童最低生活标准，同年民政部颁布的《制定福利机构儿童最低养育标准的指导意见》为每人 1000 元/月[②]。各地方政府也根据地方财政情况，参照国家标准实施，结合本地困境儿童的实际情况制定了不同的标准。如四川省在经历汶川大地震之后在国家标准的基础上提高了金额，即四川省内的社会散居孤儿最低标准为 678 元/月，福利机构收养孤儿最低标准达到 1130 元/月。虽然看似提高的数字不多，但是困境儿童基数庞大，总数自然而然地增加了不少，这也是我国经济快速发展所带来的实力的体现。

（五）社会力量积极参与

随着国家对困境儿童的关注度越来越高，各地政府也在国家的政策的倡导下积极响应政策，根据本地困境儿童的实际情况组织社会力量积极参与到困境儿童救助事业中来。例如江西以省花"杜鹃花"命名的"杜鹃花爱心小屋"行动，明确首批建设 200 个"杜鹃花爱心小屋"，实现与 1000 所学校结对。在招募志愿者及爱心单位上，取得了较大成果。截止到 2012 年，参与小屋结对帮扶的青年志愿者组织就达到 1249 个，志愿者服务人数更是有 147347 人之多，其中大学生占大多数，数量有 66638 人，其次是机关事业和企业，分别有 46642 人及 14159 人。通过一对一或者一对多的结对形式，志愿者与困境儿童家庭结对数就已经达到 328563 个，比例高达 87.82%[③]。虽然志愿者数量相对全省的困境儿童数量来说还是少的，但是在近几年的起步阶段能达到这样可喜的程度还是说明效果比较好。

（六）流浪的儿童数量减少

从改革开放到今天的几十年历程中，人们对流浪儿童最直观的感受就是在马路上看到的流浪儿童比以前大为减少，儿童福利院的数量增加了。根据民政

---

① 民政部办公厅关于制定孤儿最低养育标准的通知.http：//www.wuyishan.gov.cn/Articles/20100920/20100920164817805.html.2010.9

② 民政部关于制定福利机构儿童最低养育标准的指导意见.http：//www.mca.gov.cn/article/zwgk/fvfg/shflhshsw/200907/20090700032833.shtml.2009.7

③ 江西省共青团："杜鹃花爱心小屋"情牵农民工子女.中国青年志愿者网 http：//zgzyz.cyol.com/content/2012 – 01/10/content_ 5513369.html.2012.1

部近几年来公布的社会服务统计公报结果（见图5-5），可以看出流浪儿童救助效果显著。

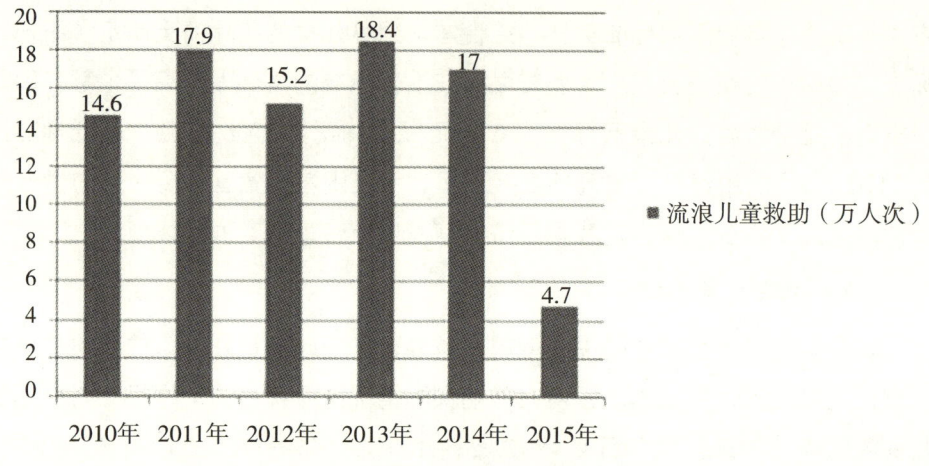

图5-5 流浪儿童救助

（数据来源：国家民政部公布的《2010—2015年社会服务统计公报》整理所得）

流浪儿童从以前无人管理的状态到引起全社会共同关注，这都体现着我国社会的进步及人类文明的发展。小欣（化名）今年8岁，是南昌市儿童村收养的一名流浪儿童，"我不记得爸妈的模样，也不记得回家的路，后来被这里的妈妈们发现并把我带到这生活，她们帮我做DNA比对，希望能找到我的父母。但是这么多年过去了依然没有消息，慢慢地我也将这当成我自己的家，妈妈们对我很好，我认识了很多兄弟姐妹，周末的时候还有哥哥姐姐们教我们认字和学习知识"。通过走访或电话咨询的方式，我们了解到困境儿童在福利机构的生活得到较好的照顾，并通过多方面努力设法为儿童找到亲生父母，回归原生家庭，过上正常的家庭生活。

第二章 南昌市东湖区滕王阁社区困境儿童救助的个案分析

儿童被父母遗弃的现象在中国并不少见,这是全国需要重视的社会问题之一,江西省在这个问题上特别突出,有南昌市福利院的院史记载为此提供线索。江西省属于我国中部地区省份之一,经济的迅猛发展带来了大量人口的流动,流动儿童及留守儿童成了很大的社会问题。南昌市是江西省省会城市,也是其政治经济文化中心,研究南昌市困境儿童救助保护工作对其他中部地区的儿童救助保护工作具有借鉴意义。

一、东湖区滕王阁社区概况和困境儿童概况

(一) 地理位置及辖区范围

东湖区是南昌市原来的中心城区,省政府及省重要机关单位所在地,也是南昌市最繁华的城区之一。东湖区辖区的总面积达到56.95平方公里,辖区内常住人口为50.3万,流动人口为3.3万,下辖滕王阁街道、八一桥街道等10个街道办事处和2个管理处,共110个社区,17个家委会,21个行政村。

东湖区滕王阁街道办事处是东湖区人民政府的派出机构,辖区内有滕王阁社区居委会、上凤凰坡社区居委会等9个社区居委会,辖区面积为0.98平方公里,共有居民12507户,总人口为38732人。东湖区与西湖区、青山湖区一样都是南昌市最早开发的地区,随着时间的推移,这三个行政区域渐渐成了老城区,一些原来很繁华的社区大多数都老旧了,成了老人以及流动人口租住的社区,同样面临着老城改造及人口密集化的问题。

图 5-6　南昌市东湖区行政区域图

（资料来源：来源于百度地图，南昌市东湖区）

（二）东湖区困境儿童概况

1. 困境儿童数量概况

东湖区截止到 2016 年为止，共有 668 名困境未成年人，其中各社区困境儿童数量分布如图 5-7 所示。

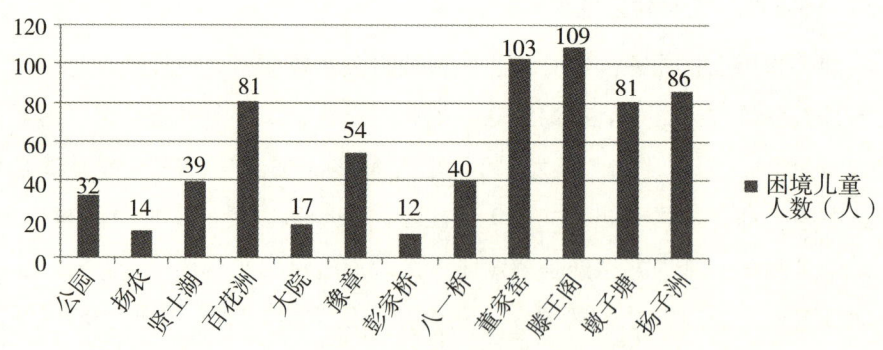

图 5-7　东湖区困境儿童数量

由图 5-7 可以看出，在东湖区所辖区域中，滕王阁社区的困境儿童数量最多，其次是董家窑街道，彭家桥街道的困境儿童人数最少。

2. 困境儿童所属类别概况

困境儿童所属类别是根据社区内导致困境儿童的实际因素来分类的。从表 5-6，我们可以看出，单亲家庭困境儿童人数居多，而且滕王阁社区尤为突出，也可以从图 5-8 可以更直观地看出东湖区困境儿童的大致状况。

二、东湖区滕王阁社区困境儿童救助概况

从东湖区困境儿童概况来看，滕王阁社区的困境儿童数量最多，救助责任重大。滕王阁社区深知其任务艰巨，因此社区在政府及相关部门的指导下，充分利用社区及社区外部优秀资源，形成了其困境儿童救助保护工作体系。

（一）政府机构

1. 东湖区人民法院

东湖区人民法院会不定期地为社区内居民，尤其是为妇女举办"如何防止家庭暴力"的讲座，通过 PPT 的演示及现实案例的讲解，让妇女如何辨别家庭暴力，当遭遇家庭暴力时如何保护自己及孩子；让妇女了解一旦遇到感情破裂时，如何通过法律程序，将对孩子的伤害程度降到最低，保证孩子能继续在健康的环境下成长。

2. 东湖区派出所

派出所的民警会在每年的国家安全教育日来到社区为社区的孩子们讲解安全知识，教他们如何辨别坏人，当遇到危险时如何冷静处理等。预防儿童出现危险。

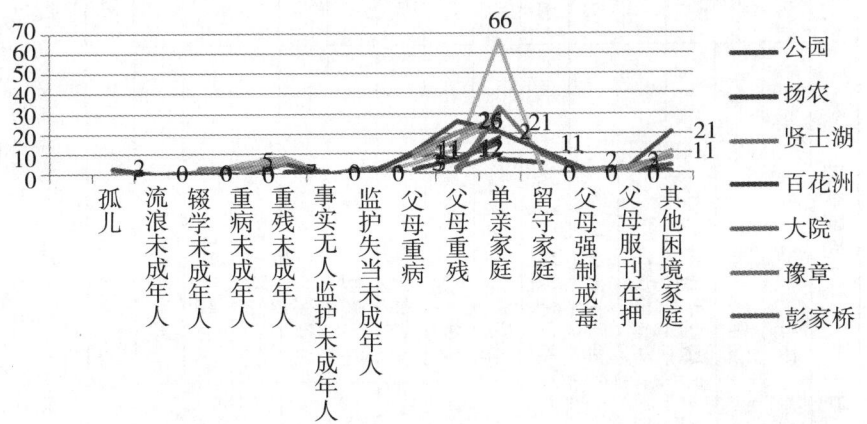

图 5-8 东湖区困境儿童所属类别直观图

表 5-6 东湖区困境儿童所属类别概况表

序号	所属类别	公园	扬农	贤士湖	百花洲	大院	豫章	彭家桥	八一桥	滕王阁	董家窑	墩子塘	扬子洲
1	孤儿	1			1	3		2		2	3	1	9
2	流浪未成年人												
3	辍学未成年人				3		1						
4	重病未成年人		1	1	3							3	1
5	重残未成年人	1			5	2	8		2	5	5	5	7
6	事实无人监护未成年人	1							1	8			
7	监护失当未成年人		1	7			3						
8	父母重病	2			10				10	5	11	10	8
9	父母重残	7	7	2	20	3			7	12	26	20	16
10	单亲家庭	18	5	29	27	9	33	8	15	66	21	27	26
11	留守家庭				1		9				11		
12	父母强制戒毒				3				1		2	1	
13	父母服刑在押	1									3	3	19
14	其他困境家庭	1			8			2	4	11	21	8	
	合计	32	14	39	81	17	54	12	40	109	103	81	86

（数据来源：东湖区各个社区居委会统计数据整理而得）

(二) 社区居委会

1. 未保专员

未保专员，全称未成年人救助保护专员，是社区居委会工作人员中专门负责针对社区内困境儿童救助工作的专人，其主要职责：

(1) 经常走访社区内现有困境儿童的家庭，及时关注其在学习及生活中的情况，做好记录；

(2) 及时关注国家政策，为符合条件的困境儿童家庭申请资金或者财政补贴；

(3) 发现并及时反映潜在的困境儿童，比如经常遭到父母殴打的儿童等。

2. 贴心管家

为了发挥社区老党员的余热，滕王阁社区成立了"贴心管家"志愿队伍，由退休老干部或老党员担任小组组长，每天负责带队在自己分管的片区内进行巡逻，监督检查片区内的环境，对有矛盾纠纷的居民进行调解，一旦发现问题在第一时间内上报，并尽可能帮助儿童脱离困境。

(三) 社会机构

"南昌太阳花社工服务中心"全称是南昌太阳花社会工作服务中心，是于2013年注册成立的，也是南昌市第一家市级民办非营利性社会工作服务机构。其设立的特点是与高校江西财经大学合作，利用学校在理论上的专业性与机构的实践性相结合，以帮助和培养儿童为目标，希望所有儿童都能共享祖国发展的成果。机构的专业团队也日渐壮大，专职人员由原来的3人增加到现在14名，拥有中级社会工作师职称的人员也增加到了7名，高校志愿者也有120余名。机构通过参与政府购买项目竞标的方式为中标服务对象服务，民政厅将其服务的社工案例《空巢不空"心"》《马家弄社区暑期儿童照顾》评选为全省首届社会工作优秀案例。

2014年，南昌太阳花社工服务中心中标东湖区民政局发起的"未成年人社会保护项目"，并开展了为期一年的社区未成年人服务，服务形式多样化，其操作流程大致为：

(1) 对项目社区内的未成年人的情况进行摸底调查，了解情况后制定相应的策划方案；

（2）对社区内已有的社区工作人员进行针对未成人尤其是困境儿童保护的专业培训；

（3）给社工分配任务，根据困境儿童的实际情况，由社工自主策划系列活动；

（4）讨论策划的可行性，最后执行；

（5）社工用活动周记的形式记录并总结活动的优势与不足，为下一次活动提供经验和教训；

（6）项目中期进行项目评估，对服务效果进行总结；

（7）项目时间结束后，参与项目的社工对此次项目进行总结，为下一个项目总结经验。

三、东湖区滕王阁社区困境儿童救助保护体系

滕王阁社区在不断的实践摸索中探索出自己的一套困境儿童救助保护体系，有发现报告机制、评估机制及救助机制，并通过近几年时间的检验带动了东湖区其他社区的救助困境儿童的工作，让这些社区的救助工作同样也取得了不错的效果。

（一）发现报告机制

在这个机制中，滕王阁社区的"贴心管家"起了关键性的作用。身为老党员的社区老同志思想觉悟高，也愿意为人民服务，他们在社区的巡逻小组中发挥自己的余热的同时，也锻炼了他们的身体。管家们在巡逻自己划分的小片区的过程中，一旦发现社区居民或者儿童遇到困难或者困境时，会第一时间了解情况并电话联系未保专员来现场共同解决问题。这样做是为了保证管家们的人身安全，毕竟他们在精力和体力上不如中青年的未保专员。未保专员自己能协调解决的尽量解决，在力量不足的情况下，要及时跟社区居委会其他工作者求助。滕王阁社区发现报告机制如图5-9所示：

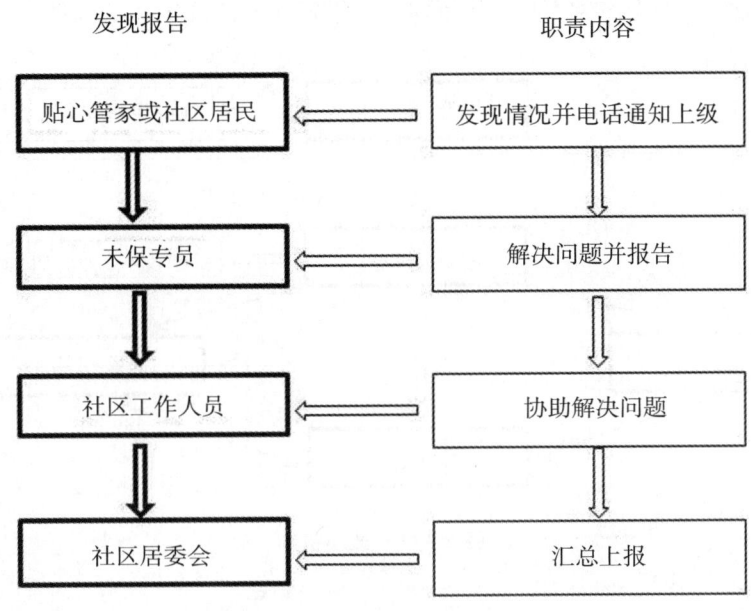

图 5-9 发现报告机制

(二) 评估机制

滕王阁社区在接收到困境儿童的报告之后,通过多方评估机制(详见图5-10),对困境程度相对较轻的儿童,在社区力所能及的范围内尽量解决;对相对严重的困境儿童,社区无法利用自己的力量解决的则在第一时间上报并请求相关服务机构进行协作解决。

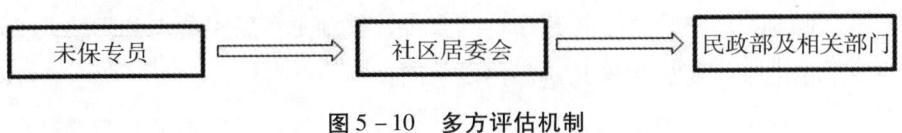

图 5-10 多方评估机制

(三) 救助机制

滕王阁社区对困境儿童的救助,主要依赖于社区自身的既有资源,与政府部门如区法院及派出所、社会机构等有良好的合作关系,构建了较为完善的儿童社区救助机制(见图5-11),该机制由东湖区街道办事处领头,负责引导以及财政和政策上的支持;社区居委会主要起协调整合资源的作用,对已发现的困境儿童进行筛选和分类,并与相关单位合作共同提供救助服务。

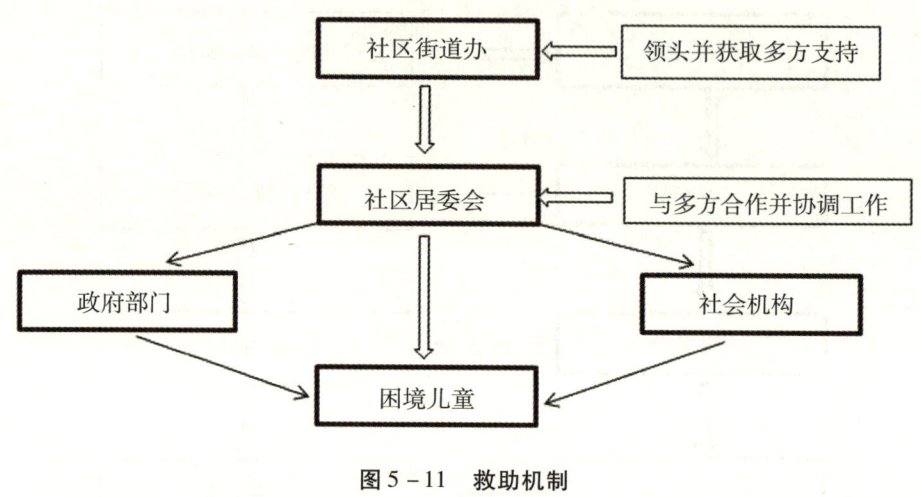

图 5-11 救助机制

四、东湖区滕王阁社区困境儿童救助成效

在滕王阁社区困境儿童救助保护措施示范下,东湖区所管辖下的其他社区也动员了各自社区的各种资源对儿童的安全教育、困境儿童保护等知识进行了学习与宣传,初步建立了社区困境儿童救助保护机制,困境儿童的保护工作有了较大发展。

第一,通过一些专业人士对社区工作者进行困境儿童救助保护的专业培训,让未保专员对如何保护困境儿童的权利有了更进一步的了解;

第二,对居民进行关于儿童保护的宣传,鼓励更多居民参与到困境儿童救助保护队伍中来,积极构建儿童保护安全网;

第三,通过政府购买的方式,引进社会组织,使社区内困境儿童能得到更专业的保护,与此同时,也缓解了社区工作人员的压力;

第四,通过对社区各种资源的整合,初步建立困境儿童救助保护机制,使社区参与困境儿童保护的人员及方式有了良好的发展形势。

第三章 城市社区困境儿童救助保护存在的问题分析

儿童问题一直伴随着人类发展史,我国困境儿童救助保护工作经过不断的努力也取得了长效的进步,但是面临新的儿童救助保护形势,我国在救助工作还存在许多问题。

一、政策法规还不够完善

2013年,民政部颁发了《关于开展适度普惠型儿童福利制度试点工作的通知》,决定将全国四个城市作为进行适度普惠儿童保障机制的试点城市。由于各个城市的困境儿童实际情况的特殊性,试点难度大,进展缓慢,至今还未形成一个明确的意见。政策在大方向上把关,但在实际操作中困难重重。谁来牵头,如何主导,每个部门以合作方式来参与等具体操作问题,各个部门仍需要继续摸索,在这个摸索实践的过程中,需要时间来做衡量标准,需要全社会共同的努力。

近年来,父母外出务工,在家留守的儿童数量不断增多,父母由于工作忙而长时间与孩子见不了面,事实上已经是监护不力,父母外出一般都是将孩子留给孩子的爷爷奶奶或外公外婆隔代监护,而由于托付的监护人在监护能力上各有不同和强弱,对孩子监护效果的好坏也无法下定论。国家在这方面没有详细的规定,对于监护不力的监护人最多也是用告诫或责令监护人今后改正等处罚力度比较小的方式,一旦儿童出现了问题,实际上也无法追究监护人的实质性责任。这也是今后政策法规在对监护不力的情况下,如何让法律起到效用,真正做到保护儿童的利益。

二、尚未设置儿童工作的专职部门

在我国，困境儿童救助工作牵扯到多个部门，如教育局、民政局、公安局、司法局等。当前，政府尚未成立儿童福利的专属组织，而是多个政府部门参与困境儿童的救助工作，儿童的社会救助问题归民政局管，教育问题归教育局管，而实际上多数机构未安排专员负责儿童方面的所有工作，以社会救助为主要任务的民政局也未设立专管儿童工作的下属部门。因此，我国整个儿童权利保障的工作处于谁都在关心，但责任又不够清晰的状态。

政府在鼓励发展社会力量加入困境儿童的救助工作的同时，如何让社会力量参与其中及参与的条件及程序等相应的政策法规还未及时完善。如注册允许经营的社会组织加入的繁琐手续，虽然是为了保障社会组织能真正好好地为儿童服务而提高的标准，但是因为手续繁琐及认证比较难致使一些真正想为儿童做实事的小群体组织望而却步，让他们在竞争政府购买项目时突显出优势不大而面临各种困难。这就需要有专门的职能部门做实地考察，吸纳更多真正为了服务儿童的力量来一起帮助困境儿童。

三、多样化需要得不到满足

我国出台的有关困境儿童一系列政策及文件中，都在强调如何从物质上甚至是精神上对困境儿童进行救助，对已登记在册的孤儿、残疾儿童等进行补助补贴，对不在登记册的困境儿童通过社会其他力量予以发现并保障其最低生活标准。但这是一个循序渐进的过程，目前的执行力度不大，但是通过社会力量共同努力是可以达到的。但物质水平达到了就是否能真正解决这些儿童的困境呢？

现实生活中人们认为给他们最好的物质保障就是对他们最好的帮助，但是哪个孩子是自己自愿去儿童福利院或者孤儿所的？恐怕没有，儿童在遭受这样那样的困境时他们还没有能力去对抗这些，只能听从大人的安排，他们的内心是抗拒和恐惧的，他们不知道该怎么去和同样在孤儿所的其他孩子相处，这样可能会导致心理阴影从而影响他们对社会的判断也影响自己的人生观。对于那些接受了政府补助的低收入家庭中子女会受到歧视，心理产生自卑，如果不及时疏导会造成隐患。相比于生活的艰难，可能心理上所承受的创伤更为严重。而这些往往是政府工作人员因为没有过多的时间与精力去关注而容易忽视的问题，那就更不用说如何利用专业的儿童救助知识去帮助这些儿童。

四、预防机制不健全

从我国最近几年社会服务统计公报中关于救助的儿童数量来看，有逐年增加的趋势。不仅让人反思，我国在儿童救助水平上不断提高，在拥有一定数量的需要被救助的儿童前提下，我国每年需要被救助的儿童数量理应下降，但是却是有逐年上升趋势[①]。国家在面临着困境儿童严峻的态势下，希望通过建立"婴儿安全岛"来集中养育困境儿童，并在河北省试点。但由于不断地接收弃婴而导致资金及人力方面负担过重而不得不暂停[②]。就这个方案试水的结果引起了社会巨大的争论，反对者从一个引人深思的角度认为，建立"安全岛"表面上看国家在努力解决弃婴问题，但实际上是在暗示家长遗弃婴儿没多大问题，反正有国家养[③]。

从"安全岛"这个事件可以看出，解决儿童问题的途径不在于国家实施全面救助，而在于如何让家庭从源头上杜绝困境儿童的产生。因此，在预防措施上，我国政府还需要下一番苦功夫，达到标本兼治的效果。

五、专业队伍建设不完善

在全国高校中有二百多所学校有社会工作专业，每年能为社会培养出近一万人的社工人才，但即使是这一万人全部从事社会工作行业，供需缺口依然很大。然而在实际生活中，约有 70%～80% 的社会工作专业的学生不会从事本专业的工作。有专家分析，导致这种现象的主要原因是因为我国社会工作职业

---

① 转引自李华斌：在困境中前行——聚焦我国的孤儿收养制度，载中国审判新闻月刊，2013.2：24.

② 骆余民、温添赋：厦门婴儿安全岛关闭试水百天接收 120 多名弃婴. http：//fj.sohu.com/20140418/n398433060.shtml，2014.4

③ 林嘉：婴儿安全岛：存还是废 [J]. 人民法院报，2014（5）.

化落后与高校专业化的教育。

从社会工作专业毕业学生从事儿童救助工作意愿不高。瀛上儿童村工作人员 A 谈道:"要不是没能考上公务员,谁愿意来干伺候孩子的活啊?本来照顾自己的小孩就够累的,结果没办法把孩子放在家里,就直接把自己的孩子接来跟这些可怜的孩子一起带,弄得我的孩子也好可怜。真怪自己没用,给不了孩子更好的。"

社会社工需求量大,然而社会工作专业对口就业率低,这种"怪象"产生主要有两大原因:一是政府在招收社会工作人员时未考虑到专业对口;二是社会对社会工作的误解,就简单地理解为护理或杂工。被访谈者 B 谈道:"我大学填报志愿的时候看着有'社会工作'这个专业,感觉还挺高大上的,结果进入大学后听了老师的第一节课就有想换专业的心,这个专业讲白了就是护工嘛。但是随着老师的慢慢深入讲解,我从之前肤浅的认识到现在慢慢喜欢上这个专业。但是就业应聘的时候就尴尬了,都被直接视为是护理专业,因为在大家的眼里,社会工作就等于护工。"

因此我国在一定时期内,这种现象还是会继续存在。因为我国在社会工作方面的教学研究及资质认定上才刚开始,很多地方都需要不断完善。所以,我国在培养社会工作专业人才道路上依然任务艰巨[1]。

根据对瀛上儿童村的院长访谈记录可以了解到社工人员工作的无奈及与心酸:

作者:"院长,您从事这个行业多久了?"

院长:"快 10 年了,时间还过得真快。"

作者:"那您对您这份事业是怎么看待的呢?"

院长:"我认为所有为这份事业所付出的汗水及精力都是值得的,我为我能从事这份事业感到骄傲的同时,但是被周围很多人所不理解,他们觉得自己的孩子都顾不过来去悉心培养,却把别人的孩子当成宝,千好万好得对待,有时候我的孩子都会埋怨我,问我他是不是我亲生的。"

作者:"院长,那您之前学的什么专业呢?"

---

[1] 社会工作者的现状及待遇. http://gd.offcn.com/html/2016/02/57304.html. 2016.2.

院长:"我之前是学会计的,当时是应聘当这里的会计,后来人手不够,除了会计工作外,我也慢慢开始接触孩子。慢慢地,对这些孩子产生了感情,这一干就是10年成了现在的院长。"

作者:"那院长现在这里的员工都有社会工作者或者护工证之类的吗?"

院长:"怎么可能?她们很多之前都不是相关专业的,其实这个工作就是要人有爱心和耐心就能把这份工作做好。毕竟小孩子嘛,教起来还是容易点。"

作者:"那您觉得从事这一行业觉得最大的困难或者问题是什么?"

院长:"还真有。从事这么多年,经验是有的,但是当遇到一些比较难的问题,比如孩子青春期叛逆、心理孤僻等相对专业点的知识还是有待学习,毕竟不是科班出身,以后招聘新成员的时候还是尽量要求专业一致,这样可以更好地指导我们工作,不至于耽误孩子。"

第四章 完善城市社区困境儿童救助保护机制的对策

随着我国城市化进程的加快,城乡或者城际之间人口流动速度越来越大,导致城市居民之间的亲密性大大降低,同时也增加了困境儿童救助工作的难度及复杂程度。本文前部分通过对困境儿童救助现状分析,描述了南昌市滕王阁社区在救助困境儿童工作上的措施,不难发现还存在着问题。发现问题并解决问题是研究的本质,因此本文从宏观层面对政府提出了一些建议,并从微观层面上力图在滕王阁社区救助保护机制个案分析的基础上完善救助机制。

一、加强家庭干预和家庭监护权转移相关法律法规研究

在我国救助保护现状当中提到,我国的儿童救助保护政策在不同类型的儿童保护对象上不断细化,但在细化的同时也要不断促进各级政府根据本地的儿童实际情况及经济水平来制定相应的实施方案;根据我国《未成年人保护法》的规定,对于拒绝履行抚养义务的父母会追究其刑事责任,但如何界定抚养人是否尽到抚养义务的标准还未明确,因此还需要加强对这方面的责任界定及监督,使其在实际生活中的可操作性更强。

父母永远是儿童的依赖,在救助困境儿童的实际操作中,我们也希望能让儿童回归到原生家庭中健康成长。但是总是存在着特殊情况,比如原生父母对儿童采取拒绝抚养的态度,而且即使在社会工作人员的调解下儿童回到了自己亲生父母身边,但是亲生父母会继续伤害儿童。在这种情况下,法律层面规定了可以撤销其监护权,但是对于撤销之后儿童安置问题,监护人恢复监护权后

的监护行为的监督问题，在法律层面上都需要我们进一步探索和研究，为儿童的成长提供一个可靠的法律保障。

二、加强相关部门之间的配合，简化处理程序

基于我国现有的与困境儿童救助相关的政府部门的职能与性质以及我国的国情等因素，成立一个单独的专门保障儿童福利的政府机构不太实际，所以在所有儿童救助的相关部门中，国家民政部的职能与保障儿童福利更贴切，因此由国家民政部来主持儿童相关工作比较合适。民政部应该积极发挥其政府职能，促进其他相关部门配合本部门的工作，同时督促各个部门在儿童保障方面的工作上提高效率。

在处理儿童伤害事件的问题上，可以借鉴澳大利亚的经验，结合我国的实际情况，简化处理程序；在民办组织进入儿童保障队伍的审核程序上，可以优化审核方式，进行网络业务操作，尽量在保证组织注册的质量的前提下简化手续，提高工作效率。

三、切实做好困境儿童分类救助保护工作

国家政策层面为了更好地保障困境儿童的权益而颁布了《意见》，在意见的指导下，各省（市、区）应该明确保障目标，精准把握不同类型的困境儿童保障标准，摸清困境儿童的实际情况，为每一个困境儿童建档立卡。本文以江西省在这一方面的工作为例，现将其做法归纳总结为表5-7：

表5-7 江西省困境儿童分类保障措施

步骤	具体做法
落实基本生活保障	参照上年度城镇居民人均消费性支出水平，建立孤儿基本生活保障标准自然增长机制，具体标准由各地予以明确，但不得低于省定最低养育标准
加强医疗康复保障	建立健全城乡居民基本医疗保险、大病保险、医疗救助、疾病应急救助和慈善救助的衔接机制，形成困境儿童医疗保障合力

续 表

步　骤	具体做法
提高教育保障水平	落实家庭经济困难儿童就学资助、教育帮扶和义务教育阶段"两免一补"政策。推行全纳教育，通过进入特教学校、特教班、随班就读、送教上门等方式解决困境残疾儿童就学问题，做到"零拒绝、全覆盖"
扶持成年后就业创业	鼓励和帮扶有劳动能力的困境儿童成年后实现就业，按规定落实好职业培训补贴、职业技能鉴定补贴、免费职业道德介绍、职业介绍补贴和社会保险补贴、岗位补贴等政策，积极提供就业服务和就业援助，及时将成年后就业困难且符合条件的困境儿童纳入就业援助范围

四、加快培养专业的儿童工作人员

困境儿童的保护更需要专业人员，因为困境儿童中有些特殊群体，比如受到性侵害的儿童、受虐待的儿童等，这类儿童在受到侵害后或多或少心理上都有些问题，有的甚至患有精神病等，这种情况下更需要懂得专业知识的专业人士来帮助他们摆脱困境。然而在现实生活中，专业人士的供给量小于困境儿童的需求量，这是造成困境儿童福利保障的缺失的重要原因①，这就迫切要求我们培养一大批优秀的专业儿童工作人员，帮助特殊的困境儿童群体摆脱折磨，回归到健康的学习成长环境中来。

培养专业队伍既需要各级政府的支持，又需要制定好衡量专业人员的标准。各级政府应合理地采用政府购买的形式，通过给予适当的优惠待遇及更高的薪酬来吸引更多体制外优秀的专业人才，从而壮大队伍力量；同时对于进入专业人才队伍的考评要严格把关，对于已经获得专业职称的专业人员要实施职业效果评估，将评估结果与薪酬待遇挂钩，激发专业人员的积极性，不断促进

---

① 陆士桢，王蕾. 谈我国弱势儿童福利制度的发展. [J]. 广东工业大学学报：社会科学版，2013（2）：14-20.

专业人员向更新、更强的方向发展,从而更有利于困境儿童得到更好的帮助。

五、积极引导社区与非政府组织合作

在困境儿童救助主体中,非政府组织起到了补充的作用,因为非政府组织可以结合各种资源,通过市场运作的方式,适应困境儿童救助的需求市场,在康复、特殊教育及托管方面都能够很好地弥补政府机构存在的缺陷。各地政府应该制定和落实针对社会救助机构的优惠政策,鼓励通过政府购买、公开竞标的方式与注册的民营非营利性社会服务机构合作,实现双方在儿童救助工作上的共赢。

社区是连接政府跟非政府组织合作的纽带,通过社区了解困境儿童的切实需求,政府购买社会机构的服务,让更专业的服务提供给有需要的儿童。在社区困境儿童获得专业性的服务的同时,也缓解了政府在救助工作方面的压力,提高了救助服务的质量和效率。

六、完善城市社区困境儿童救助保护机制

(一) 构建救助保护机制的原则

1. 政府主导原则

根据国家监护权理论的指导,政府在如何应对救助困境儿童的大事上必须迎难而上,因为救助保护困境儿童是政府应尽的责任。因此在享受人民爱戴的权力同时更应该付出同等的责任。政府可以支配国家的任何资源,更应该成为解决困难的主角,合理分配国家资源,并带动社会有生力量进行全民参与,为困境儿童的健康成长打造一份蓝图。

在任何一个国度,没有什么比一个具有公权力的政府更能引导国家各种事业的进展。政府就好比一面旗帜,在公民的前方为人们指引方向,所以政府是一个国家的主心骨,在国家的任何事情上,政府都应该冲在前面去为人们谋利益、求发展,在如何救助困境儿童事情上更是义不容辞。

2. 预防优先原则

"防患未然"正是体现了预防的重要性。与其花大量的人力、物力及财力

在事情已经发生而造成的后果的处理上，不如花点精力找出造成事情发生的原因，从源头上预防，进而减少困境儿童的数量。

从小我们就被比喻为祖国的花朵，只有先开花才能结果，孩子是人类今后发展的希望，一旦孩子出现了问题何来的伟大复兴梦？所以政府在困境儿童的重视方面更是要以预防优先为主。

3. 协调整合原则

儿童问题是需要政府和全民共同关注的问题，全靠政府单方面的力量是不足以全部解决儿童问题的，要团结社会上不仅是家庭而且是任何可以利用的资源和社会其他力量，将政府与社会其他可支持的资源进行整合，采取行之有效的方法，合理配置社会资源打造出属于困境儿童自己需求的服务，为其建立健康成长的社会环境。

儿童既是祖国的花朵，也是家庭的幸福。家和才能万事兴，小家和睦了，大家才能和平共处。但如何能做到小家和睦，靠的不是小家自己的努力，它更需要在大家的和睦环境中才能安身立命，所以解决小家的和睦问题，需要整个大家协调共处，共同为了千千万万的小家提供保障。

4. 儿童最大利益原则

联合国于1989年颁布《儿童权利公约》提出，任何想帮助儿童的力量或资源包括政府、公立或者私立机构在内所采取任何的措施或者方案时，只要是涉及儿童的行为都首先要考虑孩子的最大利益。

孩子是人类繁衍生息的象征，任何生物为了保护自己的后代，是可以不计一切代价甚至可以牺牲自己，所以不管在任何情况下，孩子永远是摆在第一位的。怎样是对孩子最好的，我们就会为他们做什么，这就是人性。违背了人的本性，终不会达到最理想的效果。

5. 侧重社会支持和服务原则

在困境儿童救助的大军中，政府扛起了主力军的大旗，但也不是孤军奋战，社会各界追随着政府一起为救助事业做后援支持。政府单方的力量肯定是没有办法全面地解决所有问题，俗话说众人拾柴火焰高，要想全方位地处理好困境儿童出现的或者可能出现的任何状况，是需要全社会各方力量全面参与的。因此，在政府"打先头"的同时，还要侧重获得社会的支持，合力形成一个结实安全的保护圈，为困境儿童的成长保驾护航，这样才能走得更长久，路也会走得更远。

（二）完善救助保护机制的运行条件

上文中提到机制是将已经存在的部分通过一系列的方法进行整合达到运行的目的，前提是要有已经存在的部分，这也是能让机制运转起来必不可少的基础。只有将这些基础打好，才能保证我国的困境儿童救助保护机制高效地运转，因此在机制运转起来之前要将运转条件明确。

1. 外部条件

（1）成立儿童保护专门机构或小组。该机构或小组由民政部负责召集组织，其他涉及儿童福利的部门主要负责人担任组员，在一定的时间段内将各个负责人召集起来讨论并提出儿童保护的方案，一旦发生儿童重大紧急情况，需要临时召集会议，共同协商制定解决方案，妥善地处理事件，将伤害降到最低，以儿童最大利益为重。

（2）建立统一的公益组织平台。虽然现在有很多的公益组织，但近年来也出现了公益组织损害儿童利益的负面新闻，如何保证儿童公益组织的公益性及合法性都是需要考虑的问题。分析我国儿童救助现状的同时发现我国准许进入儿童救助事业的门槛较高其实是有道理的。这就面临着一个两难的局面，参与儿童救助事业的数量与质量的矛盾。因此要解决这个矛盾就需要建立专门针对进入儿童救助事业的公益组织平台，统一的平台、统一标准，对入驻公益事业的组织进行考核、培训及监督，并在平台上共享不同的公益组织的资源，促进救助资源与资源之间的流动，提高救助资源的使用率，使有限的资源发挥更大的作用。

（3）扶持专业的第三方评估机构。一个机制运行效果的检测和评估不能单凭决策实施方自己进行，更需要专业第三方的加入以保证过程和结果的公正性，这样才能使该机制能更加科学、合理地运行下去。

2. 内部条件

（1）要有针对社区居委会工作的健全的管理机制。社区居委会的工作人员的职责必须明确，工作流程要明朗，当在困境儿童救助保护机制运行中出现了问题的时候，能第一时间响应紧急机制，找到事情的负责人避免出现互相推诿的现象，以保证事情的顺利解决。

（2）所有与儿童相关的组织都有愿意主动参与解决儿童问题的意识。每个人都有趋于利己的思想，对与自己无关的事情会转作视而不见，虽然不是自己的孩子出现了问题，但是要让他们明白"一荣俱荣"的道理，居住社区的儿童成长环境是否健康会影响到对孩子的保护，只有社区的整个环境都变好了，就不用整天担心自己的孩子是否会受影响。另外，着重培养儿童的自我安全保护意识，教孩子懂得当遇到什么样的危险应该怎么做，这是儿童保护的重中之重。

（3）所有社区都应该配备至少一名专业的儿童社会工作者。由政府部门出资，组织社工掌握社区儿童保护工作方法，使其具备专业知识和技术，让其知道该如何处理才是对困境儿童最好的保护。

（三）明确救助保护机制的参与主体及相互关系

1. *政府部门的引导和支持作用*

在我国，小到村委会大到国家政府机构都在支持着困境儿童救助事业，在儿童救助事业发展的道路上要不断强调责任意识，更要在制度层面制定有利于保护困境儿童的政策。与此同时，积极引导社会朝正确的言论发展，抵制不利于儿童健康发展的邪风。在困境儿童专业人才的培养上要加大培训力度，在保证人才的专业质量的基础上不断吸收更多的社会成员加入困境儿童救助队伍当中，从而能让所有社区都能至少有一个专业工作者来帮助困境儿童。

政府在任何事情上都应该站在最前面，起到先导的作用，就像一面不倒的旗帜，引领人们前进。在儿童最困难的时候更应该站出来，发挥政府所特有的号召力，力往一处使，水往一处流，这样能瞄准方向一击而中，克服所有困难，让困难不再是难题。

2. *社区的纽带作用*

社区是每个家庭生活的载体，社区居委会最了解社区内每个家庭的情况，它在救助困境儿童中最能发挥其连接家庭与社区外的救助力量的作用。社区居委会在无法单方面面对社区内的困境儿童救助情况下,应该主动联系社区外的救助力量,与他们一起协商解决问题。当政府颁布儿童相关政策以后,社区要在社区内开展宣传活动,将有利政策宣贯到位每个家庭,提高家庭保护儿童意识,从而减少儿童成为困境儿童发生的潜在影响。

在旗帜的引领下才会有方向,但是没有一根绳将队伍绑在一起就会被洪水冲走。在救助困境儿童的问题上同样如此,政府引导的旗帜有了,但社会力量众多且杂,如何将这些力量拧成一股坚韧的绳,不至于被困境儿童这股洪流冲散,这就需要社区起到纽带的作用了。社区最了解困境儿童的情况,将政府和社会力量串起来有利于信息的沟通,从而有针对地解决问题定能提高效率。

3. 社会组织的支援作用

社会组织是集合了社会上主动参与困境儿童救助的公益力量,它比任何组织在困境儿童救助方面更显专业,并且社会组织潜在的包括人员、资金及技术方面等资源在救助事业上优势明显。政府对困境儿童的关怀就像给房子搭了个框架,没办法细化到每个孩子精神上的需求,社会组织所独有的专业人才就像房子里面的家具,为住在每个房间里面的困境儿童专门设计属于他们自己风格的房间,根据困境儿童的特殊性制定满足不同的困境儿童救助要求,使救助从治标逐步向治本转变。

社会组织就是一支大军的后援大本营,它的有生力量无穷无尽,因为它身后站在的是我国13亿的中国公民,没有谁不是为了自己的孩子,所以社会组织对政府在解决困难儿童的过程中的支援作用不可以被小看。

4. 社区儿童的主动参与作用

社区内儿童在儿童救助机制中有着其特殊性,儿童既是有可能受侵害的对象,又是受社会力量保护服务的对象。儿童在面临可能会危害到自己情形时,儿童的随机应变能力及保护自我安全的能力显得尤为重要。所以社会儿童救助组织在社区内开展关爱儿童活动时应该着重寓教于乐的形式,让儿童主动参与到活动中来,引导儿童树立保护自己意识,明白正确运用自我保护的措施,将伤害减到最小化,这样才是做到真正预防伤害的长久之计。

儿童在成长过程中会有自己的思想和个性,在对困境儿童的帮助过程中,要尊重儿童自己的意愿,了解其真实想法,让儿童真正体会到来自社会各种力量的关爱,让他们发自内心地解决现实的问题,让他们真正强大起来而再也不容易受到伤害。

(四) 完善救助保护机制

1. 困境儿童的发现机制

对困境儿童进行救助保护的第一步就是要对困境儿童进行及时有效的发现,如果连保护的对象都没发现,对其进行救助就无从谈起。因此,对困境儿童的及时发现是实施机制后面的基础环节。

(1) 困境儿童的分类

由于困境儿童的范围很广,要做到快速高效地发现是否是困境儿童的最省事的办法就是将困境儿童进行分类,每一类儿童都有其特有的特征,事务的特殊性相对突出就更一目了然。在目前的研究中对困境儿童的分类有很多种,国务院于 2016 年 6 月发布《关于加强困境儿童保障工作的意见》中对困境儿童做了分类概括:1) 因家庭监护缺失或不当遭受虐待、遗弃、意外伤害、不法侵害等而导致人身安全受到威胁或侵害的儿童;2) 因家庭贫困导致生活、就医、就学等困难的儿童;3) 因自身残疾导致康复、照料、护理和社会融入等困难的儿童。

结合学者前辈们对儿童的研究,笔者将此文所分析的困境儿童归纳为:1) 传统型困境儿童,包括因先天或者后天原因造成的有生理缺陷的儿童以及因家庭抚养人缺失造成的孤儿、事实无人抚养儿童、流浪儿童、刑满释放儿童、童工等;2) 新型困境儿童:指因父母教育方式不当或受到虐待导致儿童精神及心理压力大但又自身不知道该如何解决问题的儿童。第一类儿童的特点是:外部表象特征明显,比较容易辨别,且数量较多,需要经济上的高投入;第二类儿童的特点是:外部表象特征不明显,不容易被发现,数量呈增加趋势。

(2) 困境儿童的判断标准

传统型困境儿童具有外部表象明显的特征，但新型困境儿童因本身的隐秘性，不容易被发现。传统型困境儿童的判断标准就不多赘述，判断儿童是否是新型困境儿童，目前在我国内地研究的法律不多，但是 2007 年香港颁发的《处理虐待儿童个案程序指引—二零零七年修订版》（以下简称《指引》）对如何辨别儿童可能被虐待的表象特征做了详细的说明。例如，从身体（脸、耳朵、四肢等）表面发现不寻常的瘀伤和条痕，或者从儿童在群体中是否表现出漠视情绪，以及从儿童是否经常做噩梦来判断。《指引》是引导人们用自己的主观意识去做出判断，做判断的过程中可能会出现非理性的思维，联合国儿童基金会为了提高判断的准确性，开发了用于测试是否为隐性受虐待的智能化软件，从而排除了非理性因素。

正如提到的非理性因素出现的可能，所以当孩子表现出《指引》中提到的现象时，父母、老师不能凭自己的主观感觉以及以往的经验轻易地将儿童认定为受过虐待的困境儿童，轻易地给孩子贴上标签反而会将原本不是真的事情向事实发展，这将对儿童造成无法挽回的重大影响。因此，当发现《指引》中提到的表象时，父母或老师应该及时联系这方面的专家，专家通过了解孩子的生活及学习状态，掌握实际情况从而做出判断[①]。

2. 困境儿童的报告机制

一旦发现困境儿童事件，就要及时启动报告机制。在实施报告机制之前需要明确机制中发起人、接收人、报告对象、报告方式及流程。社区细分为若干片区，每个片区内的每个院落建立院落居民自治小组，最后在院落居民自治小组管辖区域内的每个楼栋及单元选举一个联络人，负责反映居民的问题和需求。社区居民在发现困境儿童之后反映给联络人，联络人可以采用电话联络或者书写纸质报告等方式通知专业的儿童社区工作者。专业的儿童社区工作者通过向社区居委会报告，社会居委会又向更高一级的管理机构上报，这样就可以让每一级都了解实际情况，从而有针对性地解决问题。同时，社区工作人员的

---

① 沈惠. 澳大利亚儿童福利：社会控制及其影响 [D]. 上海：华东师范大学，2006. 6.

联系方式在全社区应该是公开的,并保持 24 小开机,保证社区居民在遇到困难和发现他人陷入困境时,可以及时联系社区工作人员。困境儿童报告机制"四格"流程图如图 5-12。

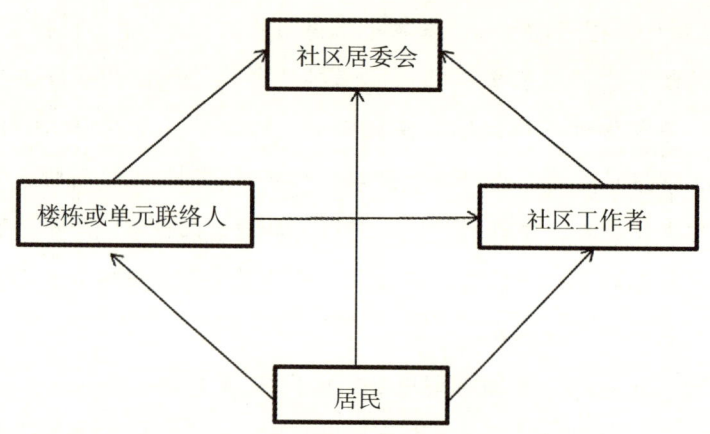

图 5-12 困境儿童报告"四格"流程图

由此可以看出,报告的发送人就是居民本身,这样落实了居民的主人翁意识,更加促进了居民主动参与到困境儿童救助中来。报告的接收人即除居民以外的任何儿童福利组织,这样可以让消息互通,从而引导资源的流动,发挥资源的真正利用价值。报告对象就是发生困境的儿童及其发生的实际情况。在信息时代多样化,报告流程也简化了很多。

3. 困境儿童的救助机制

实施救助是机制中关键性的环节,其救助方式有:一种是紧急救助服务,另外一种是日常服务。

紧急救助服务是指一旦社区内发现了需要被救助儿童时采取的救助,针对的是儿童利益被侵害发生后的处理服务。这类服务需要依照困境儿童被侵害的实际情况,最后在相关法律法规的指导下,给予处于困境儿童实际所需要的不管是物质还是精神上的帮助。

日常服务是以达到宣传儿童保护理念为目标,根据国家的相关政策和社区的具体实际情况,政府联合社会组织共同开展不同形式的服务,比如给家长宣传儿童保护知识，组织增加父母与子女之间亲近关系的小游戏，组建帮助家长因工作忙而疏于照看孩子的社区托管中心等普惠性的活动。日常服务是为预防困境儿童的出现，这是要坚持长久做下去的惠民服务。

4. 困境儿童的监控机制

困境儿童服务不是暂时性的服务，而是要持续漫长时期的服务。对困境儿童实施监控机制是为了保证社区困境儿童救助机制能长久运转下去并保持良性的发展，要对该机制的每个环节的运转过程进行实时监控并及对运行效果进行评估与反馈，将监控机制落实到救助的每个环节直至事情得到妥善解决。监控体现在以下四个方面：

（1）自我监控。指的是参加困境儿童救助环节的所有组织对自己在救助的过程中经手的资金、处理方式的公正性及实施的效果进行自我总结及检讨，从而发现自我的不足，以利于能在今后的困境儿童救助工作中做到更好。

（2）相互监控。指的是参加困境儿童救助环节的所有组织之间互相对除本身组织以外的任何组织在实施困境儿童救助工作中的监督，督促其他组织的实施进程，以保证困境儿童救助的每个环节都能顺利地完成下去。

（3）社会监控。指的是除参加困境儿童救助环节的所有组织之外的其他社会成员对救助工作的监控，比如接受救助的困境儿童及家庭对救助工作的满意度评价，困境儿童所在社区的其他成员对各个组织参与度的监督等，这些都将促使所有参加困境儿童救助的组织能更加用心地服务。

（4）媒体监控。指的是信息化传播媒体对参与救助的组织所做的各项工作进行报道，让全国各地的救助组织能从中学到比较好的有用的方法，鞭策各个组织做好全国的榜样。

5. 困境儿童救助保护的协调机制

困境儿童救助保护协调机制就是当发生一些涉及困境儿童福利相关事件的协调机制。该机制以政府为主导，发挥协调作用，整合社会力量共同做好困境儿童救助保护工作。

考虑到目前我国的机构设置现状，民政部作为召集与儿童福利相关的组织是最合适不过了。当发生儿童紧急情况或严重事件时，民政部应当在第一时间召集相关部门举行会议，共同商讨解决措施，制定处理意见及方案。各相关部门各司其职，做到救助困境儿童工作的各个环节都有负责人进行实时跟进，严格把握每个解决措施的实施情况，确保困境儿童摆脱困境，健康成长。

专题六　农村最低生活保障对象目标瞄准研究

——基于大理州洱源县凤翔村低保目标瞄准实地调查

第一章 核心概念界定与理论基础

一、核心概念界定

(一) 贫 困

对贫困的认识是一个发展的过程,早期的学者主要倾向于通过家庭收入来思考贫困的原因,当家庭收入难以维持基本需要开支时产生贫困问题,本杰明·西伯姆·朗特里[①]、汪三贵等都支持这种观点。随着对贫困问题的研究和深入,一些学者认为文化生活的匮乏、身心健康的不足、权力及地位等政治因素的缺乏也可以被认定为贫困。通过上述分析,笔者认为贫困有绝对与相对之分,早期对贫困的定义认识属于绝对贫困,但随着对贫困问题的深入研究,贫困越来越表现出相对性,体现为发展能力的不足。

结合我国国情,绝对贫困人口是指家庭收入不能够维持生活必需品消费,难以维持基本温饱的贫困人口;相对贫困人口是指缺乏扩大再生产的能力以及没有发展的机会及手段的这部分人口。为满足公民的基本生存权建立的农村低保制度,主要保障绝对贫困人口的基本生活,随着全社会人口生活水平的普遍提高,农村低保的保障水平也会进一步提高。

(二) 农村最低生活保障制度

农村最低生活保障制度是我国政府为切实保障农村低收入家庭的基本生活

---

① 钟鸣,王逸. 两极鸿沟——当代中国的贫富阶层 [M]. 北京:中国经济出版社,1999:257.

水平而建立的差额补助制度。某一理念作为一项制度设计的核心，是实现政策目标的重要依据，郑成功指出社会保障的运行效果直观上取决于制度安排与政策实践，但实际上则是深受理念的影响。① 因此研究低保制度是基于何种理念下设计的，有助于从制度设计初衷出发研究政策的执行效果并探析原因。

农村低保制度首先体现了反贫困的基本要求。由于在家庭结构的小型化，社会老龄化的背景下，老年人保障的缺位，与此同时受教育机会及程度的不均，农村儿童贫困问题日益严重。这部分群体难以依靠开发式的扶贫进行"脱贫"，农村低保保障了这些弱势群体的基本生存，充分体现了反贫困的基本要求。

农村最低生活保障制度具有社会公正的价值导向。重点体现在三个方面：一是，我国农村低保制度的保障标准、资金投入、管理机制逐步与城市"接轨"，促进城乡享有同等水平的低保，体现了公正性；二是，公平的制度设计使得符合低保标准的贫困人口都有权申请低保，制度上具有平等性；三是，惠民的农村低保制度，保障对象是农村的弱势群体。具体而言，农村在为工业化作出贡献的同时，城乡差异也逐步拉大，特别是国家对城市各方面政策的倾斜，致使城乡"二元结构"越加明显，导致农民的发展机会受到限制，此外受到生存环境影响以及疾病、年老等因素的制约，农民逐步沦为"弱势群体"，致使农村中贫困人口的比例日益增加，而农村低保制度满足弱势群体的基本生存，体现了社会公正的理念。

农村最低生活保障制度旨在保障公民的社会权利。马歇尔指出社会权利既包括基本生存保障，同时还包括教育、医疗、养老等保障。② 著名的学者艾斯平·安德森在《福利资本主义的三个世界》中，将社会权利作为剖析福利资本主义的三大类型的逻辑起点，是否保障公平的社会权利主要考量三个维度：一是资格标准，即资格准入的条件，通俗意义来讲就是考量一项制度政策是否体现公平的准入资格，例如申请的公平，条件的公平；二是享受此种权利体现

---

① 郑成功. 中国社会保障改革与发展——理念、目标与行动方案 [M]. 北京：人民出版社，2008：236.
② 马歇尔. 公民身份与社会阶级 [M]. 郭忠华等译. 南京：江苏人民出版社，2007.

的价值观；三是保障权利具体的内容包括什么。① 通过该理论，以此衡量我国农村低保体现的社会权利。我国农村个人及家庭是保障主体，家庭养老观念影响至今，而国家只有在农民个人或家庭保障失去作用时才充当补充角色，属于补残型的社会保障模式，对救助资格、救助标准、救助水平都未有明确的制度规定，而且传统的社会救济包含恩赐观念且具有被动以及随意性的特性，权利观念淡薄。农村低保制度则体现了我国对贫困人口的治理由道义性的救济向制度化救助的过渡。此外，农村低保制度保障的是基本生存的权利。从政策规定上可以看出，我国农村的低保制度应高于温饱线，但从实践过程中可以发现大部分地区将低保标准线等同于绝对贫困线，甚至低于绝对贫困线，特别是中西部地区，保障标准仅相当于农村人均收入水平的 20% ~ 30% 左右。以云南为例，2016 年保障线为 2710.74 元/年，而农村人均收入已突破 9000 元/年②，致使许多贫困边缘户没有资格申请。此外，补助水平过低，保障能力不足，截至 2016 年有 23 个省份月补助水平介于 230 ~ 330 元之间，其中新疆、青海、甘肃、西藏、云南及广西的月补助不足 250 元③，随着对贫困问题的深入，阿玛蒂亚·森也指出缺乏获取和享有正常生活的能力也可能导致贫困。④ 除此之外，贫困还包括文化生活的匮乏、身心健康的不足、权力及地位等政治因素的缺乏。

（三）农村最低生活保障对象

对于农村低保对象，不同的学者基于理论与实践的考量给出了不同的理解内涵，彭洪洋从国家政策的角度定义了农村低保对象，认为年人均收入低于低

---

① 艾斯平·安德森. 福利资本主义的三个世界 [M]. 郑秉文, 译. 北京：法律出版社，2003.
② 中华人民共和国民政部网. 农村低保标准表（各省）[DB/OL]. 人民日报，2016 - 12 - 01 [2017 - 06 - 01]. http://www.mca.gov.cn/article/sj/tjjb/bzbz/201702/201702131044.html.
③ 中华人民共和国民政部网. 农村低保标准表（各省）[DB/OL]. 人民日报，2016 - 12 - 01 [2017 - 06 - 01]. http://www.mca.gov.cn/article/sj/tjjb/bzbz/201702/201702131044.html.
④ 阿玛蒂亚·森. 衡量贫困的社会学 [M]. 北京：改革出版社，1993.

保标准的农村贫困人口为低保对象。① 此外，一些学者从农村低保制度的外延上对农村低保对象加以阐释，具体指出农村低保对象为无法定义务抚养人、无劳动能力、无生活来源的老弱残幼，以及因自然灾害造成生活困难的绝对贫困人口。② 综合国家以及学者对农村低保制度的解释，笔者认为内涵（原则）与外延都属于低保的定义范畴，内涵是国家和政府为了满足贫困人口的基本生存，向符合低保标准的贫困人口提供资金和物质支持，而外延源于三无人员、重病重残以及因一定原因收入低于保障标准的人群，外延的定义源于绝大多数的低保人口可以按照老弱病残分类，因地域经济之差，最低生活保障制度所保障人群的方式有所差别。

二、理论基础

（一）目标瞄准

目标瞄准也称目标定位，是西方国家在社会保障改革过程中兴起的一种方法。尼尔·吉尔伯特（Neil Gilbert）在《社会福利的目标定位》中将目标定位划分为广义与狭义，从广义上来讲，任何一项社会风险以及相关受益人的确定都属于目标定位；从狭义的角度分析，把福利资源定位于"最需要或最贫困"人群的这一个过程被称为目标定位。③

类别定位、财富定位、需求定位是福利国家在目标定位的实践中通常采用的定位方式。以年龄、收入状况、就业情况、家庭结构等因素来定位目标群体的方式即类别定位，如孤儿、慢性病患者，残疾人等；通过对申请救助的对象开展家计调查的方式为财富定位，核查家庭收入和家庭财产情况，来筛选救助对象；需求定位一方面可以用来确定需要，同时可以用具体的需要来制定救助标准，以新西兰的补充援助项目为例，评估申请者的个人境况，并充分考虑收

---

① 彭洪洋. 西部农村最低生活保障制度构建研究 [D]. 重庆：重庆大学，2008.
② 何超. 探析我国农村社会保障制度 [D]. 长春：东北师范大学，2011.
③ 郑秉文，孙婕. 社会保障制度改革的一个政策工具："目标定位" [J]. 中央财经大学学报，2004（8）：42.

入与"必要"开销之间的差距,便是运用了较为严格的需求定位。① 此后,目标瞄准方法进一步创新,美国对有子女的单身母亲运用了经济激励和惩罚手段进行目标定位,即行为瞄准方法,根据申请者自身的行为确定低保救助对象,如生育行为、就业行为、子女养育行为。此外,还包括道德瞄准方法,将不符合道德标准的人口排除在社会救助之外。

从目标瞄准的效果分析,主要包括四种结果:贫困家庭获得低保——准确瞄准(应保尽保),贫困家庭未获得低保——弃真错误(应保未保),非贫困家庭获得低保——取伪错误,非贫困家庭未获得低保——准确排除。没有获得低保的贫困家庭占所有贫困家庭的比例为漏保率,即弃真错误的比例。获得救助的非贫困家庭占贫困家庭的比例为错保率,即取伪错误率。本文研究农村低保目标瞄准是否存在上述问题。

如何界定"最需要或最贫困"的问题以及运用何种方法将福利资源分配给最需要的群体是目标瞄准的两个核心问题。我国农村最低生活保障制度从制度设计上体现了"目标瞄准"的本质特性——选择性。换言之,农村低保目标瞄准是通过一个筛选机制甄别目标群体的过程。如何界定"最需要或最贫困"的问题则体现着以下方面的问题,一是是否具备资格准入的条件,二是通过何种方式识别特定群体;三是识别低保对象的程序,包含着从申请福利到获得福利资源的全过程。综合以上分析,本文总结农村低保目标瞄准过程包括了三方面内容:资格准入的条件、识别低保对象的方式、低保目标瞄准的程序。

(二)公共政策执行理论

公共政策内容本身与公共政策执行过程都属于公共政策。区别在于一种状态为静态,另一种状态为动态,动态的公共政策执行强调政府通过公共政策进行公共事务的管理,包括制定、执行、评估、终结等若干动态环节。②

按时间划分,西方学界的公共政策执行理论研究划分为三种理论研究模

---

① [美]尼尔·吉尔伯特. 社会福利目标定位:全球发展与展望[M]. 郑秉文,译. 北京:中国劳动社会保障出版社,2004.
② 谢炜. 中国公共政策执行过程中的利益博弈[D]. 上海:华东师范大学,2007.

型。第一种为20世纪70年代初期政策执行研究的"自上而下"理论模型。其理论基础是：决策最高系统决策政策，决策的重要性取决于这一决策是哪一个科层等级决策的。其中史密斯是最早构建政策执行模式的学者，他将政策执行划分为理想化的政策、执行机构、目标群体及环境因素。① 这种"自上而下"决策模型暗含的逻辑是政策制度者优于政策执行者，并起主导地位，政策执行者则处于从属地位。而这种理论随后也招致一些批判，由于上层的制定者很难达到对政策过程及结果的控制，往往造成政策在执行过程中会偏离政策初衷。② 自上而下的研究模型适用于研究上级发布明确的行动方面。

第二种为20世纪70年代末至80年代末所推崇的"自下而上"理论模型，其中以李普斯基③、埃尔默④为代表人物。从研究者的理论分析，这种模式是将所有参与过政策的行为者视为研究起点，政策执行的基础为政策过程处于执行阶段中较低或最低的层次。与"自上而下"的模式不同，这种模式更强调基层执行的互动关系，基层执行的情况往往影响着政策运行的效果。因此，基层的执行者及地方机构应该获得充分的自由量裁权。这种模式适于分析环境复杂性，存在大量自由量裁权的过程。

第三种为20世纪90年代以后"大行其道"的整合式政策执行模型。这种模型可以看作"自上而下"和"自下而上"两种模式的综合，政策执行过程既包含着上下级的控制与互动（体现自上而下的理论），同时也包含政策体系内其他主体的谈判与影响（体现自下而上理论），此外还包含着政策与政策之间的互动。

这三种模式尽管在管理上存在着模式的分野，但在实践过程中，往往趋向于三种模式的并存。我国由于长期受计划经济体制的影响，"自上而下"的政策执行模式是我国落实政策的主要模式⑤，往往会忽视基层政策执行主体、政

---

① 陈振明. 政策科学 [M]. 北京：中国人民大学出版社, 1998: 309.
② 刘颖. 政策执行研究中的理论模型探讨 [J]. 中共山西省委党校学报, 2004.
③ Lipsky, M. (1980), Street - level Bureaucracy, New York: Russell Sage.
④ Elmore, R. (1980), Backward mapping: implementation research and policy decisions, Political Science Quarterly, 1994, PP. 16 - 601.
⑤ 刘颖. 政策执行研究中的理论模型探讨 [J]. 中共山西省委党校学报, 2004.

策执行客体的互动关系以及政策环境的影响。20世纪90年代以来在我国逐步建立起农村低保制度，表明低保政策运行的成效不仅仅取决于政策本身，这其中也蕴含政策的理念、政策的制度设计，在农村低保政策的初始阶段更强调"自上而下"的贯彻落实。随着农村低保政策的深入实施，一些问题逐步显露，由于农村低保存在地方与地方的保障标准、保障金额、识别对象甚至执行程序都有区别，基层执行者在执行中具有"自由量裁权"。同时农村普遍处于"差序格局"的环境中，各个环节出现了与政策目标背离的现象，因此，低保政策的有效运行又需要不断调整政策执行主体、政策目标群体乃至环境因素的互动关系，以形成良性的互动关系。同时，整合式模型还强调政策间"横向"的互动，这体现在农村低保中，即农村低保与扶贫开发、医疗救助、教育救助等的互动与联系，这方面的问题也随着政策的深入逐渐显现出来。低保政策使低保户"脱贫"不是"一步到位"的政策，而是一个动态化的过程，当收入高于低保标准时应"退保"，但值得注意的是，"退保"后的群体在没有更多发展机会时也是最容易"返贫"的群体，若是起初因病、因残、因学致贫的群体享受低保后逐步"脱贫"，但并不代表着这些问题得以根治。因此，可持续的救助措施的衔接是必要的。本文重点讨论低保对象目标瞄准问题，通过目标瞄准理论的分析，低保的目标瞄准体现低保政策制定、执行的全过程，因此，基于上述讨论，本文综合运用"自上而下""自下而上""整合式模式"来分析低保目标瞄准理念、政策制定、评估环节，并嵌入目标瞄准理论研究实施环节，总结运用公共政策执行理论模式与低保目标瞄准模式的框架，如下图6-1所示。

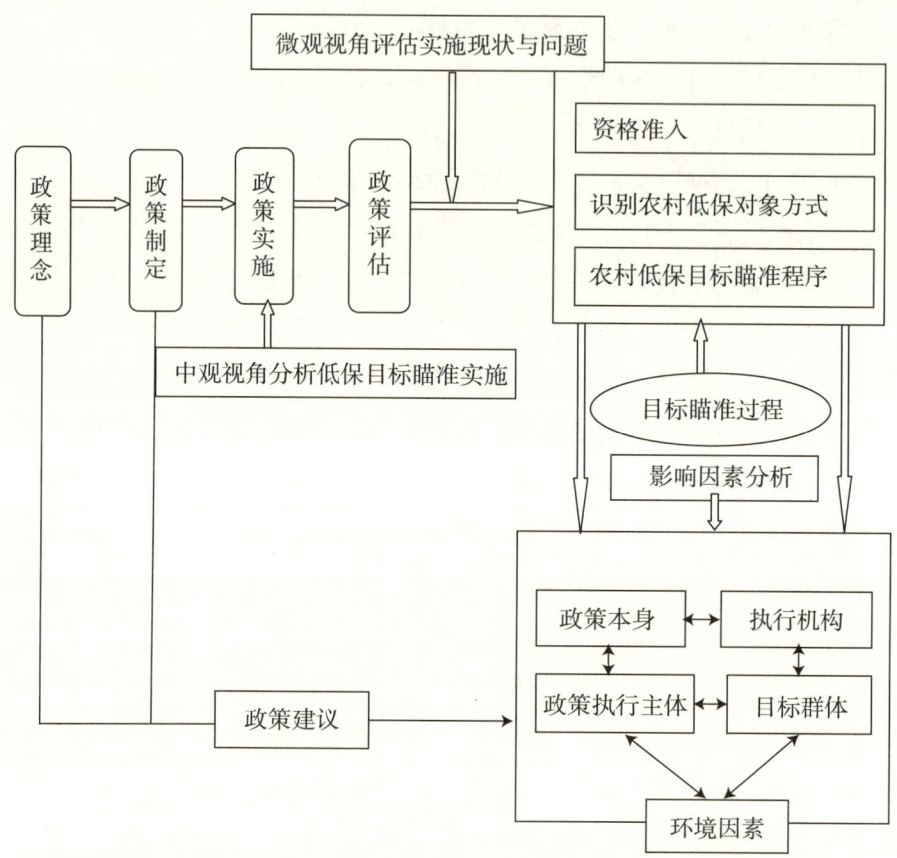

图6-1 农村最低生活保障对象目标瞄准研究导图

第二章 农村最低生活保障制度目标瞄准现状及问题

随着贫困问题的多元化，以往的社会救济以及扶贫开发不能解决绝对贫困人口的贫困问题，因此，农村最低生活保障制度逐步开展。该制度政策开展以来，虽然取得了积极的成效，但同时也存在一些问题，体现在农村低保制度在中部、东部、西部发展的不平衡；低保的实施过程中都普遍存在着因保障标准偏低、识别方式不科学、执行程序不规范而导致的错保、漏保等问题，从而造成低保目标瞄偏。低保目标瞄准的精准是低保制度顺利运行的基础，因此本章重点从中观层面研究农村低保目标瞄准的现状及问题。

一、农村低保制度建立的背景

（一）传统社会救助制度缺陷日益显现

农村的五保户及特困户是传统的农村社会救济制度主要针对的群体，为他们提供定期或不定期的资金和实物的补助，保障着农村社会基本的稳定。而随着集体经济的瓦解，起临时救助作用的传统社会救助制度弊端日益显露，主要体现在三个方面：一是保障面过窄。由于传统的社会救助制度主要保障五保户及特困户，而随着我国贫困问题的深化，贫困原因的多元，大部分处于贫困线以下的贫困户没有得到保障。根据统计资料，20 世纪 90 年代我国应救助的贫困对象与实际救助对象的差距明显，如 1994 年应救助贫困对象为 8785 万人，实际救助对象不足一半。① 二是保障标准过低。有限的资金投入与较多的救助

---

① 多吉才让. 中国最低生活保障制度研究与实践 [M]. 北京：人民出版社，2001.

对象同时存在,为了扩大覆盖面,政府制定了较低的低保标准,如20世纪80至90年代,社会救助标准仅为3~10元左右/月。① 三是管理的机制不健全。权威部门缺乏对社会救助发展的基本目标、政府责任、基本项目、保障对象、资金筹集与管理,以及保障待遇等方面的规范,导致救助工作具有随意性。

（二）经济体制转型,农村传统保障优势弱化

20世纪80年代,我国的农村经济体制从集体经济转变为农村家庭联产承包责任制,逐步丧失了农村集体经济对传统农村的保障作用。此外,土地保障的功能也日益丧失重要作用,个人对个人的土地负责,风险往往大过集体经营时的状况。而城市化伴随着耕地的减少,土地资源用于其他目的,通过劳动力进行耕种的农民,若因年老、疾病、残疾等不可抗因素丧失了劳动力时,土地的保障功能会更加弱化。综合影响下,农村居民抗风险能力大大减弱。

（三）贫困问题多元化,传统扶贫方式面临困境

农村的贫困人口也从改革开放以来的2.5亿减少至1984年的1.28亿,但贫困人口仍然占很大比例,临时性的社会救济难以应付。单纯依靠社会救济已无法从根本上解决贫困问题,因此,我国在全国范围内逐步开展了有计划、有组织、大规模的扶贫开发,扶贫开发政策实施以来,扶贫治理取得了显著的成效,截止到2008年,我国贫困人口下降到4007万人,贫困发生率从1978年的32.9%下降到2008年底5.6%。但随着贫困形式及原因的变化,由表6-1可见,仅仅通过传统的扶贫开发方式所带来的治贫效果并不明显。

表6-1 政府扶贫效果

时间	政府投入资金（亿/元）	贫困实际减少规模（万/人）
1986—1990	50	4600
1995—2000	56	3331
2000—2005	299	599
2005—2007	291	886

资料来源：国家统计局数据整理。

---

① 张彦,陈红霞. 社会保障概论[M]. 南京：南京大学出版社,1999.

21世纪初,亚洲发展银行驻中国代表处经济部的报告显示,2002年我国的农村贫困人口约为2820万,贫困人口的特征体现了贫困问题的多元化,其中800万人口居住在生存条件恶劣的地区,900多万人口身患残疾,而剩余的500多万是五保户人口。[①] 这一时期贫困人口基本可分为三类:丧失劳动能力的弱势群体;生存在环境恶劣地区的人口,以及生活在自然灾害频发地区的人口。[②] 由此看以看出,剩余的贫困人口绝大多数是因为缺乏劳动能力而致贫的,仅仅依靠开发式的扶贫策略难以从根本上解决贫困问题。

二、农村低保制度实施现状

20世纪90年代,我国民政部提出改革农村社会救济制度的任务,并提出在全国范围内积极探索农村最低生活保障制度的任务。农村最低生活保障制度较城市低保制度发展缓慢。2007年国务院下发了《关于在全国建立农村最低生活保障制度的通知》(下文简称《通知》)(国发〔2007〕19号),决定在全国建立农村最低生活保障制度。[③] 自此我国农村低保政策在全国范围内展开。

(一)农村低保制度成效

自农村低保制度全面推进以来,保障资金、平均低保标准及月均保障水平都在逐年递增,补差金额逐年增加,我国的农村低保制度覆盖面持续扩大。2014年以后,随着贫困人口的减少,保障人数减少,整体上低保制度的各项指标呈现发展态势,低保制度的发展情况具体见表6-2。

---

① 符华平. 农村最低生活保障制度研究——以江苏省为例 [D]. 南京:南京工业大学,2010.
② 苏树厚,段玉恩等. 农村最低生活保障制度创新研究 [M]. 北京:中国社会科学出版社,2014,11.
③ 国务院. 国务院关于在全国建立农村最低生活保障制度的通知. 国发〔2007〕19号. 中国人民政府网(2008-3-28)http://www.gov.cn/zhengce/content/2008-03/28/content_6245.htm.

表 6-2 农村最低生活保障制度保障情况

指　标	2007	2008	2009	2010	2011	2012	2013	2014	2015	2016
保障资金	228.7	363.0	363	445	667.6	718.0	866.9	870.3	931.5	953.9
保障人数	3566.3	4305.5	4760.0	5214.0	5305.7	5344.5	5388.0	5207.2	4903.6	4576.5
年增长率	123.9	20.7	10.6	9.5	1.8	0.7	0.8	-3.45	-6.2	
平均低保标准	70	82.3	100.84	117	143.2	172.3	202.8	231.4	264.8	
月均保障水平	38.8	50.4	68	74	106.1	104	116	129	147.2	

注：保障资金（亿元）、保障人数（万人）、平均保障标准（元）、月均保障水平（元）。

资料来源：民政部统计资料整理。

到 2008 年贫困人口增长率下降到 20.7%，但保障人数持续增长，可见，自 2007 年决定全面推行农村低保制度以来，力度较大，效果显著，之后几年的保障则主要侧重"查遗补漏"。2014 年后我国的保障人数相应出现了负增长，这并非保障不足。2014 年以来，每年退出的低保人数大于新增的低保人数。随着扶贫开发的开展，我国的贫困人口从 2012 年至 2015 年减少了 6663 万人，2016 年在此基础上减贫 1240 万人[①]，减贫力度大。

（二）农村低保制度实施过程中存在的问题

农村低保制度成效显著，但在实施过程中仍存在一些问题，首先表现为城乡低保政策规定中存在差别。此外，实施中平均保障标准及月均补助水平有所区别。《城市居民最生活保障条例》所规定的基本生活支出除了与农村规定的"衣、食"等需求外，还包括了教育、住房等项目，显然城市低保保障的范围要广于农村低保。在实践的过程中，城乡低保的保障水平仍有一定差距（表 6 -3）。

表 6 -3 城乡低保保障情况

单位：元

指标	地区	2010	2011	2012	2013	2014	2015
平均保障标准	城市	251.2	287.6	330.1	373	411	316
	农村	117	143.2	172.3	202.8	231.4	264.8
月均补助水平	城市	189.0	240.3	239.1	264	286	316.6
	农村	74	106.1	104	116	129	147.2

资料来源：民政部社会服务统计公报。

其次体现在农村低保覆盖范围窄，中部、东部、西部发展不平衡。虽然我国低保保障人数呈现增长态势，但由于低保标准偏低，有大量的贫困边缘户得不到保障，原则上农村低保线应该高于绝对贫困线，但从实际情况看，仍存在低保线低于绝对贫困线的情况。按照 2016 年 3000 元左右的贫困线来看，到

[①] 中华人民共和国中央人民政府. 农村贫困人口四年减少 6663 万 [J/OL]. 人民日报，http://www.gov.cn/xinwen/2016 -06/15/content_ 5082293.htm.

2016年底低于贫困线标准的省份仍有6个都来自中西部地区,分别是云南、广西、新疆、青海、甘肃,而北京、天津、上海的农村低保标准都高于9000元/年,差距显著。此外,到2014年我国农村低保人口只占贫困人口的74.2%。[1] 从我国农村低保人口占农村人口的比例来看,这一问题表现得更为明显,2015年我国的农村人口为60346万人,农村低保人口不足农村人口的10%,受低保标准的制约,许多贫困人口仍被排除在低保制度外。此外,中西部农村低保发展不平衡现状突出,贫困人口绝大多数集中在中西部地区。

另外,农村低保在实施过程中,中部、东部、西部地区普遍面临的问题是低保对象界定困难,未能做到应保尽保。安徽省池州市九华乡低保对象通过"评议为主,测算为辅"的方式来识别,家计调查采用估算。[2] 重庆市大部分地区确定低保对象则笼统地将"三无人员"、五保户及个别贫困户定位为低保对象[3],此外,多数地区低保程序不规范,影响保障效果。

从低保实施现状可以看出,低保自实施以来成效显著,贫困人口逐步摆脱贫困,低保资金的投入力度逐年上涨,保障标准的不断提高也体现了我国当前对弱势群体的保障向更高层次转变。同时我们也清楚地认识到我国的低保制度还存在许多不足。由于起步晚、标准低,农村低保与城市的低保的发展存在一定差距,而我国绝大部分贫困人口集中在农村,导致中、东、西部低保发展的差距更为明显,而无论是发达的东部还是相对较为落后中西部地区,低保的实施过程中都普遍存在着因保障标准偏低、识别方式不科学、执行程序不规范而导致的错保、漏保等问题,从而造成低保目标瞄偏。

三、农村低保目标瞄准的实施现状

基于上一节的探讨,无论是中、东、西部,农村低保制度在运行过程中普

---

[1] 中华人民共和国中央人民政府. 2016年全国两会扶贫聚焦:发力精准扶贫共享发展成果 http://www.cpad.gov.cn/art/2016/3/7/art_ 1046_ 46158. html.

[2] 齐丽萍. 农村低保政策实施中的困境与出路——以安徽省池州市九华乡为例 [J]. 安徽农业大学学报, 2009 (3).

[3] 刘慧. 重庆市农村最低生活保障制度实施中的问题与对策研究 [D]. 重庆:重庆大学, 2009.

遍存在低保对象界定困难、低保运行程序不规范等问题，影响着低保运行的效果。实践表明，对低保对象进行准确高效的瞄准是农村低保制度顺利运行的关键。通过对前文理论的分析，农村低保目标瞄准过程体现在资格准入、识别低保对象的方式及低保实施的程序上，而农村低保制度因不同地区的保障标准、准入资格、识别方式、执行程序都有区别，且通过对低保制度整体脉络的把握，笔者认识到中、东、西部低保制度发展不平衡，为了更好地了解我国农村低保目标瞄准的运行情况，有必要探讨中、东、西地区农村低保目标瞄准的实施现状，对不同地区目标瞄准相关要素进行考量，对比不同地区同一要素采取不同方式、不同标准的效果，以及以微观的视角嵌入某一省份某些地区考量农村低保目标瞄准的运行情况，以期在比较中探索经验的同时发现问题。

（一）资格准入条件

我国低保政策规定：户籍状况、家庭收入和家庭财产作为考察村民是否具备申请低保资格的三大条件，凡持有农业户口、全部可支配收入、动产与不动产，经调查符合农村低保标准的均可以申请低保。家庭收入主要包括工资性收入、转移性收入等，家庭收入是否符合标准，则是以当地低保线的标准为参照。[①] 2007年《通知》指出我国的农村低保标准应综合考虑当地实际经济水平以及当地村民满足基本生活需要所需的保障水平。[②] 可见，低保标准的制定以满足基本生活所需为基础，低保标准过低，会错排一些符合条件的人口，而低保标准过高，不仅增加了成本，也会"错保"一些非贫困人口。各地依据科学的测算标准制定低保标准，其中吉林、重庆、云南等地主要采取基本生活费用支出法，北京、上海等地主要运用恩格尔系数法，辽宁、湖北、广东、山东

---

① 中华人民共和国民政部. 民政部关于印发《最低生活保障审核审批办法（试行）》的通知，民法民发〔2012〕220号（2012-12-12）http：//www.mca.gov.cn/article/yw/shjz/fgwj/201605/20160500000165.shtml.
② 中国人民政府网. 国务院关于在全国建立农村最低生活保障制度的通知，国发〔2007〕19号（2008-3-28）http：//www.gov.cn/zhengce/content/2008-03/28/content_6245.htm.

等地则多运用消费支出法。① 保障标准随着物价、生活水平等的变化而变化,标准的制定应科学的运用量化方式。2016 年以来,山东为了保障困难群体的生活水平不因物价上涨而降低,建立了与消费支出挂钩的农村低保标准自然增长机制。②

除此之外,包括银行存款和有价证券、机动车辆、房屋等家庭财产拥有的情况也是资格准入的条件之一。在地区实践中也存在着额外的规定,限制农村居民的准入资格,如规定有法定赡养、抚养、扶养义务能力但不履行义务的,有嫖娼、赌博、吸毒等违法行为且尚未改正的,均不能申请低保,四川、江苏、贵州等地都有如上规定。还有一些特殊规定如江苏《江苏省居民最低生活保障工作规程》(苏民规〔2012〕2 号)规定拥有汽车的家庭不能申请低保。③ 但也有一些省份放宽了准入资格,将更多的低收入群体涵盖其内,2016年贵州省《农村居民最低生活保障工作规程(试行)》中规定家中若有重残或患重病而丧失劳动力的成年人口,家庭整体收入状况在低保标准规定的 150% 范围内,可分户独立提出申请。④

国家政策规定户籍、收入、财产是作为是否具备资格准入条件的三大要素,而通过实际了解到一些地区则仅通过身份进行识别,而忽视了收入、财产的考量。

(二) 识别农村低保对象的方式

目标标准核心之一为采用何种方式将有限的资源定位到目标群体上。从上一节已经了解到是否具备低保资格需要调查户籍状况、收入及财产状况。低保目标瞄准的下一个环节则为通过何种方式调查这些情况。根据政策规定,包括三个方式,具体如图 6-2 所示。

作为识别农村低保的核心,识别收入的方式有所区别,综合考量全国的情

---

① 中华人民共和国民政部. 最低生活保障标准法定量化调研报告(2014-11-29) http://www.mca.gov.cn/article/yw/shjz/llyj/201412/201412007366649.shtml.
② 山东省人民政府 http://www.shandong.gov.cn/art/2016/3/2/art_183_126.html.
③ 江苏民政. http://www.jsmz.gov.cn:81/skywcm/webpage/infoopen/infoopen_view.
④ 贵州省民政厅 http://www.gzsmzt.gov.cn/xxgk/xxgkml/zcwj/fgwj/201702/t20170228_1961215.html.

况，主要包括两种类型：一类是经济较为发达的东部地区，相对于西部一些地区，这些地区更严格地按照政策流程识别低保对象，并实现了差额补助，为了提高识别效率，一些地区因地制宜地采取一些方式，如山东省通过成立低收入家庭认证指导中心，并联合17个部门建立了核对机制，提高识别效率；① 另一类是在广大的中西部地区，这些地区识别低保对象往往偏离政策程序，而是基于熟人社会的背景，依靠经验进行民主评议，忽视了对收入的核算。

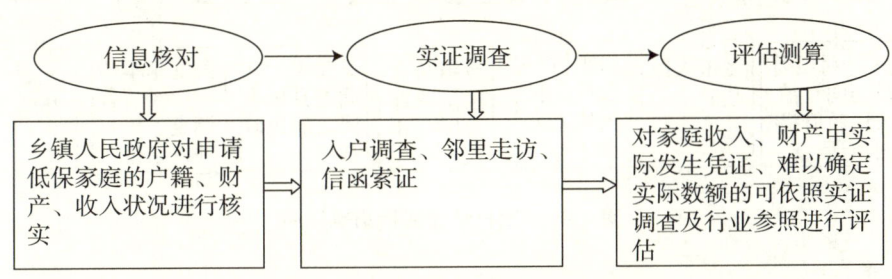

图 6-2　识别农村低保对象的方式②

此外，随着精准扶贫政策的深入，一些地区也逐渐注重精准扶贫与农村最低生活保障制度的衔接，特别注重贫困人口的识别，即在家计调查过程中对符合低保对象与符合扶贫开发对象的精准识别。2016年河南、内蒙古等地都出台了相关政策以期实现识别精准化，做到低保资源与精准扶贫资源"有的放矢"地被利用，总结两地对于两项制度的实践探索，主要包括四个方面的衔接：一是标准衔接，即制定低保线与扶贫线持平（河南）或高于扶贫线的标准（内蒙古）；二是政策衔接，对低保户、贫困户展开摸底调查，将符合低保标准的贫困户纳入低保范围，对符合扶贫标准的低保户进行建档立卡，对脱贫后又返贫的贫困人口根据调查纳入低保或进行建档立卡；三是对象认定衔接，探索建立一套相对统一的测量家庭情况的指标体系，并严格申请、审核、审批环节；四是管理衔接，扶贫部门与民政部衔接，形成动态管理的联动机制；此

---

①　山东省人民政府 http：//www.shandong.gov.cn/art/2016/3/2/art_ 183_ 126.html.
②　中华人民共和国民政部. 民政部国家统计局关于进一步加强农村最低生活保障申请家庭经济状况核查工作的意见，民发〔2015〕55号（2015-3-10）http：//www.mca.gov.cn/article/yw/shjz/fgwj/201605/20160500000376.shtml.

外还包括信息衔接（内蒙古）及考核衔接（河南）。

（三）农村低保目标瞄准程序

农村低保目标瞄准涉及选择"最需要或最贫困"人的过程。因此，农村低保目标瞄准实施的程序是精准的定位目标瞄准群体的前提。在具体的实践中，包括以下程序（图6-3）。

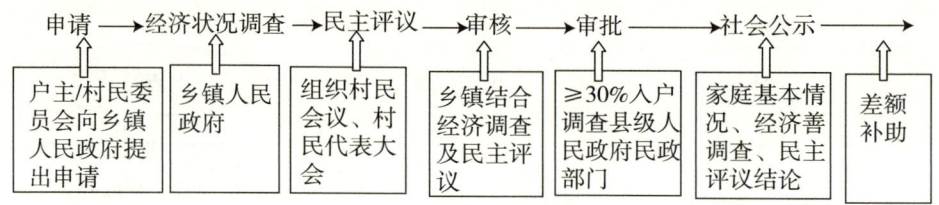

图6-3 农村低保目标瞄准程序

农村低保目标瞄准程序的执行依靠政策执行主体，农村低保工作管理的效果很大程度上取决于部门运作的协调性、人员配备及素质。此外，保证低保对象有进有出、保障水平有升有降，动态管理也是低保目标瞄准必不可少的重要环节。

山东省在农村低保目标瞄准程序领域取得了一些创新成果，为了方便民众申请、咨询相关事项，在全省1826个乡镇（街道）普遍建立起"一门受理、协同办理"窗口，即在各乡镇办事、政务大厅建立"民政救助"[①]。

四、农村低保目标瞄准存在的问题

（一）低保理念存在偏差

一些地方将低保制度看作是对民众的"恩赐"，在福利资源有限的情况下，为了扩大受惠范围，因此在识别低保对象的过程中人为地排除了一些符合标准的人口。某些地方将是否购买汽车、购置房产、做生意失败的家庭都排除在低保之外，甚至有些地方对现代人应使用的手机、电脑等都设有严格的权

---

① 中华人民共和国民政部．地方信息 http：//www.mca.gov.cn/article/zwgk/dfxx/?25．

限，忽视了贫困人口追求进步的权利，体现了某些地方政府对低保设计理念认识的偏差。

(二) 低保标准制定不规范且地方差距大

我国明确指出低保标准的制定应该采用科学的测算方法，诸如恩格尔系数法、生活费用支出法等，而在地方实践中，存在测算低保标准的随意性，有些地方直接依据特困户救济标准而制定，或仅参照当地生活水平和财政负担能力制定，这样容易导致某些地方农村最低生活保障标准偏低，导致一些贫困边缘户的产生，以及"相对贫困"人口的保障政策的缺失，而这部分人口易转化成绝对贫困人口，影响目标瞄准效率；目前根据各地具体省情及发展现状的不同，低保的标准有所区别，表6-4显示我国农村低保的保障标准中、东、西部差距仍然显著，而西部地区贫困人口占比最大，但保障标准相对较低。

表6-4 2016年中、东、西部地区低保标准及低保人数情况

	北京	江苏	浙江	湖南	河南	云南	贵州	甘肃
保障标准	9600	6480	7292.42	3082	3084.40	2710.74	3201.78	2932.88
低保人数	46779	1091822	705014	2902434	3277630	4229418	3073113	3251732

注：保障标准（元/年）；低保人数（个）。
资料来源：民政部社会服务统计数据整理。

东部个别地区保障标准偏高，福利配套设施完善，虽然有利于当地贫困人口脱贫，并覆盖更多的贫困人口受保，但过高的保障也使当地贫困人口产生"福利依赖"，即一方面想方设法被低保，另一方面则不愿自动退出，再就业缺乏动力，长此以往，不仅挤占了低保空间，还会增加财政负担，不利于低保制度的可持续运行。

(三) 农村低保识别方式不合理

我国有关法规规定，通过信息核对、家计调查以及测算评估来调查户籍状况、收入及财产状况来识别低保对象。经济发达的地区倾向于采取依靠收入识别低保对象的方式。实践表明低保识别方式及认定内容都存在问题。

中西部农村普遍采用民主评议的方式，忽略家庭经济调查环节，直接进行

身份识别，贫中选贫。我国将收入作为最主要的衡量标准，但仅仅依靠收入来衡量操作难度大，具体体现在：村民主要的收入来自"土地"，而农作物的收成又受到季节、环境、突发问题等影响，呈现不稳定的状态；随着城镇化的发展，农村流动人口的增多，在外务工、证券、养殖等副业的多样，意味着临时性收入、隐性收入难以全面的覆盖；家庭共同生活的人口难以界定，政策的规定标准不一，未有一个统一的、全面的界定标准，一些家庭甚至存在人为地将子女与父母分开的"骗保"行为；户籍作为资格准入条件之一，在当前也存在界定困难的问题，由于当今人口流动较大，户籍的改变不一定改变法律规定的赡养关系，因此确定共同生活的家庭成员的收入存在着困难。

（四）目标瞄准程序存在偏差

农村低保目标瞄准过程中还存在着政策执行的偏离，执行过程中"人情保""关系保"问题突出。低保的申请环节，由于政府宣传力度不够、村民的不关心等原因导致村民申请的被动，村委会代申请则存在"优亲厚友"的问题，导致"关系户"的存在。

大部分乡镇信息化管理水平不高，管理手段落后，监督管理机制不健全，退出渠道不畅通；没有专门从事低保工作的人员，往往由村干部进行"代理"，而低保工作复杂且动态化，专门管理机构与人员的缺乏影响了低保工作的效率。

此外，低保与扶贫开发没有进行有效的衔接，导致一些符合低保标准的贫困人口被"错保"为建档立卡户，而一些符合扶贫开发的人口则"错保"为低保户，政策、部门没有形成联动，致使出现一些重复保障造成了资源的浪费，且低保户退保后教育救助、医疗救助等保障的缺失，容易出现"返贫"问题，而影响低保目标瞄准的整体效果。

五、小 结

农村低保制度自建立以来覆盖面持续扩大，保障资金、保障标准、补差金额都在逐年提高，贫困人口逐步减少，但实施过程中，东、西部地区普遍面临低保对象界定困难，未能实现应保尽保的问题。而农村低保对象的目标瞄准精准化是低保制度顺利运行的保障。本章重点研究农村低保目标瞄准问题，首先界定了农村目标瞄准的内涵，包括资格准入条件、识别低保对象的方式、低保目标瞄准的程序，并在此基础上分析农村低保目标瞄准的现状及问题，从中观层次上表明了农村低保目标瞄准在执行过程中有低保理念存在偏差、低保标准制定不规范且地方差距大、低保识别方式不合理、目标瞄准程序存在偏差这几方面的问题。

第三章 大理州洱源县凤翔村低保目标瞄准的实证分析

基于中观层次对低保目标瞄准问题的分析，笔者认识到低保目标瞄准理念存在偏差，低保标准制定缺乏科学依据且地方差距大，识别方式不合理，存在采用"贫中选贫"的方式忽略家庭经济调查环节直接进行身份识别，并且目标瞄准过程中"人情保""关系保"问题突出。为了进一步把握农村最低生活保障目标瞄准的问题，以期更准确地进行低保目标瞄准政策的评估，本文从微观层面出发，探寻大理州洱源县凤翔村低保目标瞄准现状及问题，探讨纳入低保户的家庭人口是否都符合低保标准，以及符合低保标准的贫困人口是否都纳入了低保，并对低保准确瞄准、弃真错误（漏保）、取伪错误（错保）及准确排除四种情况进行评估。

一、凤翔村概况

凤翔村属凤羽镇，凤羽镇是一个四面环山的盆地形区域，平均海拔2200米，地形由南向北倾斜，呈坝子状，位于洱源县城西南部，距洱源县城18公里。东邻右所镇，西靠炼铁乡，南接大理花甸坝和漾濞县脉地乡。凤翔镇为亚热带高原山地立体气候，该地年平均气温13℃，最低月气温5℃（12—1月），常年主导风向为西南风，夏季镇内洪涝，春冬干旱，低温、霜冻和冰雹等自然灾害时有发生。

凤羽镇下辖凤翔、源胜、上寺、白米、江登、凤河、起凤、庄上、振兴9个村委会，43个自然村，121个村民小组，2010年末全镇总人口33122人，居住有白族、汉族、回族等 11 个民族,白族占总人口的 98%,是大理州白族人口最为集中的城镇之一。其中凤翔村位于凤羽镇内,包括 5 个自然村:官路自然村,共 616 户,2013 人;石充自然村,共 1878 户,842 人;中和自然村,共 601 户,1988 人;太和自然村,共 512 户,1741 人;元士自然村,共 346 户,1184 人。

凤翔村以种植玉米、油菜、水稻、蓝莓为主,且易受到低温灾害,人多地少,农业人口 7242 人,人均土地 0.06/亩~0.07/亩,低于全国平均水平,一亩地的收入 700~800 元不等,2~6 口家庭拥有 0.2 亩地左右,绝大多数土地被私人承包,农业收入微薄,年人均纯收入 9185 元,主要的收入来源为外出务工,家庭的实际收入衡量困难。

本文之所以选云南省大理州洱源县凤翔村为调查地点,首先基于对全国农村低保现状的分析。2016 年云南省投入的农村最低生活保障资金为 807416.1 万元,是全国投入资金最多的省份,可见政府对云南农村低保的重视,低保对象为 4229418 人,占全国的比例最大。面对庞大的基数,平均保障标准则为全国最低的 2711 元。[①] 针对云南省农村低保制度的发展需要高度重视,低保目标瞄准的效果影响着整个低保制度发展的进程,而基层低保目标瞄准的成效则是关键。笔者通过查阅各地州资料了解到,2015 年大理农村低保人数为 34.24 万人,占全省的比例较大,2016 年洱源县刚刚实现脱贫摘帽,实际的低保运行效果具有一定的研究价值。因此,笔者选取了交通相对便利且作为国家历史名镇的"凤羽镇"作为调查地区。为了从微观入手深入了解当地低保运作,笔者选取了位于凤羽镇的凤翔村为调查地区。这基于两方面考虑,一是由于凤羽镇在凤翔村内,因此便于了解凤翔村、凤羽镇低保运作的整个流程,二是拥有 5 个自然村的凤翔村,其自然村布局整齐,便于调研。

笔者采用实地调查以及深入访谈的方式研究大理州洱源县凤翔村低保目标瞄准现状及问题。笔者于 2016 年 10 月深入凤翔村进行实地调研,访谈了 6 位村干部,30 位低保对象以及 25 名普通村民,共计 61 人。笔者首先搜集了有

---

① 中华人民共和国民政部.分省数据(一、二)http://www.mca.gov.cn/article/sj/tjjb/sjsj/201702/201702231108.html.

关农村低保的资料，分别整理村干部、低保户以及村民深入访谈的提纲，提纲内容的选取基于宏观以及中观层次低保对象目标瞄准内容及问题的研究，并对61个调查对象进行准确瞄准、弃真错误（漏保）、取伪错误（错保）及准确排除四种情况的评估。本文界定是否为这四种情况的标准基于两个方面的考虑，一是结合凤翔村2016年低保标准2850元，因此界定家庭年人均收入低于2850元的家庭为低保家庭；二是通过深入访谈受保原因、观察家庭耐用消费品（房屋、车辆、电脑、家电等）拥有情况以及邻里之间了解的真实情况，进行准确瞄准、漏保、错保以及准确排除的界定，从而准确地评估凤翔村低保目标瞄准的现状及问题。

二、凤翔村低保目标瞄准实施现状与问题

（一）凤翔村低保标准

1. 低保标准相对较低

2016年云南省农村低保平均保障标准定为每人每年2711元，2016年大理州农村低保平均保障标准提高到2700元/人·年，并规定2016年实现脱贫摘帽的洱源县应于2016年6月底前，将农村低保保障标准提高到本年度国家扶贫标准2300元，提前实现"两线合一"目标。[①] 2016年洱源县将低保标准抬高至3108元，[②] 确定了高于扶贫标准的低保线，比2011年低保线水平高出了2082元，大大提升了低保的保障水平。2016年凤翔村将低保标准定为2850元/年，经调查凤翔村人均纯收入9185元/年，高于全县平均水平。因此，保障水平相对全县较低。

通过对61位对象的随机调查，有9户家庭年人均纯收入介于2850～4000元，且都为边缘贫困户，编号04、42、54及57的家庭都面临子女上学的压力，其中04号家庭户主残疾导致劳动收入的减少，57号家庭李某的儿子外出做"短工"，收入微薄，编号20的施某独居，75岁无收入来源，300元/月左

---

① 大理州民政信息网. 大理州民政局及时部署提高2016年城乡低保标准，大理州民政局（2016-5-31）http：//dalimca.gov.cn/mzyw/2016-05-31/706.html.
② 云南民政. http：//yunnan.mca.gov.cn/article/tzgg/? 18.

右的生活费满足不了其开支,28号的李某及37号的王某均由于承担着照顾患病父母的医药费,导致原本刚能够满足基本生活开支的收入入不敷出,56号的孤儿杨某为未成年,因此无能力支付学费,由于资金的有限,这几户边缘贫困户均未得到保障,造成"漏保",导致目标瞄偏。

2. 分档救助代替补差救助

低保的救助额应为实际收入与低保标准的差额,因此除无任何劳动收入的贫困人口外,补差金额因根据实际收入的不同而有所区别,但根据对村支书的访谈,了解到由于收入核算的复杂性以及资金、名额的有限,该村低保金额采取按类发放的形式,全村对年人均收入低于2850元的人口进行分档救助:A类为弱势群体,每人补助153元/月;B类为因病因学致贫的群体,每人补助143元/月;C类为临时贫困,每人补助133元/月,另每月补贴90~200元不等。① 在实际确定当地低保标准的过程中,没有进行详细的收入调查,而且年均收入低于2850元的低保标准是否合理有待考究,通过对30户低保家庭进行深入调查,低保标准为80~120元/月不等,存在低保实际保障标准低于政策规定的情况,按档补助而非按差额补助导致凤翔村实际保障标准偏离低保标准,凤翔村低保实际发放标准情况统计如表6-5所示。

表6-5 凤翔村实际保障情况统计表

保障金额/(元)	80	90	100	110	120
低保对象/(人)	3	2	13	6	3

资料来源:访谈及入户调查数据整理。

案例09 施某(男),于2015年成为低保对象,问到他是否清楚每月发放的低保金额,施某表示他们家两个人享受低保,但一年多还没发放,向他们村的干部反映,反馈是资金有限,现在协调一些不符合条件需要退保的人,等批下来会第一时间发放。当进一步问到他是否知道村里规定每月发放的低保标准及依据是什么,施某表示:不清楚,村子里大部分都是发100元左右,没有太

---

① 2016年10月凤翔村实地访谈,访谈对象:尹某,男,52岁,村委会书记主任。

高的,如果有的人太高,村里就有人闹事,现在都发差不多一样,挺公平的。

可见,每月补贴的标准并未达到村书记所表述的标准,而低保不同的补贴标准的依据并未做到及时的公示,由于差距在10~20元不等的可接受范围内,村民也并没有去深究。

(二) 识别低保对象的方式片面

1. 按身份识别低保对象

农村居民家庭收入界定困难,基于乡村熟人社会的特殊关系,为了避免冲突纠纷,主要通过贫中选贫的方式,按照致贫原因不同,将低保家庭分为:因残疾受保障、因疾病受保障、因鳏寡孤独受保障、因学受保障,因特殊情况五大类,来判定是否符合低保条件,将补贴水平分为三档,对不同的户给予不同档次的补贴,因此导致识别低保对象方式片面化。根据30户低保家庭的入户调查,表6-6为身份识别低保对象情况。

表6-6 身份识别低保对象情况

受保原因	家庭(编号)	总计(户)
因残疾受保	09 12 13 14 25 26 29 31 33	10
因疾病受保	07 22 23 30 32 48 53	7
因鳏寡孤独受保	34 35 38 39 43 55	6
因学受保	02 06 50 58	4
因特殊情况受保	19 21 60	3
总计(户)		30

资料来源:30户低保家庭入户调查资料整理。

案例15 张某介绍到"我是官路村的村长,村民小组负责人把他负责区域内基本上符合低保状况的家庭给我汇报,我也基本了解他们的状况,咱们这里自然灾害很少发生,主要都是一些家庭确实困难的人是低保户,每年的变化很少,基本上大部分村民是接受的"。当问及确实困难的人是什么情况?张某答:"有些家庭能干活的男人发生事故死了,家里失去主要劳动力的,还有谁家有人得慢性病、精神病的,一些家庭有人是聋哑人、独臂的、腿残的,不能下地干活,谁家孩子上到高中,我们这里上学上到高中大学就很厉害,村里面很重视,还有一些年纪很大的,没什么人照顾的,这些人村里都清楚。"笔者进一步问:"原则上是不是应该以收入调查为主?"张某答:"政策上是这么说的,但实际按收入调查的方法就不切合实际,由于村里低保名额有限,如果按照收入核算出的符合低保的人口多于限定的低保名额,就会出现矛盾,所以一般只能在穷里面选更穷的,在自己村子里都待了几十年了,谁家什么情况都清楚,选出最贫困的加入低保也相对公平,我们每年这么上报也基本都通过审核了,镇里面也没意见。"

村干部基本根据老弱病残来评定是否符合低保标准。原本按收入调查,将村民细化为绝对贫困户、边缘困难户、低收入群体、中等收入群体及富裕户,进行识别低保对象,并根据细化的情况进行分层施保或采取其他补助政策的科学体系转变为按照贫困原因进行补助。根据村内熟人的社会关系网,村干部具有较大的自由裁量权,通常根据实际生活经验,以自己的标准,决定符合低保的人口,或许会造成低保中一些中等收入及富裕户家庭由于关系、人情混入其中,而一些达到低保条件的边缘困难户失去了享受低保的资格。一些家庭虽存在残疾、疾病、鳏寡孤独及上学压力的情况,但这些家庭的收入状况模糊,主要是外出务工、做生意的家庭,但按其实际的家庭情况(家计资产调查情况),却不符合低保标准,如 29 号张某双腿残疾,无劳动能力,但村干部未核实其外企工作的儿子的收入状况,并且其家庭拥有县城一套房的资产也未核算,31、43 号均由于儿子外出务工收入模糊,以家中存在残疾或疾病而获得保障,22 号家庭刘某儿子送货并且有一定额外来源,但未计入家庭收入,造成"错保"。

2. 以人代替以户为单位进行施保

凤翔村低保对象的选择并不是以家庭为单位,而是针对家庭中某一成员进行施保,进而导致低保户的生活水平并不能达到规定的最低标准。30 个低保家庭的调查如下(表 6-7)。

表6-7 低保家庭实际保障人数

低保补助实际人数（个）	1	2	3	4	5	总计
家庭数量（户）	6	9	8	5	2	30

资料来源：入户调查和村委会资料整理。

案例12 李某（男），"我吃低保，但是我每年也不填那个低保申请表，像我这么大岁数了也都认可我领低保金，不过具体什么流程我也不清楚，都是我们村长帮我们办，听村长说上面要求够条件的一家都是低保户，这在我们这里是行不通的，大家开会决定一家申请，几家享受一份低保，每月收到低保金的家庭由村长帮忙再转给我们其他几家。"

案例03 杨某（女）作为凤翔村村委会副书记，介绍到整个村的实际人口为1878户，实际享受低保的群体并不完全按户，而是依据家庭的实际情况按人而定，具体到个人避免出现你保我不保，产生分歧的状况。干部虽有一定的实权，但由于低保指标有限，且每年规定需减少一些名额，"上面千条线，下面一根针"，真正做到协调好让百姓满意的政策非常难，许多家庭中都是有一二个得病或残疾的人口，但由于指标有限，只能在比较中取消一些条件较好的家庭，并按人施保，争取能覆盖所有的贫困家庭。当笔者问道："低保的覆盖面是扩大了，但许多困难的家庭，一个月100~200元的补助，如何满足他们的基本生存？"副书记答道："这是个难题，税费改革后，村里资金很有限，低保金是县里直接拨款，而且上面的指标越来越少，而许多家庭确实需要保障，不能及时'退保'，只能折中想办法，遇到特别贫困的，待逢年过节通过慰问等形式给予一定的补偿。"

案例04：施某（男）指出："我家有我和我老伴住，儿子和儿媳在外打工，孩子留着我们养，另一个闺女也嫁了，2013年我老伴被拉货车压断了腿，不能下地干活了，我就报给了村组长，通过了申请成了低保户，一个月90元，我由于又要照顾老伴还要养孩子，农活也干不成，基本没什么收入，儿子在外边也挣不了什么钱，每个月给家里补贴500元，勉强维持。等到2015年我却迟迟等不到低保金，一问才知道取消了，我问缘由，说是有更贫困的家庭，相比较我的情况好一些，但其实两年过去了我的情况没有好转，而且我知道就有几个生活明显比我好的在吃低保，娃马上要上学了花销又多了，也不知道怎么办！"

以人代替户进行施保，覆盖了更多贫困人口，但保障水平不足，据笔者对30个低保对象的调查，问及获得低保补助后家里的困难是否得到有效解决的仅有6户，部分能够解决的12户，剩余的12户完全不能解决困难。

实践调查发现，低保户的认定识别存在两方面的主要问题：一是过分强调低保户认定过程中的民主，这对于法治程度不高且存在特殊"差序格局"背景下的农村来看，无疑易产生通过亲缘、宗族等关系来获得低保资格，进而有失公正。另一方面则存在为争取更多转移收入而扩大低保覆盖范围的情况。村干部为了缓和村民的争执，减少村民对村干部的不满，从而扩大低保"福利"的覆盖面，以人为单位进行施保，导致实际的保障效果不如意，由于没有低保证，低保对象和低保金额由村干部看情况决定。所以在剩下的低保名额中，是由村干部来决定哪一户定能够获取低保。

（三）凤翔村最低生活保障制度目标瞄准程序不规范

凤羽镇包括凤翔村内确定低保户是按照统一的方式执行：申请/村干部根据实际情况而推荐上报村民小组→村民代表大会开会提出意见→上报到自然村→上报村委会→村委会核实→村委会民主评议→张榜公示。① 但在实际的考察中，笔者发现低保对象的申请、审核、审批、监督、检查等环节仍存在一些问题，低保申请存在"人情保""关系保"及虚报家庭情况的现象；村民代表大会中民主参与度不高；低保的审核、审批存在不规范、不合法的现象，未从源头上剔除不符合低保的人口以及杜绝几人并成一户上报的问题；县级的监督及检查的不到位，"走过场"的情况屡见不鲜。

1. 低保申请环节存在漏洞

（1）低保申请程序不严谨

凤翔村的低保申请主要有两种方式，一种是由村民主动申请，另一种则是

---

① 2016年10月凤翔村实地访谈，访谈对象：杨某，女，28岁，凤羽镇镇政府，负责社保工作。

由村民小组提名上报村委会的方式。笔者根据实际调查的研究发现,由于公开宣传不到位,九成以上的低保家庭都是通过由村民小组提名而申请的程序。由村小组代申请直接提名的方式,易产生优亲厚友的现象,从而造成低保对象的瞄偏,表6-8反映被调查的61名调查对象(包括低保家庭)对低保申请及流程的了解程度,五成以上的调查对象对低保制度"一知半解",而且绝大多数为低保户,因此有必要普及低保制度。

表6-8 凤翔村调查样本低保申请及流程了解程度

项 目	人 数	占比%
完全了解	7	11.48
听说过但不完全清楚	34	55.73
不了解	20	32.78

资料来源:调查对象深入访谈。

(2)存在虚报家庭收入、骗保或刻意重组家庭结构的现象

通过问卷调查,笔者了解到低保申请环节存在虚报家庭情况、骗保或刻意重组家庭结构的问题。61名调查对象中,除有32名表示不清楚外,10名反映不存在,其余都认为有上述现象,如表6-9反映。

表6-9 低保户中是否存在虚报家庭收入或刻意组家庭问题

项 目	人数(个)	占比%
不清楚	32	52.46
不存在	10	16.39
存在虚报家庭收入情况	12	19.67
刻意重组家庭结构	7	13.11
总计	61	

资料来源:深入访谈数据汇总。

案例11 赵某(男)指出:作为石充自然村村长,我们村子里家家户户什么情况我跟明镜似的,每年申请低保的时候都有很多村民来找我,有一部分是

家庭确实困难，这部分家庭每年基本很顺利地就继续领着低保金，还有些情况确实有些模糊，特别是那些家里有子女外出务工的，几年都不见回来管老人，问老人孩子每年往家寄钱吗，也只说没人管，我们也没办法，看着老人的腿脚越来越不利索了，就也算进去了，有的为了多拿一份低保，刻意不和老人住，老人因为年老可以拿一份，子女又是因为某些缘由又能拿一份。

案例10：张某（男），一名农民，笔者问及其身边是否有低保户，是否都符合低保条件，张某答道：低保具体什么条件我不知道，不过我感觉我身边有的家庭条件比我要好，却能拿上低保金，感觉挺不公平的。笔者进一步追问是否清楚这些家庭的具体情况，张某答：比如我清楚的一家，有两个儿子都在外打工，不过听村子里说他们在外边挺能挣钱，每个月往家寄钱，寄多少就不知道了，回回过年回村都会给我们村长送送礼，让村干部照顾照顾他家老人，60多岁的老人家因腿有些瘸是低保户，其实平时的走路也没问题，也经常看到老人坐着晒太阳聊天，老伴在村务农，住着院子，没有照顾小孩的负担，怎么也强过像我们这些靠务农还要养两三个娃的家吧。

为了进一步了解案例10张某所诉情况的真实性及具体性，笔者通过走访周边住户，搜集一些基本资料以探明此类问题。笔者了解到60多岁的老人家为赵某，的确是低保户，两个儿子都很孝顺，其中大儿子在广州是包工头，小儿子在四川工作，工作稳定，两儿子均表达了让父母去当地一同生活的意愿，但由于老人不适应而常年居住本村，由此可以看出赵某并不符合因病残、年老体弱、丧失劳动能力以及生存条件恶劣等原因，且由于收入调查的不严谨，赵某虚报自己的收入情况，以获取低保福利；而一些家庭为了获得低保，人为地改变"家庭结构"，都会造成低保申请环节的偏差。

2. 低保运行过程中存在"关系保""人情保"

19号张某与某干部为亲戚，以独生子女为由享受低保。笔者通过调查了解到张某是当地为数不多的住有两层楼院子的家庭，与当地村委会的干部较为熟络，因此张某以独生子女为由"顺理成章"成功地申请到低保。21号开商铺的儿子与某干部关系密切而获得低保，商铺离村委会位置很近，其子对村干部来购买商品经常给予优惠，甚至偶尔允许赊账，其父母都在村务农，而最终均以父母年老为由申请上低保。笔者根据走访其住户，了解到家中的彩电、冰箱、洗衣机等耐用消费品齐全，不满足成为低保户的资格，由此可以看出凤翔村存在与亲缘、地缘利益有关的低保家庭，从而致使一些不符合低保对象的人成为低保对象，造成了瞄偏。60号李某承包着一些土地，掌握部分人"口粮"的李某在村里具有一定威信，并与外来工厂有些合作，村干部为了某些利益需求以其子女上学花销为其主动为其申请低保。

3. 民主评议村民参与度不高

经申请通过村委会审核的目标群体，需通过开展村民代表大会对目标群体进行讨论，审阅目标群体的申请表，以及附加的病例、伤残证书等证件，通过审议，在会中将目标群体按身份进行分类识别，对一些有异议的目标群体进行下一步讨论，低保评定小组的成员通过对目标群体的生活状况进行评定，主要考虑经济情况、家庭成员健康状况、是否有未成年子女上学以及开支状况，最终在有限的名额中选出相对合适的人选。将民主评议选出的目标群体名单在凤翔村的公示栏中进行公示7日，对村民反映有意见的对象进行重新评议。凤翔村低保评定小组人员组成如下（详见表6-10）。

表6-10 低保评定小组人员组成

身　份	村干部	村组长	凤羽镇驻村干部	村民代表
人数（个）	6	5	1	2

资料来源：凤羽镇凤翔村实地调查。

通过实地调查，笔者了解到当地村民代表大会中村民代表没有覆盖到5个自然村，主要由村组长进行述评，村民代表的缺席影响整个代表大会的公平性，由于村干部具有一定的自由量裁权，易产生"优亲厚友"的情况，而村民在相对缺乏的情况下，在差序格局大环境中，易倾向于默许村干部的表决意见，在这种情况下，低保目标瞄准在民主评定环节中易造成偏差。

4. 低保监督管理欠规范，缺乏专门的管理机构及专业的管理人

农村最低生活保障是一项政策性很强的制度且极大地依赖于基层工作人员的素质。但据笔者对凤翔村的调查了解到，凤翔村并未有专门管理低保的工作人员，而是由各自然村村组长负责，村长上报村委会，直接由村委会正、副书记做审核工作，加之基层工作者素质良莠不齐且缺乏专业的知识和技能，导致识别低保对象的差异化；低保工作管理上，采用由村干部手工统计，分层掌管，表态管理的方式，且农村低保工作缺乏专门的组织机构，凤羽镇和凤翔村均未有专门的低保机构，由社会救助科综合管理，导致镇、村两级档案管理不完善，洱源县由民政部门所属的社会救助科室监管，因工作繁杂，社会救助科室难以有足够时间及人员去调查核实村级每家每户的低保情况，不能对基层工作做到有效管理，监管的不到位造成低保目标的瞄偏。

5. 动态管理机制的缺失

据了解，凤翔村未建立个人电子档案来记录其申请、评估、受益、复审等相关资料，低保的退出未有一套科学的渠道，"一劳永逸"的现象普遍存在，退出机制难以实施。据调查，决定低保户"去留"主要基于两方面的考虑，一方面是划定标准，大病死亡、年老死亡、病情治愈或学业终止情况要求其退出低保名额；另一方式则基于每年的民主评议会的讨论，对村民意见大的关系户要求其退保，但若从政策初衷思考，科学合理的低保的识别方式才是根本，因为由于大病死亡等情况是否更加重负担也无法科学地考究。凤翔村低保监管模式可详见图6-4。

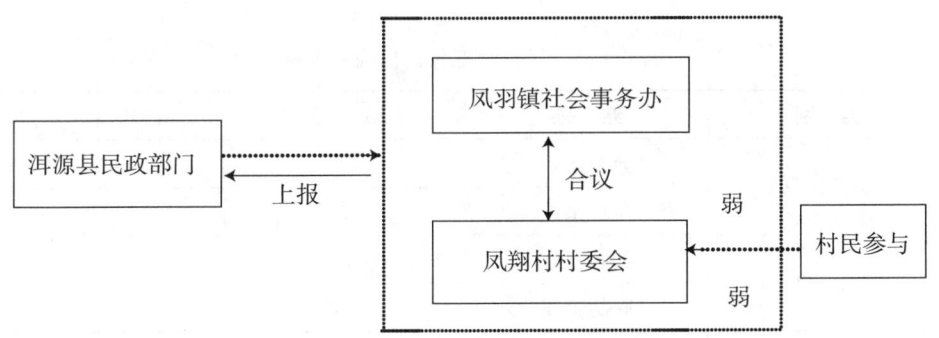

图6-4 凤翔村低保监管模式

资料来源：凤羽镇政府、凤翔村委会实际考察。

此外，还存在县级的监督及检查的不到位，案例27张某（男），低保对象，当问及问：您清楚低保户村委会多久来审查一次呢？张某答道：一般一年会来三次,年初、年中、年末各一次。追溯问:都会调查些什么呢?张某说:我是老低保户了,已经好几年了,我们家什么情况村干部也清楚,老伴患了慢性病,儿子智力又有些问题,他们来了就问候问候。进一步问:咱们凤羽镇和洱源县会派人来"看望"你们吗?张某答:很少,凤羽镇政府就在我们村,一般有什么情况村里干部应该就直接给镇里汇报,县里人更是很少见,听说一般来了会提前打招呼,村里也会提前通知一些家庭(一般是最为困难的几家),上面会有人过来,该怎么说,不该说什么都会讲清楚,基本很顺利,也没见什么家庭因为"上面"的原因退出了低保。

低保的审批、审核环节存在不规范的问题,偏重靠经验办事而非严格的数据,而县层面的监督检查存在"走过场"的问题,未能做到覆盖全面的低保家庭,从而不能全面动态地把握低保家庭的情况。

三、小 结

通过实际调查、深入访谈,笔者了解到凤翔村低保目标瞄准存在偏差,既存在"错保",也存在"漏保"问题。基于案例分析,笔者了解到凤翔村低保制定标准、识别方式、执行程序都存在问题。凤翔村的低保目标瞄准分别包含四种情况:准确瞄准、弃真错误(漏保)、取伪错误(错保)及准确排除。笔者对61位调查对象的调查结果如下(表6-11)。

表 6-11 凤翔村低保目标瞄准效果

类 别	结 果	人 数	占比(%)
非低保户	准确排除	25	40.98
	弃真错误	9	14.75
低保户	准确瞄准	24	39.34
	取伪错误	9.83	6

资料来源:通过案例分析整理。

从凤翔村低保目标瞄准效果分析,针对61个调查对象的深入访谈,基于收入及家庭实际经济状况的考核,笔者总结61个调查对象,其中非低保户中有9户家庭存在弃真错误(漏保),而低保家庭中有6户存在取伪错误(错保），从而导致凤翔村低保目标瞄准偏差。基于公共政策执行中"自下而上"理论的研究，参与过政策的行为者的行为以及政策执行的大环境都影响着政策执行的效果，因此，本文下一章将研究农村低保目标瞄准偏差的影响因素，以期提出有效的建设性意见。

第四章 洱源县凤羽镇凤翔村低保目标瞄准偏离的根源

基于上一章的研究，笔者对凤翔村低保目标瞄准进行评估，认识到凤翔村低保目标瞄准存在偏差。而造成凤翔村低保目标瞄准偏差的影响因素是什么，值得深思。本章借鉴公共政策执行理论为研究基础，结合"自上而下""自下而上"以及"整合式"理论，在前文从理念到中观制度层面分析的基础上，重点研究造成凤翔村低保目标瞄准偏差的根源。本文具体从环境、政策执行主体、政策目标群体及低保目标瞄准机制四个维度展开研究。

一、环境因素——目标瞄准中的差序格局

我国社会学领域著名学者费孝通先生认为："将石头丢于水面会产生一圈圈的波纹，就如同中国社会的格局，与被圈子的波纹所推及的范围内的所有人发生联系。"[①] 费孝通先生提出的差序格局中，每个人以自我或家庭为中心，以血缘或地缘为纽带，形成一定的"关系圈"。

在凤翔村差序格局的大背景中，政策从中央的制定到下级实施运作，经过了复杂特殊的环境以及乡村特有的"关系网"。在乡村场域中，人们往往通过具有变通性、非正规性的"关系网"达成自己的目标，而村民作为乡村的主体甚至更为熟悉这种运作，村民、村干部在某种意义上达成了关系"契约"，成为基层政策运行的潜在"规则"。关于农村低保各地方的政策条例规范不统

---

① 费孝通. 乡土中国 [M]. 北京：人民出版社，2008.

一，基层掌握着较大的自由量裁权。基层干部存在寻租的空间，"关系保"的产生又使村民对低保获取途径产生认识偏差。从而，一些村民则通过关系运作获取低保，与村干部具有血缘关系或者利益关系的村民更容易获得所需资源，而相对弱势的村民则容易被"排挤"，在有限的低保名额中，变通的政策更易向关系户倾斜。

二、凤翔村低保目标瞄准机制建设不到位

（一）低保对象确认的指标单一

凤翔村采用中西部农村普遍采用的"民主评议"的方式，通过身份来识别低保对象，不采用收入调查的方式确认低保对象主要由于当地既特殊又共性的原因，共性在于当地管理落后人员配置不全，未有一套科学测算低保对象的方法，在收入调查受限的情况下，调查工作难以展开，而特殊的地理环境，外出务工人口比例大，导致收入调查难以开展，采用"民主评议"的方式基于凤翔村"熟人社会"背景下村干部以及村组长对本村家庭状况的掌握。

采用这种瞄准方式必然有适合其发酵的"土壤"。村民与村干部形成的这种默契也是可以理解的。反思，若是某一户人家反对另一户家中主要劳动力重残的农户申请低保也似乎是违背"道德"的，如何去衡量这种方式的好与坏，笔者认为应站在客观理性的视角。延伸上面的例子，若是这家重残劳动力的子女外出务工收入可观，而这部分工资未纳入家庭总收入，村干部无法深究。而仅靠收入调查也过于绝对，因为若家庭收入高，但医疗等支出较大，导致实际生活水平极低，却被排斥在低保制度之外。因此，笔者认为识别低保对象指标过于单一不利于低保目标瞄准的精准化。

（二）低保筹资模式单一且资金保障不足

据了解，凤翔村低保资金由洱源县直接拨款，国家及社会的支持和投入不足，低保资金及物资的发放没有社会慈善机构等的参与。低保筹集模式的单一，"僧多粥少"导致凤翔村村委会存在逆向选择。为了扩大覆盖面，以人代替户进行施保，导致人均补差水平偏低。

税费改革后，低保资金不足，为了扩大覆盖面从而以人代替户进行施保，

导致人均补差水平偏低，特别是低保中"五保户"保障不足。据对30户低保家庭的调查显示，能够完全解决基本生存的家庭（主要为关系户）仅占20%，部分能解决的占40%，而完全不能解决的低保家庭占40%，主要集中于"五保户"家庭及大病重残家庭，造成瞄准水平的偏离，详情见表6-12。

表6-12 低保补助后家里的困难是否得到有效解决

分类	30户低保家庭	占比%
完全能够解决	6	20%
部分能够解决	12	40%
完全不能解决困难	12	40%

资料来源：深入访谈30个低保对象。

（三）动态管理机制难以形成

动态管理机制有赖于村、镇、县的共同运作。但由于各利益集团的博弈未达到利益的均衡，就会造成某项公共政策权力的失衡。动态管理模式在这样一种失衡中难以形成，利益的牵制成为动因，一方面随着税费改革村级财政依靠着上一级"财政转移"，而用于基础设施建设以及各项公共政策执行的经费成为牵制村干部的"筹码"，而另一方面凤羽镇的日常的基层治理工作也需要依靠村级进行执行，比如对低保对象资料的深入调查以及计划生育实施的情况如何，都需要村一级进行资料核实。我们要清楚的是，尽管基层治理体制中，国家的体制虽终止于乡镇，但功能性的权力已然已延伸至村民的自治组织——村委会，在这种双方存在利益掣肘的情况下，镇与村的关系往往朝着模糊地带发展，并结合成某种利益共同体。当执行来自上级组织的任务时，碍于关系，秉着"上有政策，下有对策"的各种方式予以应付，从而背离了政策执行的初衷，进而造成监管环节出现问题，致使低保对象监管的良性机制未形成，低保目标瞄准的精准化得不到保障。

三、政策执行主体方面

（一）村干部"小私"行政逻辑

出于理性经济人的考虑，村干部都会按照差序格局中特定利益主体的期望来行事。税费改革后，基层治理能力的弱化，农村最低生活保障制度逐渐成了村干部维系私人关系的一种手段。

案例 16 李某："前些年，我们整个村（太和自然村）修下水道，村里想节省一些开支，就号召我们太和自然村平时比较能干的男的来帮忙。为了鼓励我们干，还把我们这些青壮年带动起来开了个会，游说我们说只要我们顺利完工，明年的低保首先想到的就是我们这几家，可当我们断断续续干了小半年，第二年除了有限的工资外，村里没有再提起低保的事情，我们去问，也说现在低保申请太严格，不像以前比较好申请，我们村干部也没办法，而后又不得不应下过年会发给我们米、面，油，我觉得村里拿低保当筹码不太厚道！"

案例 08 张某："我们这里每家分地也不多，种地刚够自给自足，村子里要说说贫困的家庭其实很多，一开始我们也不清楚有这个低保可以申请，听说就是村长他们会直接帮一下孤老病残申请，时间一久，我们知道低保政策后，只要符合收入标准的都想着申请，可许多人就因为各种附加的条件不能申请低保，我所知道的就有红白喜事大操大办的、聚众赌博的、好吃懒做的、违反计划生育超生的情况，若是被发现或有人告状，连申请都不可以。"

（二）村干部拥有较大的行政自由量裁权

低保政策实行属地化管理，虽同属于凤羽镇，但各村的保障标准、管理机制都有差别，其保多少、怎么保、保给谁实则是由村委会决定的，具体体现在以下几个方面。一方面识别低保对象方式未按政策规定采用家计调查，按收入衡量，而是基于当地的实际情况"因地制宜"，直接过渡到民主评议的环节，通过熟人社会的基本认知进行"身份识别"；另一方面，实践调查发现存在村民举报"关系保"的行为，向上级反映后取消受保资格，但对村干部没有相应的惩罚措施；此外，监督乏力，没有形成监督合力，镇政府以及县民政部门监督虚化，造成村干部在低保政策的实施过程中具有过大的自由量裁权。

三、政策目标群体方面

（一）村民对低保政策了解程度较低

笔者在凤翔村的调研发现，61 个调查对象中仅有 7 个调查对象完全了解低保政策，34个访谈对象听说过但不完全清楚，仍有20个访谈对象完全不了解低保政策。总体上村民基本上对于低保制度的政策目标和理念、保障对象和标准、申请程序等并不清楚，甚至将低保对象等同于老弱病残人员。一些低保对象不去真正了解这是怎样的一项政策，低保金的多少是如何确定的。对于关系户，他们以自我为中心，虚报家庭情况、重组家庭结构、托关系办低保，而不考虑其他人更需要低保。对于普通村民，家庭基本生活需要可以满足，村里村外又找不到任何关系，至于"人情保""关系保"都和自己无关，反正自己也拿不到，谁拿都一样，都是一个村的不愿多惹是非。

（二）低保目标群体的短视行为

获得低保的人口得到的好处是实实在在的。从低保的特征来看，低保具有"刚性"以及单向性，即只享受权利而又无需履行义务，从识别低保对象的方式来看，政策执行主体的自由量裁权较大，也没有较为严苛的识别低保对象的方式。基于这种背景，一些村民受利益驱动，谎报家庭成员、瞒报收入等"骗保"以及"关系保"的家庭成了低保户，大部分村民申请低保救助的理由是"有了（获得低保救助）总比没有强，国家的钱不要白不要"。这种"趋利"的行为给低保对象瞄准带来了难度。由于对福利的依赖，自愿退出低保也是十分困难的举动。

五、小　结

公共政策执行理论"自下而上"的理论模型强调为了应对复杂的政策环境，基层的执行者及地方机构应拥有充分的自由量裁权，且在政策执行中起关键作用。通过分析原因得出以下结论，差序格局的背景为"关系保""人情保"提供大环境，由于基层自治缺乏约束，政策执行主体拥有过大的自由量裁权，此外，政策目标群体的短视行为造成骗保等问题，低保制度本身也存在缺陷，致使瞄偏。

第五章　农村最低生活保障目标定位与政策完善

农村最低生活保障目标瞄准过程贯穿于申请、调查、民主评议、审核、审批、公示以及发放低保金的全过程。鉴于上一章已从微观的视角对凤翔村低保目标瞄准效果的探讨，以及前两章对低保制度理念及目标瞄准过程的实践探索，笔者认识到低保的目标瞄准存在理念、定位偏差以及制度漏洞，导致各个环节问题突出。因此，本章以凤翔村为案例样本，提出提高低保目标瞄准精准度的方法，但不仅局限于凤翔村的低保目标瞄准对策分析，其对策方法能适用于普遍的低保目标瞄准问题上。笔者认为理念的定位具有核心意义，是决定低保制度"总方向"的问题，低保目标瞄准偏差问题的解决还需要合理的目标定位，同时也需要对目标瞄准机制进行重构。

一、农村低保制度目标定位

（一）理念转变

1. 逐步实现低保政策的"公平性"目标

公平性是政策执行者在政策实施过程中应遵循的原则，应广泛宣传农村低保政策，让每一位符合申请低保条件的贫困家庭都有资格申请，政策执行主体应做到对每一户申请对象进行详细的家计调查，对其经济状况、财产状况及户籍状况进行详细的统计审核，民主评议应保障一定比例的村民参加，驻村干部也应参加，深入探讨申请者的各方面条件，保障评议的公正，并在此基础上公示结果，保障每一位低保户得到村民的认可，并严肃问责"关系保"等问题。具体而言，在现阶段，村级干部必须要从"施恩与感恩"的传统救助理念转变到"义务与权利"的新型救助理念。

2. 生存权与发展权并重

低保制度的理念之一为满足贫困人口的基本生存权。在"属地管理"背景下，一些地区低保标准根据当地财力支付能力而定，一些地区的低保标准过低，违背了通过考察当地人们基本生活水平确定低保标准的要求。因此，为了满足基本生存权，低保标准的制定应该更加科学、综合地测量多元情况而定，真正做到生存权的满足。此外，前文分析也了解到我国的贫困问题日趋多元，不仅包括收入带来的贫困，也内含没有发展能力造成的贫困或返贫问题。贫困是一种状态，收入的改善或许暂时可以致使低保户脱保，但由于医疗、教育、住房、养老等救助的缺乏，缺乏改善生活状态的能力，又极易"返贫"。因此，应坚持生存权与发展权并重，逐步提高低保标准，满足低保家庭更高层次的需要。

3. 加强公民权利及责任意识

由于传统观念的影响，一些地方人为地抬高了"准入条件"或地方政府将其作为基层治理的工具之一，将低保作为对村民的惩罚或奖励的工具，都是违背公民权利的表现。与此同时，低保制度的权责也需对等，借鉴福利资本主义国家"第三条道路"关于"公民权利与福利责任平衡"的理念，通过引入约束低保户的行为及道德目标定位法，准确定位低保对象。

（二）引入生计资产调查识别低保对象

研究表明，收入仅仅是反映贫困的某一方面，为了综合考虑到农村贫困人口的贫困维度，笔者建议引用生计资产调查的方法，从多维度考量村民的贫困程度。Chambers 是最早对生计进行思考的专家，他认为谋生的方式即为生计，而谋生的方式需要具备一定的资产、能力以及活动基础之上。[①] 21 世纪，英国

---

① Chambers, Conwayg. Sustainable livelihoods: Practical Concepts for the 21st Century [C]. IDS Discussion Papers 296. 1992.

国际发展署（the UK's Department for International Development，DFID）进一步指出人力、自然、金融、物质以及社会资本的拥有程度都属于生计的范畴。在此基础上，我国的学者李小云等根据中国农村的实际情况，计算出了我国农户脆弱性的测量指标，[①] 包括人力资产、自然资产、物质资产、金融资产和社会资产五大生计资产指标。其中人力资产包括家庭整体劳动能力、家庭成员的受教育程度、家庭成员参加专业技能培训的次数；自然资产包括家庭人均拥有耕地面积、家庭人均实际耕地面积；物质资产包含家庭住房情况、家庭财产情况；金融资产选取家庭年人均现金收入、家庭获得借款的机会；社会资产包括家庭是否参加商业保险、家庭是否有成员担任村级或以上干部、发生困难时能否得到政府或社会组织帮助。

（三）生计资产调查法、类别定位及需求定位交叉运用

鉴于熟人社会的农村，完全依靠量化指标不切实际，建议结合凤翔村当地的实际情况将生计资产调查与类别定位及需求定位结合使用。

第一步：村组长等负责本村低保调查工作，依靠经验、邻里邻居之间的访谈以及深入走访了解低保对象的家庭生活状况，依据类别定位可区分低收入人群以及富裕人群，三无人员、主要劳动力重残重病患者、伤残及慢性病者，以及因学、因灾致贫者、边缘贫困户等；

第二步：在社区瞄准的基础之上主要对低收入家庭进行家计资产调查，细化符合低保标准的贫困户以及边缘贫困户及其他低收入群体；

第三步：需求定位，按照家计资产调查的结果，将贫困户划分为自然资源缺乏型、人力资源缺乏型、社会资源缺乏型、金融资产缺乏型、物质资产缺乏型以及多元缺乏型，进行"因需施保"，根据侧重不同，保障的方式应有所差别，继而提供实时有效的救助。

[①] 李小云，董强，饶小龙等. 农户脆弱性分析方法及本土化应用 [J]. 中国农村经济，2007（4）：32－39.

二、优化农村最低生活保障制度的政策建议

(一) 多渠道筹集农村最低生活保障资金

由于有限的低保资金未能覆盖到所有满足低保标准的家庭上,存在以人代替户为单位进行施保的问题,从而导致低保目标群体的瞄偏,其客观根源在于低保资金的缺乏。本文借鉴安东尼·吉登斯(Anthony Giddens)所提出的"福利社会"的主张,认为政府、地方政府、社会第三部门、企业及个人应共同承担社会福利。①

第一,加强中央财政对西部地区低保资金的支持。西部农村地区经济发展实力薄弱,税费改革后,基层资源缺乏,基层资金紧张,而脱贫攻坚以及绝对贫困人口脱贫任务重大且紧迫,因此,中央政府应加大对农村低保投入的力度。②

第二,通过改革个人所得税来筹集农村低保资金。从个人所得税的出发点来看,其中的一个目标是调节收入分配,逐步缩小收入差距,从可行性的角度看,目前已达千亿的中国个人所得税,将部分运用于低保资金上具有现实可行性。③

第三,扩展社会化渠道多方筹集资金。一方面筹集低保资金可以通过社会募集,省级政府与地方政府共同负责,构建社会募捐机制,并划拨部分款项用于低保资金,同时制定鼓励捐赠者捐赠的政策优惠,例如给予税收方面、信誉方面的优惠保障;另一方面,可以构建扶贫资金和农村低保资金的协同联动机制,当扶贫资金有结余时可将结余资金转入低保资金。

(二) 提高政策知晓度,发挥广大村民的监督优势

通过普及低保政策,使村民了解低保政策的申请条件、申请程序、认定方

---

① [美] 安东尼·吉登斯. 第三条道路——社会民主主义的复兴 [M]. 郑戈, 译. 北京: 北京大学出版社, 2000.
② 李永军, 王欢. 论农村最低生活保障制度的完善 [J]. 职业圈, 2007 (11).
③ 肖云, 孙晓锦. 农村低保标准实施中的难点及对策研究——以980份城镇民政工作人员和2577份农民问卷为例 [J]. 人口与经济, 2009 (2).

式、资金发放、退出机制以及村民参与方式等基本政策。另外，发挥地缘优势，因凤羽镇位于凤翔村内，凤羽镇政府应有效利用凤羽镇广播、宣传栏向凤翔村的村民进行农村低保政策的宣传，利用当地集会，免费向村民发放宣传手册，并可与其他政策结合的方式宣传低保政策，比如开展新农合政策时宣传低保政策，并改变说教方式，采用当地喜闻乐见的方式，普及低保政策。发挥村民监督优势，扩大民主评议中村民代表的人数，每个村民小组必须有1~3名代表。此外，凤翔村可在村委会宣传栏、5个自然村的中心位置发布公示，同时公开低保对象审批结果的变动情况，并附有各自然村村长电话及村委会举报电话以便村民咨询或投诉。

（三）引入专业机构、专业人员进行监督

笔者建议州、县、乡应设立相应的低保工作机构，可以在大理州一级成立农村居民最低生活保障工作管理中心；洱源县一级在民政局中设立相应的低保机构，对地方低保工作进行日常管理及监督；目前，凤羽镇仍未有专门机构处理低保事务，可在凤羽镇设立社会保障科。鉴于凤羽镇作为连接凤翔村与洱源县的"桥梁"及"窗口"，可由凤羽镇牵头，成立农村低保评审委员会，专门负责凤翔村低保的调查、审核、监督及复查工作，并与凤翔村负责低保的干部及洱源县低保机构的专职人员形成联动监督机制。

落实专业人员的编制与培训，笔者建议可以采用定编定岗与合同招聘制相结合的方式，按事业单位人事制度所确立的人员，优先考虑熟悉当地语言及生活环境的人，特别是在洱源县内对从事民政工作的公职人员给予调任许可，以签订合同的方式确定劳动关系的这部分人员可以面向社会公开招聘，重点在经验以及专业方面给予一定要求，有利于形成创新理念及低保执行的新模式；同时培训与学习必不可少，从而提高工作人员素质，笔者认为应以学习低保相关政策课程为主，辅之以社会工作的基本知识的学习，以及社会工作职业道德的学习，从而形成体系。

（四）完善信息网络建设——引入动态管理机制

通过审核、审查，将"漏保"的贫困家庭纳入低保，将"错保"的低保户排除低保。农村低保可以实现网络化，利用大数据，低保对象的确定、经费

来源、发放及低保户情况的变化也可以得到有效的监管。建立个人信息档案网络管理制度的具体办法:

第一,调查基本信息资料,建立统一数据库,引入个案管理方法。

笔者认为,基于低保人口的动态性,调查不应仅局限于低保人群,应全面调查本村所有低收入人口的情况,构建健全的退出—准入机制。具体操作由凤翔村村委会负责低保的干部牵头,派遣大理州农村居民最低生活保障工作管理中心,洱源县低保机构工作人员和凤羽镇社会保障科工作人员一同展开严格的家庭收入调查,搜集低收入人口的相关资料,包括家庭人口、年龄、受教育程度、健康状况、工作及劳动力状况、收入情况、家庭财产状况、家计资产、致贫原因等,以凤羽镇为主要平台,在凤羽镇社会保障科设立农村低保管理信息网络,形成一个能够反映凤翔村农村低保现状的贫困检测网络,有针对性地做好各类农村贫困人口的救助工作。

第二,有效地制定分类核查制度。

低收入人群按是否是低保户分为两大类。非低保户的人群,特别是低保边缘户,对其收入状况、致贫原因展开实时跟踪调查;低保人群则通过身份识别进行需求定位。村、镇季度审核低收入家庭状况,以数据形式上报于洱源县,最终确立"退保""返贫"的人员,并与县扶贫办协商一致,调整数据库,调整扶贫办法。

第三,实行县、镇、村三级网络化信息服务。

村级通过季度核查,将不符合低保标准,以及成为"新低保"的家庭记录于网络系统,重新分类并上报镇一级,镇政府在核查并分析数据的基础上将数据传达县一级,县级低保工作人员主要受理低保申请、审核、发放资金等业务,并将低保信息网络与就业、培训等优抚政策挂钩,针对村、镇所上报的部分边缘困难户提供扶贫帮助。

(五) 形成约束与激励机制

一些不符合条件的人被纳入了低保,一些符合条件的人未被纳入,而一些纳入低保的家庭未能得到有效的保障,造成低保瞄准的偏差。除政策制度环境等客观原因外,政策执行主体的"小私"行为造成"关系保"的情况较为普遍。与此同时个人的短视行为，以及利益选择的自利性又阻碍了低保按户进行和退出机制的进展。鉴于以上分析，建议村民之间构建一套互相约束机制，村干部建立一套绩效管理机制具有重要意义。

1. 引入行为及道德瞄准方法——政策目标群体

规范低保对象的道德标准。不同的行为给予不同的惩罚及奖励，针对低保对象申请行为的规范，如若发现某些低保家庭存在虚报家庭情况、骗保，刻意重组家庭结构，以受灾受难为由托关系办低保，低保相关部门应责令停发，并依据程度的不同给予不同的处罚；低保对象权利与义务行为的规范，每一季度组织一次会议，村民以实见发表看法，主要讨论这一季度该家庭的经济状况以及生活是否好转，是否达到退出标准而未退出的家庭，不及时主动退出低保的情况根据情节严重的情况给予相应处罚；对积极努力从事劳动者，又主动退出低保户的家庭，优先提供就业帮助，促其早日脱贫。具体可以对家庭中低保对象实行打分制，总分7分，测算家庭平均分，及格分7分，不符合标准者具体讨论，给予不同的对策建议，见表6-13。

表6-13　政策目标群体行为、道德量化表

是否存在以下问题	是	否
是否未履行抚养父母或养育子女的义务	0	1
是否虚报家庭收入		
是否刻意重组家庭人员		
是否赌博		
是否犯罪		
是否是关系户		
是否有意不退保		
平均分		

2. 引入低保绩效考核体系——政策执行主体

引入低保绩效考核体系旨在规范政策执行主体的行为。绩效考核应由县民政部低保工作部门牵头，并引入第三方金融机构共同进行核查，镇级人员一同

进行随机和年终核查,构建低保绩效指标体系(如表 6-14),对各村低保执行情况进行打分,年终汇总,分数不达标的部门实行问责。

表 6-14 凤翔村低保绩效考核指标体系

指标类别	核算方法	应用方式
家庭收入准确核算率	$\dfrac{调查样本家庭收入的准确核算数量 \times 100\%}{调查样本数量}$	理论值:100% 每降一个百分点扣一分
错保率	$\dfrac{家庭人均收入高于低保保障标准人数 \times 100\%}{调查样本数量}$	同上
管理违规率(包括关系保)	$\dfrac{低保管理违规违章数量 \times 100\%}{调查样本数量}$	理论值:0 每赠一个点,扣 2 分
应退尽退率	$\dfrac{年末实际退出最低生活保障人数 \times 100\%}{符合退出条件的样本数量}$	理论值:100% 每降一个百分点扣一分
应保尽保率	$\dfrac{年末实际得到最低生活保障人数 \times 100\%}{调查样本数量}$	理论值:100% 每降一个百分点扣一分

资料来源:凤翔村实际问题的总结及政策经验借鉴。

三、小 结

为了解决目标瞄准认定过程中造成的偏差,本文旨在从理念的转变,目标定位的方法及目标瞄准机制的具体程序方面着手,提高低保目标瞄准效率。笔者建议引入生计资产调查的方法,同时与类别定位、需求定位交叉运用。为了精准识别低保对象,可以通过多渠道筹资,提高政策知晓度,逐步扩大低保覆盖面;引入专业机构、专业人员,提高低保政策执行效率;构建动态管理机制;形成影响政策执行主体与政策目标群体行为的约束与激励机制,从而逐步实现农村低保目标瞄准的精准化。

专题七　社会保障视角下失地农民就业问题研究

——以云南省昆明市呈贡区为例

第一章 社会保障视角下的失地农民就业相关理论阐述

一、失地农民的界定

失地农民最早出现于西方，是西方城镇化和工业化的副产物。随着我国改革开放和经济发展，20 世纪末失地农民在我国出现。我国农民"失地"有以下几种情况：

一是因"城中村"改造、城市绿化、退居还湖等城市发展被征地。属于这种失地的大部分是城市近郊农民，这些农民离城市较近，得到的土地补偿费也相对较高，主要通过在城市打工、经商获得收入，部分人还保留有宅基地。随着国家户籍制度的改革，他们逐步融入城市生活，成为城市居民。

二是因为修路、建水库、电站、水渠等基础设施建设被征地。这种情况征地所给的土地补偿费不高。这部分农民离城市较远，信息获取较慢，谋生手段少，就地就业的机会很少，征地后生活易陷入困境。

三是工业用途被征地。属于这种失地的大部分是城市近郊农民，其中部分失地农民就地安置就业，生活来源基本有保障。

失地农民是指因土地被征用等各种原因而失去大部分或全部土地的农民。具体来说主要分为三类：

一是在失地期间年龄已超过就业年龄段的人员，或因各种原因退出劳动力市场的人员；二是在就业年龄段内已经找到工作的失地就业人员；三是在就业年龄段内没有找到工作的失地失业人员，他们对土地的依赖性极强，失地即失业且失去一直以来的生活保障。然而在征用土地过程中，政府没有对他们给予相当于原有土地的功能性补偿，而且也没有对他们进行就业安置。因此，失去土地对他们的生活造成了重大的影响，使他们的生活陷入困境。近年来这一类型的失地农民数量急剧增加，已成为备受关注的社会问题。本文的研究主要针对第三类失地失业人员。

我国的失地农民在城乡二元经济结构下逐渐成为游离于城市和农村的边缘人士，这既是由于城市和农村不同生活模式转变所带来的转轨成本，也是由于我国城乡二元经济结构所特有的户籍制度所带来的政策和制度上的漠视。失地农民实际上是一种将劳动力从土地的束缚当中解脱出来的产物，征地不仅能够提高土地的利用效率，同时也能够使劳动力从第一产业向第二、第三产业进行转型，每个国家在工业化发展过程当中，无论是粗暴还是温和都会经历这么一个阶段，但是这种转型不应该以对人权的漠视和对社会带来沉重的社会问题作为代价。因此，如何能够使得一直以来作为社会稳定器的社会保障能够在当前环境下更加富有效率、更加完善，是解决转型问题的一大关键。

二、社会保障与失地农民就业

土地对于农民来说不仅是一种生产资料，还是集就业与保障为一体的生活载体。随着改革开放的不断进行，经济的发展对于土地的要求也越来越高，在工业化与城市化高度发展的今天，越来越多的土地由农业流向了工业和其他公共用途，土地资源从农民手中逐渐流向城市的过程当中也在直接或间接地导致了许多失地农民的产生。对于这些失地农民来说，失去土地不但意味着失去了其就业的岗位，同时也意味着一直以来所用于生存的知识和技能已经不能提供给他们足够的劳动力再生的能力。失地农民的抗风险能力将远远低于一般的种地农民，按照社会保障的一般分类方法，农民在城市化和工业化过程当中失去土地之后应该享受到城市居民的待遇，但是在城乡二元化经济结构的今天，没有城镇户口的农民不能算作城镇居民，因此，无法列入城镇居民社会保障体系，享受到正常城镇居民应该享受到的待遇。同时，由于我国征地补偿方式多为一次性补偿，这种补偿方式因为补偿标准偏低等原因无法替代土地的保障功能，一旦征地补偿用完，失地农民在面临着城市化后所带来的生活成本增加，且在"无地,无岗,无保"的恶劣生存危机环境下,很容易滋生危害社会安全的社会问题。因此,如何保障失地农民的就业是维护社会稳定,尊重失地农民人权的一项重大课题。

(一)失地农民在就业前所拥有的社会保障

1. 最低生活保障

首先从失地农民失去土地之后的收入支出状况来分析失地农民的现状。就收入来说,当失地农民失去了土地之后就失去了稳定的生活来源,需要在城市当中寻找新的收入来源来填补这方面的空缺。失地农民失去了土地之后会收到一笔不菲的补偿金,这部分补偿金就是用来弥补失地农民在失去土地之后寻找新的收入来源之间存在的空白期。就支出来说,当失地农民失去了土地之后往往附带着会失去自己的居住用地,国家对于失去住所的失地农民给予购房补偿,而往往这部分的购房补偿并不代表着能够获得完整的住房,反而需要失地农民继续向住房投入资金。同时失地农民在失去土地之后,相当大一部分可以自给自足的粮食来源也随之失去,也就是说当失地农民失去土地、失去生活来源之后,用于维持需找到新的收入来源的购地补偿款在城市居住费用、粮食购买费用的消耗下,会很快地进入生活困境,所以需要对于陷入生活困境的失地农民给予最低的生活补偿,在失地农民再就业之前满足失地农民以及家庭子女最基本的生活条件。

2. 就业保障

个人就业的因素主要取决于个人的知识技能储备能力和个人就业福利最大化的问题。从这个问题当中可以进行延伸,失地农民在失去土地之后,其就业必然也会受到这两个因素的影响。假设当失地农民失业之后,土地补偿金在无时差影响下进入了失地农民的账户,就业的决策问题便会在很大程度上受到个人就业福利最大化的影响,这时候的失地农民就业更多的是失地农民的一种主动择业。而个人就业福利最大化一方面在于就业之后的福利程度应当高于或等同于未失地之前从事农业生产时的收入,另一方面个人就业福利最大化意味着应当在工作环境下最大程度上等同于未失地农民之前从事农业生产时的环境,比如,工作地点与家庭住址间的距离,在这两点无法得到满足的程度上,一般失地农民都会因为土地补偿金的影响因素而做出不利于就业的决策。当失地农民的土地补偿金用完之后，失地农民的就业问题更多地取决于自身的技能储备以及劳动力市场对于劳动力资源的需求结构，此时失地农民的就业问题更多的是一种被动式的就业。如果在这个阶段，失地农民没有良好的技能储备以至于自身的条件不符合劳动力市场对于劳动力资源的需求条件，这个时期的失地农民就业问题便成为一个很困难的社会现象。实际上，政府对于失地农民的就业培训一般都是在失地农民失去土地之后才开始进行，即使此时政府的培训具有很强的市场引导性，对口程度高，但是失地农民在接受政府的就业培训后，因为上述的原因并不会在第一时间进行就业抉择。当失地农民因为种种因素没有就业而导致土地补偿金用完之后，虽然此时的失地农民具有了更高的就业意愿，却往往因为此时劳动力市场对于这方面的劳动力资源需求随着时间的推移已经得到了满足，过去的技能储备失去了应有的作用，而此时政府已经由于财力或者政策的原因不再提供失地农民第二次就业培训，导致失地农民的再就业出现了严重问题。

（二）失地农民在就业后所应当拥有的社会保障

失地农民就业后的社会保障更多的是失业保障和就业保护，失业保障主要包括失业预防、失业服务和失业保险三方面的内容，其主要目的在于预防失业，同时也为失地农民在再失业之后维持基本生活水平提供保障。失地农民就业是失地农民融入城市当中的一个步骤，因此，在制度设计方面与城镇居民的失业保障制度有很多的相似之处。

三、国内外促进失地农民就业的措施

（一）国外部分国家的措施

1. 德　国

德国的失地农民与存在雇佣关系的普通职工一样享有所有的社会保障，德国的失业保险费用主要由企业和个人进行承担，政府提供一定的财政补贴，但是与其他国家所不同的是，德国的失业保险金支付的时候必须遵循"职业介绍先于待遇发放"，即德国的失业人员在职业介绍以后仍然未获得工作才能够

享受到失业保险的待遇。这种失业保险的待遇会持续一年的时间，在一年以后失业人员依然未获得工作，政府将会发放失业救济金作为对失业保险的补充。

2. 美 国

美国对于失业救济金的发放一直坚持着"职业培训先于失业救济"的原则。美国自从 20 世纪 60 年代开始就一直致力于对失地农民进行人力资本投资，试图通过这种投资来改变失地农民普遍文化素质低下的困境。

3. 日 本

日本采取了两项措施来解决失地农民的就业保障问题，首先是大力发展工业和第三产业，增加更多的就业机会以便于吸收离开土地的失地农民；其次是完善国民教育制度，通过加强城市教育和农村教育来提高失地农民的素质，使得失地农民在失去土地之后能够具备一定的基本素质，成为工业和第三产业的潜在劳动力，既保证了劳动者的素质以及工业化的步伐，同时也能够将社会当中的闲散劳动力充分利用起来，减少社会危机发生的可能性。

（二）国内一些地区的经验与探索

国外发达国家针对失地农民的政策对于我国有一定的借鉴意义，但是在中国，无论是国家的财力还是社会保障体系的完善程度，社会保障法制体系的完备性都无法与国外相提并论。因此，我国针对失地农民的就业保障制度的建设同样是在摸索当中前进，在各个地区都有许多的针对失地农民就业保障制度建设的案例，同时也获得了不菲的成果。因此，借鉴国内失地农民社会保障制度的经验和教训，有助于研究在社会主义市场经济条件下处理相同问题时所应该注意和避免的情形。

1. 无锡经验

无锡经验可以概括为"以土地换社保"。自从 2002 年以来，无锡在不同地区的试行之后，基本上确立了一整套的关于失地农民社保体系的建设计划，其中就失地农民的就业保障而言，无锡要求将地区的招商引资与失地农民的就业保障结合起来，将吸纳失地农民就业与招商引资相互集合起来，建立起了一套土地使用与失地农民就业相挂钩的协调机制。同时，对于吸纳生活困难的失地农民的单位按照地区的具体情况给予一定的政策优惠与补助。

2. 上海经验

在 2003 年，上海就出台了《被征用农民集体所有土地农业人员就业和社会保障管理办法》，可概括为"低平台、广覆盖、有弹性、强制性"的失地农民社会保障，规范了保护失地农民权益的措施。

一是明确实施原则。按照落实社会保障与土地处置、户籍转性整体联动的原则，凡是土地被征用或者需将农业户籍转非农户籍的，都应当首先落实离开土地的农业人员的社会保障，再办理土地处置、户籍转性的手续。按照落实保障、市场就业的原则，征用地单位承担的征用地费用应当首先用于被征地人员的安置补助费。安置补助费应当首先用于落实社会保障。

二是征地劳动力按照市场就业的原则，纳入城镇就业服务范围。征地劳动力可以在户籍所在地享受由本市各级公共就业服务机构提供的职业介绍、职业指导等就业服务；可以参加政府补贴的职业培训。征地劳动力自主创业的，可以按规定享受开业指导、创业培训、开业贷款担保或者贴息、非正规就业等扶持政策。征地劳动力经区县劳动保障部门认定为就业特困人员的，各级公共就业服务机构应按规定实施就业援助，帮助其实现就业。

三是规范征地劳动力安置补助费的用途。征用地单位为征地养老人员承担的安置补助费，应当用于缴纳征地养老费。征地养老人员的征地养老费，包括生活费、医疗费、补助费等费用。征地养老费的缴费年限为男性 15 年、女性 20 年。经劳动能力鉴定机构鉴定为完全丧失劳动能力的被征地人员应当纳入征地养老人员范围，可以提前养老。征用地单位应当与征地养老人员签订养老协议。征地养老费由征用地单位向区县政府指定的征地养老服务机构一次性缴纳。

四是严格监管征地管理费的收取和使用。劳动和社会保障行政部门向征用地单位按照被征地人员安置总费用收取一定比例的征地管理费，主要用于被征地人员落实就业和保障的办公、业务培训等必需的支出，补充落实就业和保障过程中处理特殊情况以及歧视。

第二章 昆明市呈贡区失地农民社会保障运行成效分析

一、呈贡地区现行保障政策以及存在的问题

2004年，呈贡就出台了《关于解决失地农民基本生活保障的试行办法》；2008年，呈贡推出"以地、以财、以房、以业"四项保障工作措施，该措施改变了城建征地先集体后个人的分配惯例，将土地补偿款的90%归农民，10%用于集体发展公益事业；土地被征用者人均给予建筑面积80平方米的住房指标，独生子女增加40平方米；每征用100亩地，预留15亩作为集体资产进行经营，个人可以以入股的形式获取收益；企业落户新区必须吸纳一定比例的失地农民就业，给予外出租地农民以财政补贴；对完全失去土地并登记为居民的男性满45岁、女性满40岁及以上人员，按失地当年城镇居民最低生活保障标准，一次性缴纳15年养老统筹费。

二、呈贡新区失地农民再就业状况分析

在阅读了大量文献的基础上，笔者以一名研究者的身份深入到了呈贡新区吴家营街道的前卫营社区，进行了为期2个月的实地调研。以户为单位，共发放问卷420份，其中有效问卷为415份，鉴于失地农民文化水平比较低，少量调查问卷由他们口述，本人代写。同时，为了获取更为真实、更为全面的数据，进一步了解与失地农民再就业相关的政策法规，也为了弥补问卷调查中的一些不足，笔者又前往了多个失地农民小区、创业协会和管委会等多个部门，

并与相关工作人员进行了简要的访谈。此外,为了更加清晰地反映失地农民就业的现状,利用 Excel 数据生成的功能,把问卷和访谈提纲两项资料进行分类整理,录入其中,从而生成了统计数据。

(一)前卫营基本情况概述

前卫营原系一个村,管辖一个自然村的 8 个居民小组,总面积 5.57 平方公里,海拔 1925.00 米,年平均气温 16℃,年降水量 789 毫米,适宜种植蔬菜、水果、花卉等农作物。原有耕地面积 3427 亩,林地 1343 亩,农户 606 户(现为 650 户),乡村人口 1542 人(现为 1703 人),人均持有耕地、林地及宅基地等约为 3 亩。作为呈贡新区建设第一批被征地的村落,2009 年 11 月,前卫营完成了对所有村民征地后的原址回迁安置工作,撤村改居委会。目前,前卫营已经累计征收土地约五千亩,几乎所有村民完全或部分失地。

(二)土地征用和补偿情况

呈贡新区的城市化规模从某种程度上来说是与大学城的兴建分不开的,前卫营的土地征用是呈贡新区城镇化过程当中重要的一个环节,而这种征用无法避免地产生了许多的失地农民,截至 2014 年,前卫营被征集的土地达到了 4896 亩,前卫营的土地主要用于高校建设和与高校相关的附属设施的建设,比如云南艺术学院以及云南民族大学等高校的建设用地,以及各种住宅小区和雨花交通枢纽及其道路的改扩建工程。在土地征集过程当中,政府对失地农民的补偿问题极为重视,但是所采取的补偿措施因为当时的政策等问题,主要采取的还是以货币补偿为主,补偿标准以失地农民所失去的土地类型的不同而有所差别,其中对坝区的补偿综合地价约为 8.5 万/亩,山区和半山区的综合地价则分别为 6.5 万/亩和 4 万/亩。

(三)劳动力资源和就业情况

2014 年 12 月,笔者对前卫营社区进行了抽样调查,年龄分布为 16~60 周岁,男性为 217 人,女性为 158 人,总计人数 375 人,并对这些人群所反映出的数据做了如下统计:

1. 年龄结构

如图 7-1 所示,相较于其他被征地地区而言,前卫营社区的劳动力质量相对较高,其中集中于 19~45 岁青壮年阶段的劳动力数量占调查数据的 63%。这些人正处于人生的黄金时期,是工作和创业的最佳年龄段;而这部分人群以外的即 46 岁以上的失地农民实际上也并不占少数,但这些人竞争力无法同年轻人相提并论,但同样对工作有着强烈的需求,并且可能成为未来几年前卫营养老问题的一个根源。

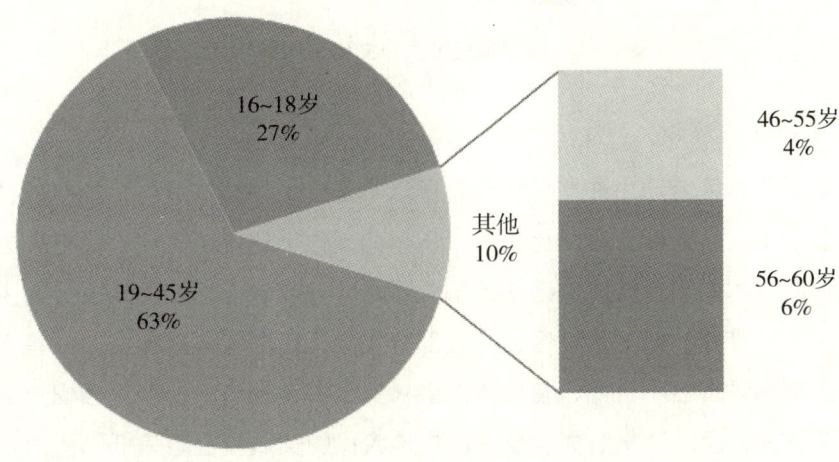

图 7-1 前卫营征地人口年龄结构统计

2. 文化结构

如图 7-2 所示,前卫营社区适龄的劳动力当中仅仅只有初中及以下学历的人数占到调查数据的 79%,而稍微具有一定竞争力的高中或者技校毕业的人群仅仅只占到了 16%,真正能够在劳动力市场当中具有与相同人群进行竞争的高等教育学历的人数在图表当中显得极为稀缺。根据许多与就业相关的理论来看,劳动者的报酬在很大程度上是随着劳动者的知识水平的提高而相应地进行增长的,前卫营社区呈现出的与劳动就业理论相反的倒金字塔结构必定会使得这部分人群在劳动力市场竞争当中呈现出弱势的表现,并严重影响到他们在失去土地之后的就业情况。

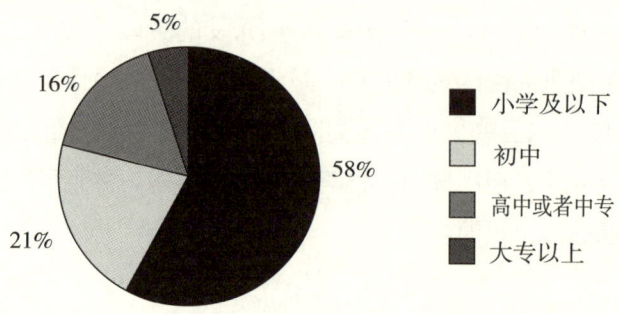

图7-2 前卫营征地人口文化结构统计

3. 职业分布结构

前卫营的社区劳动力在产业结构布局当中呈现出明显的倾向,其中以种植业为代表的第一产业就业占总比例当中不小的地位,这说明失地农民在失去土地之后,其原本的职业技能决定了他们更愿意参与和农业相关的产业。而主要从事第二、三产业的前卫营社区人群大部分集中于工业和与服务业。从笔者对于社区人群的访查当中得知,在作为调查对象的375人当中拥有正当职业的仅仅只有216人,同时这份数据也反映出失地农民的实质就业率偏低,同时可选择的就业范围也十分狭窄,而且大部分能够接受失地农民的岗位对于技术要求并不高,存在着很大的竞争压力。

4. 就业途径

在对前卫营社区居民的访谈过程当中,大部分的人群在失去土地之后都有进城寻找就业机会或者是相关的工作的经历。如图7-3中所示,前卫营社区的人们在失去土地之后,主要通过以下四种途径来进行再就业,其中通过人际关系获得的工作机会占其中的绝大部分,这说明了农民在城市化进程当中其人际交往范围并没有获得广泛的提升,没有真正地融入整个地区的城市化进程当中来,而与之相对应的是呈贡地区的劳务中介组织并没有在失地农民再就业过程当中扮演重要角色。失地农民对劳务中介组织的认识也不够,同时也侧面反映出了政府在失地农民就业安置当中的局限性,政府的角色"缺位"。

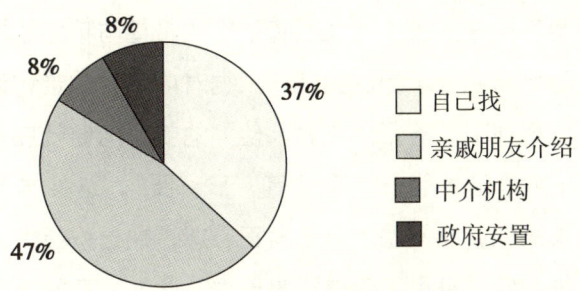

图7-3 前卫营征地人口就业途径统计

5. 家庭年人均毛收入

正如图7-4中所示,前卫营社区家庭年人均毛收入主要集中在10000~20000元及其以下,根据调查所示,这种收入对于大部分的前卫营社区居民来说,能勉强维持其基本生活,但是同时绝大部分的前卫营社区家庭都反映出了对于未来物价水平和消费水平的忧虑,认为现阶段收入水平很难保障以后的生活质量。

图7-4 前卫营征地人口年均毛收入统计

三、昆明市呈贡区失地农民就业保障存在的问题

(一)就业观念存在的问题

失去土地的农民,很大程度上还是受到过去的小农思想的影响,这种影响力极为深刻,并牢牢束缚住了他们许多可能采取的行动。他们缺乏对市场规律的应有认识,缺乏与就业和创业息息相关的市场意识和防范意识,缺少必要的

危机感。许多失地农民在失去土地之后将所有的希望与精力放在政府身上,认为就业等问题是政府所应当承担的责任。根据对前卫营的走访调查,80%以上的失地农民认为土地在被政府征用之后,他们的就业问题就应当转交给政府来负责。这种消极的心态总结为三个字"等,靠,要",这种思想的抬头很大程度上造成了失地农民在就业问题上无法摆正心态,缺乏积极性,被动的对待失业问题在前卫营失地农民身上表现得极为严重。此外,正如上文所分析的,前卫营失地农民的社会关系在城镇化过程当中并没有明显的扩展甚至在这种半封闭环境当中逐渐形成了"小富即安""无富也安"的小农意识。在以相对优惠的价格买入一套房产后剩下的补偿款还有一部分剩余的情况下,他们中的很大一部分人开始贪图享乐,打扑克、搓麻将,甚至进入一些高级娱乐场所。据对所调查的前卫营家庭的数据,接近一半的家庭将剩余的补偿款来购置一辆小轿车。这类吃喝玩乐的失地农民没有可以从事的职业,所有的生活来源都集中在补偿款上,一旦补偿款花完,这类失地农民的工作问题将成为一个难以解决的社会问题。

(二) 再就业安置困难,失地即失业

我国的基本国情决定了现阶段对失地农民的安置主要还是以就业安置和货币安置为主。在计划经济时代,失地农民的就业可以通过国家的统一安排,即转变为工人的身份来实现就业。而在市场经济时代,城市化进程的加剧,导致了失地农民的人数急剧膨胀,第二产业无法也无力吸收如此庞大数量的失地农民,2012年前后,据不完全统计,前卫营地区失去土地的人口约为1207人,其中能够通过政府安置从而实现就业的人数仅仅为54人,占失地农民总人数的4.5%,而且这54人当中大多数是很难再就业的大龄人口和妇女。同时,即使是这些能够被安置的失地农民也有很多人会因为各种原因被中途辞职。调查结果显示,前卫营约有40%的农民不愿从事任何生产劳动,这些失地农民很多都有过再就业的经验,但是这些经验反而让他们越发逃避工作,其中理由不一而足,主要以工作待遇不好为主要理由,继续回到了坐吃山空的状态,而许多实现就业的失地农民从事的均为劳动密集型的行业,并且由于缺乏法律防范意识,存在着再次失业的可能。

(三)失地农民收入低,稳定性差

土地具有三重载体的作用,因此,失去土地对于失地农民的就业、社保、生活都会带来不同程度的危害。为了解决失地农民最为需求的生活问题,呈贡政府一直在寻找着更合适本地区基本情况的办法。新区先后出台了《呈贡新城规划区内被征地人员养老统筹办法(试行)》和《呈贡新区被征地人员劳动就业和社会保障工作试行办法》等文件,文件宏观上规定区财政每年安排1000元支持和建立失地农民最低生活保障、基本养老保险和基本医疗保险。按照现行政策,社会保障资金财政补贴30%,集体和个人承担70%,并明确指出,"对完全失去土地并登记为居民的男性满45周岁、女性满40周岁及以上人员,按失地当年城镇居民最低生活保障标准,一次性缴纳15年的养老统筹费,其中县财政补助缴费总额的30%,集体再酌情按比例承担一部分,个人承担一部分"。

这些政策在一定程度上对解决失地农民的就业问题起到了一定的推动作用,但是这些政策从开始制定,然后到整体的运作方面,政府都在无意识当中将城乡二元化的倾向带到了政策当中。就最低生活保障而言,2013年昆明市及其辖区的最低生活保障标准为370元,但是对于已经登记为城镇居民的失地农民来说,按享有完成城镇最低生活保障标准而言,他们依然行走在标准值之外。2013年,失地农民依旧只收到了60元的农村低保金,他们的标准依然与普通农民相同,同时失地农民的基本养老保险和基本医疗保险依旧没有发生改变,因此,从社会保障的视角里说,名义上失地农民在失去土地之后转变成了城镇居民,但失地农民并没有享受到城镇化所带来的福利待遇,反而因为失去土地无法就业成了游离于城镇居民和普通农民之外的边缘化群体。

(四)失地农民再就业收入低、收入水平总体下降

通过对前卫营失地农民收入来源情况进行分析汇总,并结合昆明人力资源与社会保障局所给出的数据进行对比,呈贡区失地农民收入主要来自于以下四种渠道:补偿性收入、经营收入、工资收入和转移性收入。补偿性收入主要指失地农民在获得政府的安置后所能获得安置补偿的综合,包括征地补偿金等相关的政府补偿收入;经营收入则指失地农民从事经商所获得的收入;工资收入

既包括失地农民获得政府安排工作所提供的劳务报酬，也包括失地农民务工所获得的劳务收入；转移收入多指政府向失地农民所提供的财政补贴，这一部分补贴是政府为了鼓励失地农民创业所提供的政策倾斜或者提供的税收补贴。从前卫营失地农民的调查结果中可以看出，失地农民的收入来源主要还是靠补偿款收入，其余三种收入来源虽然也占一部分，但是比例并不足以维持失地农民的生活基本需求。这主要还是由于失地农民自身素质和技能的缺失所导致的，也正是因为这个原因，失地农民大多从事诸如餐饮、建筑等无需技术含量的简单体力劳动。

四、昆明市呈贡区失地农民就业保障存在的问题原因分析

（一）失地农民就业压力大

失地农民的就业从本质上来说是由第一产业向第二、三产业的转移，在这种转移过程当中失地农民的就业不但要面临着与原本第二、三产业当中人员之间的竞争，同时还要面临着与越来越多地进入第二、三产业的大中专毕业生与转业军人之间的竞争。但失地农民缺乏进入第二、三产业的素质与竞争能力，现在针对失地农民的就业多采取就地安置的措施，而城镇化会带来外地务工人员的流入，这些务工人员在心态、年龄组成，以及对收入的心理预期方面要优于失地农民，因此对失地农民的就业带来巨大的压力。

（二）失地农民在就业渠道方面始终存在着一些问题

当农民失去赖以生存的土地成为城市居民一部分的时候，就意味着农民过去学习的技能基本上失去了作用，这也是失地农民普遍素质不高的原因。失地农民素质不高的现实状况导致了就业转型通道不畅，而同时也正是由于这种转型不畅的情况产生了许多的社会问题，比如，养老问题、劳动力资源闲置，以及"鬼城"问题的出现。因此，失地农民急需一项能够保障他们就业，完成劳动力再生的就业保障模式。失地农民的就业渠道主要包括三个方面：就业安置、自谋职业和外地务工。就业安置是政府要求使用征地的企业安排好失去土地的农民，但是随着征地的用途越来越多的并不是用在工业上，而转向了公共用地、房地产等非生产性项目方面，这就导致了就业安置实际上成了一句空话。因此，现在越来越多的征地都是采取货币补偿的手段，就业安置已经不再成为一项普遍可采纳的失地农民的就业渠道。

自谋职业对于失地农民来说存在着很大的风险，首先投资所需要的资金一般都来自于征地之后的补偿金，但是如果投资失败，则不但意味着失地农民将再次面临着如何就业的风险，同时也缺少了最基本的生活保障。而由于失地农民对于市场的供求变化并不了解，盲目的投资很容易带来巨大的经济损失，同时也由于失地农民文化程度普遍较低，并不熟悉投资经营手段，即使是抓住了难得的商机，有时候收益也并不理想。

外地务工可以说是失地农民采取得最多的生存手段，但是一般这些工作都属于流动性强，替代率较高的工作，如果环境稍有变化就会再次面临失业的风险，同时，由于社会保障政策并没有做到全国范围的统筹，失地农民外出务工通常意味着放弃了许多本地才可以享受到的社会保障待遇，如养老保障、医疗保障等。外出务工虽然可以在短时间内产生一定的经济效用，但是从长期来看却意味着失地农民放弃了很多的应有权利。

（三）失地农民收入低，稳定性差

失地农民的收入主要来源于征地补偿费、劳动收入、房屋出租收入和储蓄。绝大多数家庭的收入都来源于前两项收入，而拥有后两项收入的家庭并不多，即使有，也并不稳定。首先，失地农民土地补偿标准低，人均占有土地面积少；其次，失地农民自身的素养以及技能储备导致了其只能从事技术含量不高的体力劳动，如餐饮业和服务业等。这类职业一般由于市场风险较大，容易出现更多的机会风险，这些风险严重地影响了失地农民工作的稳定性，最后，失地农民所从事的工作由于不具有太多的技术含量，多属于简单劳动，因此工作替代率高、工资低，这也就导致了失地农民工资收入相对较低，不容易形成储蓄，难以保障失地农民的基本生活。

（四）失地农民就业观念跟不上市场经济的要求

失地农民在长期的土地劳动中养成了对土地相当强的依赖性。这种依赖性在长期的农业生产生活中易形成散漫的生产生活方式和习惯。当失地农民失去土地之后，这种生活习惯依然难以改变。如果失地农民在失去土地之后突然获得了一笔不菲的收入，这会让失地农民对迅速就业产生了抵制的心理。而且失地农民本身的劳动素养无法追上就职于第二、三产业的从业者，在寻找工作的过程当中很容易产生自卑心理，这种心理让失地农民很难对再就业拥有信心与勇气。

（五）失地农民缺乏应有的社会保障

我国农村社会保障体系的建设虽然在不断地改善与修复当中，但是这种改善和修复完全赶不上农民以及失地农民对于社会保障的需求，特别是对于失地农民来说，失去了土地不单单代表着失去了最基本的保障载体，同时也失去了农民的身份。但是在转换的过程当中"农转非"相关政策的滞后，使得失地农民并未被纳入城镇保障体系。

（六）失地农民自身存在的问题

1. 失地农民自身竞争力不足

失地农民就业压力大的原因之一有自身竞争力不足。随着越来越多的本科毕业生进入市场，社会本来有限的就业机会就显得更加不足，而适合失地农民的岗位数量就更少了。对于一些需要一定技术含量的工作岗位来说，农民工无论是在年龄和技术上都比不上大中专毕业生和转业军人。而对于并不需要技术含量的工作岗位，农民工又比不上拥有积极就业心态以及有着年轻资本的外来务工人员。因此，农民工自身的竞争力让他们成了职场上的弱势群体。

2. 失地农民自身素质不高

呈贡地区的农民存在着一种较为普遍的问题，那就是对于再就业培训的积极性不够。实际上这种问题在全国许多农村地区都存在。农民在获得一大笔征地补偿金之后，其中一部分人必定会产生一定的消极劳动的心理，所以再就业培训当然不会列入失地农民就业的选择当中。而对于其他一些意识到补偿金不足以满足生活所需的失地农民来说，如何更快速地找到工作也往往会令这部分农民不愿意接受再就业培训。就导致了政府所做出的就业培训服务往往无法达到预期的效果。

可以看出，为什么失地农民不愿意参加就业培训，主要原因在于两个方面，第一个方面在于失地农民在就业培训的时候没有生活保障，如果参加政府的培训意味着失地农民要放弃自己采取简单劳动获得报酬的时间,而这些时间无论是对于有风险意识还是没有风险意识的失地农民来说都是一种机会成本。第二个方面,由于政府进行的就业培训是一个单方面政府力量的产物,培训之后获得的证书和凭证并不能得到社会的认可,导致许多失地农民即使参加了就业培训也无法获得相应的工作,这对于失地农民参加就业培训的积极性是一种严重的打击。

3. **经济发展所带来的对教育水平的高要求与失地农民受教育水平偏低的矛盾**

随着经济的高速发展和生产力水平的提高,企业走向规模化和集约化,这要求企业投入更多的资金用于提高技术和扩大生产规模之上。而技术的提高往往会导致了企业对于人力资源的要求也随之提高,增加对技术性和熟练工人的需求,这种对高技术人才要求增加,并不利于失地农民的就业,反而使得失地农民的就业形势更加严峻。

4. **外地务工人员的涌入给本地失地农民的就业带来了巨大的压力**

随着外地务工人员的涌入,失地农民的就业竞争力相比务工人员有明显的劣势。首先,在年龄方面,大部分自愿外出务工就业的人员的年龄较失地农民更有优势。其次,失地农民在被动失去土地之后心态方面的转型比不上外地务工人员,外地务工人员愿意背井离乡到外地打工,无论工作的性质如何都有着吃苦的觉悟,而相比本地的失地农民没有吃苦的心态。最后,外出务工人员一般具有一项或者几项技能,更加受到市场的欢迎。

五、针对呈贡地区失地农民的政策建议

(一)针对呈贡地区失地农民建立相应的就业保护制度

具体来说主要分为两个阶段,针对已经就业的失地农民采取制定相关的法律法规政策,明确失地农民的权益;针对失地农民的既得权益采取行之有效的管理办法予以关注及保护,如提高企业主体的用工责任,提高合同的履行率,对于存在坑害、歧视拖欠农民工工资的企业依法予以严惩等。需要建立与失地农民失业相关的就业保护制度,失地农民因为工作存在流动性与不稳定性,当

失地农民失业之后应当享受与城市居民相同的就业保障、就业救济制度，而不应对这部分就业后再失业的人群置之不理。

（二）完善责任体系，需要政府和社会共同的力量

政府在就业保障的过程当中扮演着重要的角色，同时也是体制完善的关键修补者，如何发挥政府在就业保障过程中的能动性是就业保障能否起到作用的关键。首先，政府需要在土地补偿金当中抽取一部分建立专项资金，实现专款专用，才能保证失地农民的就业保障有序进行，同时对开展自我创业的失地农民实行免税和减少办证费用等措施，保障失地农民自主创业的通道畅通。其次，政府需要起到引导的作用，光光凭借失地农民自身的力量无法掌握市场动向实现劳动力的有效转移，政府可以通过政策和宣传工具引导失地农民再就业，实现劳动力的有效配置。最后，政府需要制定相关的政策，保障失地农民可以获得与其他劳动者相等的就业机会，从而使得失地农民再就业的渠道更加多样化。

第三章　社会保障视角下失地农民就业对策的完善

一、经济发展是推动失地农民就业的根本动力

（一）以产业结构调整来带动失地农民就业

解决失地农民的最根本方式就是加速经济发展，提供更多的就业机会。但是，正如上文所说，经济发展并不一定会带来失地农民就业机会的增加，这是由于失地农民的受教育水平不符合市场发展的要求所导致的。比较中国和国外可以发现，虽然中国的失地农民在教育等方面存在着欠缺，可是国外农民的素质相较于国外先进的生产技术而言依旧是就业岗位当中的弱势群体，但是国外的产业结构比重与中国不相同，国外更加注重第三产业的发展，而我国第三产业的发展规模不大，发展力度不够，而第一产业、第二产业是最适合吸收非技术工人的，产业结构的发展不均衡导致了中国提供给低技术劳动力的职位数量远远落后与国外发达国家，同时，由于第三产业对劳动者的素质要求相对较高，反而不利于吸收低技术劳动力。因此，加快产业结构调整，重视劳动密集型产业的发展对于解决失地农民的就业问题，以及促进劳动力资源的充分利用具有重要的意义。

（二）发展农业，增加农业内部就业岗位

失地农民在失去土地之后就失去了基本的生产资料，但是其长年从事农业劳动使得他们拥有与农业相关的知识与技能。因此，发展农业，促进与农业相

关产业的发展，对于吸收闲散失地农民劳动力资源，促进本地区经济发展水平具有重要的意义。呈贡区现在许多的失地农民都采用在外地承包土地的方法来实现就业，这种方法有效地解决了部分失地农民的再就业问题。第一，失地农民本身就具有相对应的技能，不需要经过专业的培训即可完成农业劳动生产。第二，随着大批青壮年农民工进城务工，部分地区土地由留守老人和留守妇女进行耕作，劳动生产率不高，甚至部分地区的土地出现了荒废的现象。所以，在外地承包土地有利于劳动力资源的循环有效利用，但是随着社会的发展以及土地资源的开发，土地资源的不可再生性将会越来越明显。因此，需要通过政府积极的引导，开发农业的内在潜力。首先，实现农业产业化，鼓励家庭农庄的出现，使得农业更加集约化、专业化，提高生产率，实现农业的科学化、技术化发展；其次，政府需要鼓励失地农民充当农产品经纪人，铺设本地区特色产品的销售渠道，形成品牌优势，更有利于本地区农副产品产业的发展；最后，充分发挥本地区的位置优势，因为云南地处中国与东盟自由贸易区的接壤地带，所以如何引导失地农民在中国与东盟地区之间形成劳务流动，将是政府下一步需要研究的课题。

二、形成政府主导社会及相关部门共同促进就业的保障格局

（一）政　府

政府作为城镇化与工业化的推进者，对于在城镇化和工业化的过程当中所产生的失地农民问题有着不可推卸的责任，政府应当直面这部分责任并在这个问题上起到主导的作用。失地农民就业困难归结起来还是由于失地农民的劳动技能无法达到第二、三产业对于劳动力的要求标准，缺乏接受较高水平教育与培训带来的是失地农民本身的竞争优势不足，单单凭借着长期以来在土地当中获得的经验与技术不足以适应不断发生变化的劳动力市场。因此，单单凭借着市场的力量来满足失地农民对于岗位的需求是极为困难的，如果政府不能参与到这个环节当中并起到穿针引线的作用，那么不单单是失地农民的正常诉求得不到满足，同时也使得劳动力市场对于劳动力的需求存在缺口。

1. *制定适应失地农民再就业的政策*

失地农民在失去土地之后将不可避免地与城市居民竞争再就业的机会，而

城乡受教育机会的不平等，受教育水平存在高低差，城乡劳动政策二元化的存在，却使他们必须在同一个就业竞争市场上争取相同的岗位，这实际上就是就业机会的不平等。这种不平等是不可能通过市场或者社会力量所能够解决的，这需要政府的力量，通过政府出台针对这种现象的就业促进政策，能够将这种机会不均等拉回到同一起跑线上，使得失地农民获得公平的就业机会和竞争机会，必须把失地农民的问题罗列到与解决城镇下岗职工、大中专毕业生和失业人员就业问题同等的地位，并及时地跟踪予以解决，以及提供相应的政策优惠。其解决思路也可以模仿上述三者的解决方法，在深入了解失地农民这一弱势群体的特殊性之后，研究有利于失地农民可持续发展的生存之计。

2. 政府各级财政划拨专项资金，建立相应的就业专项基金

促进失地农民的就业需要一项专项的资金投入，而这笔资金投入的来源大部分需要各级政府的财政参与。因此，如何保障这笔专项资金的来源，并通过有效措施给失地农民减轻就业的负担是政府值得深入研究的。首先，政府在土地出让金的规划当中必须预先留下用于失地农民就业培训的那一部分空间，只有当失地农民的就业保障体系当中有了充足的专项资金才能保障失地农民的就业信息网络，使免费的公益性培训和部分收费的有偿培训成为事实。其次，要加大就业资金的投入，需要国家在财政预算当中提高就业保障资金所占的比例，来为失地农民的再就业提供稳定的物质基础。最后，需要国家在税收上对失地农民的自主创业提供扶持，并按照当地财政收入状况尽可能地提高自主创业资金，并实施优惠的自主创业政策支持。

3. 多个政府部门相互协作，形成合力促进失地农民的就业

政府需要在失地农民就业当中扮演主导的角色。因此，不单单是在宏观层面上对于失地农民就业政策的实施等具有正确的认识，同时也应当将这部分政策的制定、开展与实施列入各级部门的阶段性规划当中。同样的，在开展失地农民再就业培训时，也要联合和调配政府各部门的力量形成合力，落实培训职责和任务，在公益性培养和技能培训方面，应当健全以县、乡、村三级农民职业技能培训网络体系，同时各县区财政应拨出专款建立专项培训基金，建设培训基地，开展免费的公益性职业技能培训。

4. 积极推进劳动力市场建设

促进失地农民再就业必须在劳动力市场方面打破城乡二元结构的束缚,从而建立统一的劳动力市场,建立一个以提高失地农民就业服务的有效性和便捷性为目标的劳动力市场。

第一,加大就业服务网点的建设,形成以市劳动力市场为中心,以乡镇劳动力服务站为分支的就业服务网络。在就业服务网提供有效、及时的就业信息。

第二,在就业服务网点建设的基础之上构建有效的就业服务体系,改变传统的依靠自由人脉关系进行就业的就业渠道,建立和规范失地农民就业中介组织,尽量保障失地农民所得到的就业信息与自身所具备的条件完美相符,使得失地农民能够多渠道就业、择业,提高就业成功率。

第三,政府应当通过合理的措施,消除劳动力市场上对于失地农民的歧视性规定和收费,从而降低失地农民就业所可能遭遇的障碍,以便减少失地农民就业的成本,同时在立足于本地区资源、经济发展状况的基础之上,为失地农民创业提供方向,并给予一定的政策优惠。

第四,加大对劳动力市场从业人员的素质培养,从而为失地农民的就业提供量身定做的高质量的就业服务,就业服务网点中的服务人员进行定期培训,调整工作人员的服务方式与服务质量,并在此基础上建立一套行之有效的服务质量评估体系,以此作为服务人员的服务考察标准,使得服务人员能够在此标准上改进工作方法和工作水平。

(二) 企 业

市场的主体包括企业和顾客,其中企业是市场经济的重要组成部分,在经济发展过程当中,无论是第二产业还是第三产业的发展,实际上是在牺牲第一产业的过程当中逐步发展起来的,这是市场发展的必然趋势,也是企业在增强实力的过程当中所享受到的权利。但是在第二、三产业发展到一定的阶段之后,其必然需要对农业进行反哺,这是企业在发展到一定阶段之后所需要承担的责任。企业一直以来都是吸收农村剩余劳动力和吸纳失地农民就业的主要部门。因此,企业不单单是市场经济当中的重要角色,同时也是扮演着社会主义社会当中重要的角色，正是因为企业有着双重身份，同时又承担着对农业反哺的责任，企业在不影响到自身根本利益的基础之上应当为失地农民创造更多的就业岗位，在招收失地农民成为员工之后定期对其进行培训以避免其再次失业。

（三）培训机构

第一，培训机构应当保证培训能够更加具有引导性以及实用性，劳动力就业市场竞争十分激烈，对于人才的需求也不尽相同。失地农民的就业培训需要尽量能够获得培训的技能，如果失地农民的就业培训不能适应劳动力就业市场的变化，那么这种培训不但不能缓解失地农民就业的现状，反而会导致针对失地农民就业培训所付出的成本完全得不到相应的回报，同时也会使失地农民对于就业培训产生不信任，令整个失地农民就业培训计划的名存实亡。

第二，失地农民就业培训需要在一定的基础上尽量丰富培训种类，以及培训内容和培训方式。失地农民就业培训具有一定的目的性，但是这种目的性可能会因为不适应外界环境的变化而不能及时地进行改变。同时，失地农民的就业培训不单单是因为就业需要进行文化素质的积累，同时创业也需要对所涉及的领域知识进行了解，因此这就需要对应环境、对应个体、对失地农民再就业培训的种类内容和培训方式进行丰富，以便在市场环境的变化当中及时转型。

第三，建立多元化的培训网络，形成完善的再就业体系。建立多元化的培训网络体系就必须发挥劳动保障部门在失地农民培训当中的能动作用，同时积极广纳社会力量来参与办学，鼓励用工单位参与到失地农民再就业培训当中，使得失地农民的再就业培训与用人市场密切接轨。

（四）集体经济组织

积极扶持集体经济组织，发挥集体经济组织在失地农民就业保障当中的作用。自从改革开放以来，集体经济组织一直充当着吸收农村剩余劳动力的作用，失地农民其本质上也是农村剩余劳动力，因此作为解决失地农民就业问题的一个重要途径，发展集体经济组织在解决失地农民就业保障当中的作用极为关键。增强对集体经济组织的扶持力度，创造适合集体经济组织发展的经济与社会环境，将失地农民的就业安置问题与集体经济组织的发展联系起来，不断推进农村股份制改革,从而以失地农民就业促进集体经济发展,以集体经济发展拉动失地农民就业。

三、健全和完善失地农民就业保障制度

(一) 制度保障

1. 完善征地补偿制度

在目前的征地过程当中,我国多数采用的是货币补偿的方式。货币补偿的方式往往是参考当前流动市场当中土地的售价再加上土地当中所产出的产品的售价,然后按照年份来进行补偿。但是这种补偿方式实际上存在着很大一部分的不合理,当前流动市场当中土地的售价是一个既定的价格,这个价格不是一种动态的价格,即通过对土地升值后的参考价格再进行的补偿。因此,往往随着地区经济的不断发展,在当时来看很合理的补偿实际上并不足以满足日后失地农民的生活需求,同样的从土地当中生产出来的产品的价格也是一种"死价格",在对失地农民的补偿制度当中并没有参考到其中所蕴含的包括旅游等潜在资源所包含的价值,这就导致了对失地农民的补偿反而是强制性"买断",失地农民的权益不但没有得到维护,反而成了对失地农民合法权益的剥离。因此,要解决失地农民的就业问题必须考虑到失地农民的征地补偿制度。

首先可以参照国外的经验,对失地农民的征地加以严格的限制,最大限度地维护失地农民的利益。国外对于社会保障制度的建立往往采用的是立法优先的原则,而我国针对社会保障制度的立法更多地集中在了行政法规的层面,这就导致了公有产权、集体产权、私有产权的不清晰。这种产权的不清晰表现在土地国有化的前提下更是明显,甚至导致了对于土地的征收往往是一种无序的、罔顾公共利益的状态。因此,不但要规范征地的程序,同时应该建立征地听证制度,在听取多方意见之后建立合理的,兼顾国家、集体、农民三方利益的实施方案,在实施方案确定之后再详细实施,而不是单方面的推动方案。

其次,完善失地农民土地补偿标准,按市场经济规律对失地农民进行补偿。目前我国对预算失地农民的征地补偿不足,从根本上来说可以总结为并未考虑到土地用途改变之后产生的增值,并未考虑到市场物价水平波动所带来的

收益差距。因此，对于失地农民的补偿需要考虑到市场经济规律的作用，从而进行合理的定价，各地区的征地补偿费的构成首先应当能够满足社会保险资金的需要、住房的需要，最好能包括一部分可用于自主投资和创业的资金，从而在保障失地农民的基本生活的同时，也能随着经济的发展不断地提高。

最后，进一步的对失地补偿费的分配和管理加以严格把关，政府应当保障失地补偿费的分配和管理有规定可依。同时需要建立对于失地补偿费的流向的监管机制，将失地补偿费的流向列入群众的监督之下，从而保证补偿费不流失。

2. 建立有关失地农民的针对就业的保护制度

正如上文所说，失地农民由于城乡二元结构在就业保护当中处于弱势的地位，导致很多正当权益受到了侵害。因此，国家应当重视失地农民就业保障问题，在制度上和政策上向失地农民倾斜，保障他们在再就业过程当中的公平地位，具体来说应当分为以下两个部分：

第一，应当对失地农民的劳动权益进行保护，对失地农民劳动权益的保护需要从法制建设开始入手。通过法制建设的强制性来打破城乡劳动力市场二元格局，实现城乡劳动力市场的接轨，保障城乡劳动者能够拥有平等的就业权利。另外，通过法制明确企业的用工责任，实现用工单位劳动合同的诚信化、规范化，对失地农民就业后的合法权益进行再跟踪。

第二，加快失地农民失业保障制度的建设。失地农民失业保障制度包括两个方面，一个方面为失地农民就业保险，一个为失地农民就业救济，两者之间的保障标准和保障待遇层次化形成一套保障社会稳定的安全网。失地农民作为城镇化和工业化过程当中的牺牲者和贡献者，在他们失去了土地之后实际上面临的就是失业，其身份地位的变化决定了他们应当享受相应的社会保险制度。将失地农民按照年龄划分为三个层次，50 岁以下的失地农民纳入失业保险体系，对于年龄超过 50 岁以上的就业困难的群体，再综合考虑他们再就业的可能性后可直接纳入失业救济体系，而对于超过退休年龄的失地农民而言可以直接纳入养老保障当中。

（二）政策保障

失地农民的就业问题最主要的难点就是如何克服其缺乏非农劳动技能以及

在劳动力市场当中竞争力低下的问题,解决的最根本途径就是大力发展第二、三产业,扩大就业岗位。但是在短期内失地农民的就业保障更多地需要通过建立以劳动保障部门为主导的,适合现有市场经济环境需求的职业技能培训促进制度,以政策来保障失地农民的合法权益。

1. 培训政策

从国外针对失地农民就业保障的政策可以看出,针对失地农民就业保障政策的一个重要核心方面就是提高失地农民的职业技能和职业素养,保障失地农民在劳动力市场当中的竞争力。但是毫无疑问的是,相较于国外的受教育程度和对简单劳动的需求程度,西方国家对于失地农民的培训相较于我国复杂多变的劳动力市场来说具有更高的有效性和准确性,而失地农民的就业培训事关失地农民在今后生活当中的发展权利,必须得到政府的重视并投入更多的精力,切实地解决失地农民的就业培训问题。

第一,培训政策应当以市场作为最基本的导向,在条件可以允许的基础之上,根据失地农民的实际情况,如年龄、文化水平、就业意愿来进行多层次的、具有目的性和针对性的培训,切实保障失地农民在劳动力市场当中的竞争能力。

第二,建立高参与机制的就业培训机制,充分调动劳动保障局和社会力量在就业培训当中的作用,同时鼓励企业就本单位实际需求情况对失地农民的就业培训加以引导。

第三,完善失地农民职业技能培训体系。第一层次是公益性培训,这一层次的培训目的是向失地农民进行疏导,同时在宣传中使失地农民对就业树立信心,树立正确的竞争择业观念,以保证失地农民就业培训的进程。第二层次是就业技能培训,这个层次可以划分为初级技能培训和高级技能培训两个部分,初级技能培训对应的是,能够通过简单培训就能快速适应的职位,这些职位多数为简单劳动不需要过多的文化素养,初级技能培训适合年龄较大,地缘观念浓厚的失地农民;高级技能培训则更多针对年龄较轻的失地农民,利用他们年轻,接受能力强的特点,加快他们对整个市场环境的适应,扩大择业范围,增加就业机会。

2. 就业政策

(1) 就业促进

这方面主要包括的政策有为失地农民提供公益性岗位、制定政策促进企业向失地农民提供就业岗位、促进社区向失地农民提供就业岗位三个方面。

第一，我国的城镇化是由国家发起和倡导的，所征收的土地经过开发和利用之后，所得的款项很大一部分被国家所征收。因此，在失地农民的再就业问题上，政府必须承担相应的责任，向失地农民提供公益性岗位。这部分岗位包括交通、绿化、卫生等多个方面，同时多数为培训后即可上岗的简单劳动，能吸引年龄较大的失地农民从事，达到就业人员分流的作用。

第二，使用行政手段或者税收优惠的手段来促进企业对于失地农民的吸纳。对于吸纳失地农民的企业，在对其进行税收优惠的同时，必须与其保障失地农民在岗位当中的合法权益结合起来，防止部分存在投机心理的企业通过招收、辞退失地农民的手段骗取政府在税收和行政上的倾斜，对于发展劳动密集型的企业更加应当给予更多的优惠政策和扶持政策，这一类企业的发展能够在相同条件下提供更多的就业岗位，同时由于岗位对于失地农民的素质要求要低于其他企业，非常适合失地农民的就业安置。

第三，在失地农民的就业问题上应当发挥社区服务向失地农民提供岗位的重要作用。社区发展是整个社会发展的一个小的单元，社区服务的方便性与快捷性同时也满足了人们对于社区服务的需求，所以失地农民的就业完全可以依托于社区建设的需要，同时社区服务也可以满足部分失地农民所提出的希望离家近的需求，因此，在岗位设计方面优先考虑本地的失地农民。

(2) 就业服务

加大对城乡劳动力市场的整合力度，建立公平的就业服务体制，在对待失地农民就业方面采取统一的就业政策，逐步建立能够使得城市居民与失地农民平等竞争的就业制度。

(3) 创业鼓励政策

除了对失地农民再就业进行政策扶持以外，还需要扶持有条件的失地农民进行创业，失地农民的再就业问题是一个需要多渠道、多方法解决的问题，但是失地农民的创业通常具有盲目性、随从性，很容易创业失败从而导致更加严重的后果。因此需要政府给予更多的引导，政府可以通过创业咨询以及各种税收等扶持政策，为失地农民创业提供方便，同时为失地农民创业过程当中的审批程序等开绿灯，鼓励其创业。

参考文献

一、著作类

[1] 陈振明. 公共管理学原理 [M]. 北京：中国人民大学出版社，2003.

[2] 张思锋，温海红，赵文龙. 社会保障概论 [M]. 北京：科学出版社，2003.

[3] 王文素. 社会保障教程 [M]. 北京：经济科学出版社，2005.

[4] 和春雷. 社会保障制度的国际比较 [M]. 北京：法律出版社，2000.

[5] 李迎生. 社会保障与社会结构转型：二元社会保障体系研究 [M]. 北京：中国人民大学出版社，2001.

[6] 王梦奎. 中国社会保障制度改革 [M]. 北京：中国展望出版社，2001.

[7] 杜鹰，白南生，等. 走出乡村：中国劳动力流动实证研究 [M]. 北京：经济科学出版社，1997.

[8] 陆学艺，朱明. 从贫穷到富裕：晋江的现代化之路 [M]. 北京：社会科学文献出版社，2000.

[9] 邹东涛，李欣欣. 社会保障：体系完善与制度创新 [M]. 北京：社会科学文献出版社.2011.

[10] 邓大松，向运华. 社会保障问题研究：和谐社会构建与社会保障国际论坛 [M]. 北京：人民出版社，2009.

[11] 陈佳贵. 中国社会保障发展报告：1997—2011 [M]. 北京：北京科

学文献出版社，2011.

［12］汪弘．上海社会保障改革与发展报告：2009—2010［M］．北京：北京科学文献出版社，2010.

［13］杨团，毕天云，杨刚．21世纪中国农民的社会保障之路［M］．北京：北京科学文献出版社，2010.

［14］郑功成．中国社会保障改革与发展战略：总论卷［M］．北京：人民出版社，2011.

［15］信长星．中国劳动与社会保障年鉴［M］．北京：中国社会劳动保障出版社，2007.

［16］宋金文．日本农村社会保障：养老的社会学研究［M］．北京：中国社会科学出版社，2007.

［17］石宏伟．中国城乡二元化社会保障制度的改革与创新［M］．北京：中国社会科学出版社，2008.

［18］复旦大学日本研究中心．日本社会保障制度：兼论中国社会保障制度改革［M］．上海：复旦大学出版社，1996.

［19］刘苓玲．中国社会保障制度城乡衔接理论与政策研究［M］．北京：经济科学出版社，2008.

［20］刘波．当代英国社会保障制度的系统分析与理论思考［M］．上海：学林出版社，2006.

［21］杨玲．美国、瑞典社会保障制度比较研究［M］．武汉：武汉大学出版社，2006.

［22］邵芬．欧盟诸国社会保障制度研究［M］．昆明：云南大学出版社，2003.

［23］杨翠迎．中国农村社会保障制度研究［M］．北京：中国农业出版社，2003.

［24］孙光德，董克用．社会保障概论（第四版）［M］．北京：中国人民大学出版社，2012.

［25］陈振明．公共政策学［M］．北京：人民大学出版社，2004.

［26］郑功成．中国社会保障改革与发展战略——理念、目标与行动计划

[M]．北京：人民出版社．2000．

[27] 谢美娥．老人长期照护的相关理论［M］．台北：桂冠图书有限公司．1993．

[28] 朱星宇，陈勇强．SPSS 多元统计分析方法及应用［M］．北京：清华大学出版社．2011．

[29] 张暄，谢芳，邱莉莉，白志刚．国外城市社区救助［M］．北京：中国社会出版社，2005．

[30] 刘欣欣．青岛市儿童福利院：探索困境儿童社会工作新路径［M］．社会福利，2012．

[31] 许越倩，许彬．社区公共事业管理［M］．北京：北京邮电大学出版社．2007．

[32] 国务院发展研究中心社会发展研究部课题组．社会组织建设现实、挑战与前景［M］．北京：中国发展出版社，2011．

[33] 何雪松．社会工作理论［M］．上海：上海人民出版社．2007．

[34] 韩晶晶．儿童福利制度比较研究［M］．北京：法律出版社．2012．

二、期刊类

[1] 李迎生．从分化到整合：二元社会保障体系的起源，改革与前瞻［J］．教学与研究，2002（8）：35－46．

[2] 杨翠迎．中国社会保障制度的城乡差异及统筹改革思路［J］．浙江大学学报：人文社会科学版，2004（3）：12－20．

[3] 王健．建立城乡一体化社会保障体制探索［J］．西南民族大学学报：人文社科版，2005（7）：12－20．

[4] 夏迎秋，景鑫亮，段沁江．我国城乡居民基本医疗保险制度衔接的现状，问题与建议［J］．中国卫生政策研究，2010（1）：43－48．

[5] 李迎生，韩央迪，张瑞凯．构建城乡衔接的社会保障体系［J］．中国人民大学学报，2008（6）：26－35．

[6] 江治强，李将军．我国农村社会保障制度的发展议题与政策取向［J］．甘肃社会科学，2008（2）：215－219．

［7］李迎生．市场转型期的农村社会保障制度建设：进展与偏差［J］．中国人民大学学报，2005（4）：84-90．

［8］马斌，汤晓茹．关于城乡社会保障一体化的理论综述［J］．人口与经济，2008（3）：14-20．

［10］杨丽芬．关于统筹城乡社会保障制度建设的两点思考［J］．贵州民族学院学报：哲学社会科学版，2006（5）：32-40．

［11］高君．统筹城乡社会保障构建和谐社会［J］．马克思主义与现实，2006（5）：25-30．

［12］陈天祥，饶先艳．渐进式统一城乡社会保障一体化模式［J］．华中师范大学学报：人文社会科学版，2010（5）：16-22．

［13］宫晓霞．发达国家农村社会养老保险制度及其启示［J］．中央财经大学学报，2006（8）：24-30．

［14］徐祖荣．构建城乡一体化的社会保障体系——以杭州市为例［J］．学习与实践，2006（4）：117-120．

［15］叶凡．推进城乡发展一体化的政策建议［J］．区域经济，2012（12）：14-16．

［16］何子英．走向城乡一体化的社会政策体系建设—以"十一五"期间的浙江经验为研究对象［J］．经济社会体制比较，2012（4）：178-186．

［17］卢中华，王郡华．城乡一体化的国际经验及对我国的启示［J］．临沂师范学院学，2008（5）：84-90．

［18］陈卉如，陶传平．城乡一体化的实践探索与研究［J］．理论学习，2013（1）：30-34．

［19］改革杂志社专题研究部．城乡一体化的发展态势：2002—2012［J］．重庆社会科学，2013（1）：12-20．

［20］李人庆．国际视野的城乡发展一体化：理论溯源与现实操作［J］．重庆社会科学，2013（2）：5-14．

［21］袁政．中国城乡一体化研究及公共政策探讨［J］．经济地理，2004（5）：355-361．

［22］李志杰．中国城乡一体化的实证分析与政策思路［J］．学习与探

索，2012（6）：50-53.

[23] 郑风田，吴磊. 我国城乡一体化的政策演进与措施匹配[J]. 重庆社会科学，2013（1）：5-12.

[24] 李永刚，杨洁. 推进城乡一体化发展的政策体系建设[J]. 河北理工大学学报：社会科学版，2010（5）：55-59.

[25] 朴贞子，高红. 我国城乡协调发展的公共政策研究[J]. 延边大学学报：社会科学版，2007（3）：34-39.

[26] 张华，张素珍. 韩国"新村"运动给我国新农村建设的启示[J]. 农业经济，2006（8）：57-58.

[27] 沈长月，郭牧琉等. 国内外居家养老服务保障的理论、理念与发展研究[J]. 广西经济管理干部学院学报，2011（2）.

[28] 郑功成. 中国社会保障改革与未来发展[J]. 中国人民大学学报. 2010（5）.

[29] 邓大松. 国外居家养老模式比较及对中国的启示[J]. 河北师范大学学报：哲学社会科学版，2015（3）.

[30] 严晓萍. 美国社区养老服务设施建设及启示[J]. 社会保障研究. 2009（4）.

[31] 张小燕，李静思，吴兵. 居家养老服务需求现状的调查报告[J]. 中国市场，2012（31）.

[32] 汤军克，陈林利，陈建平. 上海市某区老年人日间照料中心的调查[J]. 中国老年学杂志，2012，32（13）.

[33] 陈志科，马少珍. 老年人居家养老服务需求的影响因素研究——基于湖南省的社会调查. 中南大学学报：社会科学版[J]. 2012（3）：26-30.

[34] 林闽钢. 我国城乡社会养老服务体系的发展探讨[J]. 中国社会保障，2012（6）.

[35] 刘继同，冯喜良. 转型期多元福利实践与整体性福利理论框架[J]. 北京大学学报：哲学社会科学版，2005（03）.

[36] 张俊浦. 西部城市社区居家养老的发展障碍及对策——以四川省D市为例[J]. 四川理工学院学报：社会科学版，2013（01）.

[37] 颜秉秋，高晓路．城市老年人居家养老满意度的影响因子与社区差异［J］．地理研究，2013（07）．

[38] 邹农俭．养老保障．居家养老．社区支持：养老模式的新选择［J］．江苏社会科学，2007（04）．

[39] 董春晓．福利多元视角下的中国居家养老服务［J］．中共中央党校学报，2011（04）．

[40] 林闽钢．中国社会福利发展战略：从消极走向积极［J］．国家行政学院学报，2015（02）．

[41] 穆光宗，姚远．探索中国特色的综合解决老龄问题的未来之路［J］．人口与经济，1999（6）．

[42] 祁峰．英国的社区照顾及启示［J］．西北人口，2010（6）：21．

[43] 程中丽．社区照顾的国际经验对我国的启示与借鉴［J］．常熟理工学院学报，2012（7）：38．

[44] 陈成文，孙秀兰．社区老年服务：英、美、日三国的实践模式及其启示［J］．社会主义研究，2010（1）：17．

[45] 陈竞．日本护理保险制度的修订与非营利组织的养老参与［J］．人口学刊，2009（02）：58．

[46] 胡琳琳，胡鞍钢．中国如何构建老年健康保障体系［J］．南京大学学报，2008．11．

[47] 吴玉韶，伍小兰．健康老龄化是低成本应对人口老龄化的重要举措［J］．中国社会科学报，2015（01）．

[48] 陈鲁南．"困境儿童"的概念及"困境儿童"的保障原则［J］．社会福利，2013：27-28．

[49] 黄春梅．困境儿童源头预防工作探索［J］．长沙民政职业技术学院学，2012（4）．

[50] 柏文涌，黄光芬，齐芳．社会管理创新视域下困境儿童救助策略研究——基于儿童福利理论的视角［J］．云南行政学院学报，2013（3）．

[51] 姜薇，薛在兴．论机构救助到社区为本的流浪儿童救助保护体系建设［J］．广东工业大学学报．2013（3）．

[52] 吴宏,孔令智. 流浪儿童的社会救助 [J]. 人民法院报. 2005 (9).

[53] 向辉. 困境儿童的监护权转移 [J]. 社会福利,2012 (2).

[54] 高鉴国. 社区的理论概念与研究视角 [J]. 学习与实践. 2006 (10).

[55] 薛在兴. 流浪儿童机构救助的困难、困惑与思考 [J]. 中国青年研究,2005 (2).

[56] 燕波. 儿童福利政策的国际比较与借鉴 [J]. 当代青年研究. 2011 (7).

[57] 陈彦. 中美两国儿童福利制度的比较与分析 [J]. 2008 (5).

[58] 李双元,黎平. 论世界儿童立法的趋同化——兼对完善中国儿童立法的几点思考 [J]. 湘潭大学学报,2005 (3).

[59] 尚晓援,陶传. 中国儿童福利制度的权利基础及其限度 [J]. 清华大学学报:哲学社会科学版,2009 (2):143-150.

[60] 赵珂巍. 对社区救助体系的调查——以兰州市七里河区穴崖子社区为例 [J]. 发展,2008 (10).

[61] 宋文珍. 加快建立适度普惠型的儿童福利制度 [J]. 中国妇运,2013 (6):35-37.

[62] 路晓霞. 英国儿童服务制度研究与借鉴 [J]. 预防青少年犯罪研究,2013 (6):89-95.

[63] 唐钧. 中国的儿童权利和儿童福利 [J]. 学习月刊,2012 (3):32-33.

[64] 戴超. 试论困境儿童的国家救助——以儿童福利理论为视角 [J]. 当代青年研究. 2014 (3).

[65] 钟玉英,陈丽梅. 从"南京幼女饿死事件"看困境儿童的保护 [J]. 青少年研究与实践. 2014 (2).

[66] 尚晓援,虞婕. 建构"困境儿童"的概念体系 [J]. 社会福利:理论版,2014 (6).

[67] 吴国平. 完善我国困境儿童预防与救助制度问题探讨 [J]. 海峡法学,2014 (3).

［68］王琪．"困境儿童"的救助——以《儿童福利法》为视角［J］．法制与社会，2014（7）：200－202．

［69］行红芳．从一元到多元：困境儿童福利体系的建构［J］．郑州大学学报：哲学社会科学版，2014（5）：37－40．

［70］刘凤，于丹．非政府组织参与困境儿童救助的制约因素及出路［J］．学术交流，2015（4）：155－159．

［71］高丽茹，彭华民．中国困境儿童研究轨迹：概念、政策和主题［J］．江海学刊，2015（4）．

［72］李莹，韩克庆．我国困境儿童托底性保障制度的建构［J］．江淮论坛，2015（5）．

三、学位论文类

［1］崔西伟．城乡一体化的理论探索与实证研究——以成都市为例［D］．成都：西南财经大学，2007（7）．

［2］陈志力．我国户籍管理的公共政策研究［D］．兰州：兰州大学，2007（10）．

［3］寻兴秀．城乡统筹视域下农村社会保障体系建设—以山东省诸城市为例［D］．济南：山东财经大学，2012（6）．

［4］杨秀丽．黑龙江省农村社会保障政策研究［D］．长春：东北农业大学，2012（6）．

［5］贺莉蓉．基于统筹城乡发展的农民工社会保障政策研究［D］．湘潭：湘潭大学，2008（5）．

［6］徐艺葡．统筹城乡的劳动保障体系研究——以成都市为例［D］．成都：西华大学，2012（4）．

［7］刘志刚．推进城乡一体化发展的财政政策研究［D］．北京：财政部财政科学研究所，2012（6）．

［8］顾长云．我国统筹城乡发展进程中构建农村社会保障制度研究—以苏州市为例［D］．苏州：苏州大学，2009（6）．

［9］黄贵超．城乡一体化背景下苏南小城镇制度创新研究［D］．苏州：

苏州科技学院，2011（6）．

[10] 周击．城乡一体化背景下的土地"挂钩"政策研究—以张家港市为例［D］．上海：华东理工大学，2011（6）．

[11] 严峻．中国农村社会保障政策研究［D］．北京：中共中央党校，2008（6）．

[12] 杨成兵．城乡一体化进程中的农民工社会保障问题探析［D］．合肥：安徽师范大学，2012（6）．

[13] 孙睿．农村最低生活保障政策研究［D］．济南：山东农业大学，2012（6）．

[14] 焦克源．甘肃城乡一体化社会救助体系建设研究［D］．兰州：兰州大学，2011（5）．

[15] 宋葛龙．中国统筹城乡发展改革路径研究［D］．沈阳：辽宁大学，2012（6）．

[16] 杨美成．构建统筹城乡利益分享机制［D］．成都：西南财经大学，2012（6）．

[17] 刘月江．经济发展落后地区统筹城乡发展的分析研究［D］．呼合浩特：内蒙古大学，2012（6）．

[18] 史韵奇．兰州市城乡发展一体化研究［D］．西安：西北师范大学，2012（6）

[19] 王玥．基于城乡迁移劳动力的养老保险制度对接研究［D］．沈阳：辽宁大学，2012（6）．

[20] 袁涛．城乡基本养老保险制度衔接研究［D］．北京：中国社会科学院研究生院，2012（6）．

[21] 石萍．城乡社会保障制度一体化发展研究［D］．北京：中央民族大学，2011（6）．

[22] 余洋．成都市统筹城乡发展制度创新研究［D］．成都：电子科技大学，2009（6）．

[23] 王海荣．统筹城乡医疗保障制度研究［D］．南京：江苏大学，2010（6）．

［24］罗维．城乡统筹背景下重庆居民养老保险研究［D］．重庆：重庆大学，2012（6）．

［25］曾万明．统筹城乡社会保障的路径选择与实践探索［D］．成都：西南财经大学，2008（6）．

［26］肖童．天津居家养老社区服务的现状与需求研究［D］．南宁：广西大学，2012年．

［27］李小梅．厦门市居家养老服务需求与供给调查研究［D］．厦门：厦门大学．2014年．

［28］徐璐璐．城市居民居家养老服务需求影响因素的实证分析［D］．上海：上海师范大学．2014年．

［29］庞亚莉．潍坊市城市社区居家养老需求与对策研究［D］．济南：山东财经大学．2014年．

［30］程中丽．居家养老服务的现实需求与发展对策探讨［D］．苏州：苏州大学．2014年．

［31］肖冬冬．关于完善流浪儿童社会救助体系的研究［D］．广州：暨南大学，2009．

［32］沈惠．澳大利亚儿童福利：社会控制及其影响［D］．上海：华东师范大学．2006.6

四、政府文件类

［1］中华人民共和国劳动和社会保障部．最低工资规定，2004．

［2］卫生部，财政部，农业部．关于建立新型农村合作医疗制度的意见，2003．

［3］国务院办公厅．国务院关于开展新型农村社会养老保险试点的指导意见，2009．

［4］国务院办公厅．国务院关于在全国建立农村最低生活保障制度的通知，2007．

［5］国务院办公厅．国务院关于开展城镇居民社会养老保险试点的指导意见，2011．

［6］全国人大法规库．城市居民最低生活保障条例，2005．

［7］国务院办公厅．国务院关于开展城镇居民基本医疗保险试点的指导意见，2007．

［8］云南省委高校党委宣传部．党的十八大报告学习文选，2012．

［9］第十一届全国人民代表大会．中华人民共和国国民经济和社会发展第十二个五年规划纲要，2011．

［10］国务院办公厅．2014年城乡居民养老保险新政策，2014．

［11］中华人民共和国民政部．2015年社会服务发展统计公报，2015．

［12］全国老龄工作委员会办公室．关于全面推进居家养老服务工作的意见．

［13］中华人民共和国民政部．关于在全国推进城市社区建设的意见．

［14］昆明市2014年国民经济和社会发展统计公报，2014．

五、外文资料类

［1］Rose R. "Common Goals but Different Roles: The State's Contribution to the Welfare Mix. In Rose". R. & Shiratori. R. (Ed), The Welfare State East and West, Oxford: Oxford University Press, 1986.

［2］Evers, A., "Shifts in the Welfare Mix: Introducing a New Approach for the Study of Transformation in Welfare and Social Policy", In Evers, A. & Wintersberger, H. (Ed), Shifts in the Welfare Mix: Their Impact on Work, Social Services and Welfare Policies, Eurosocial, Vienna, 1988.

［3］Johnson, N., Mixed Economies of Welfare: A Comparative Perspective, London: Prentice Hall, 1999.

［4］Stoddart H, Whitley E, Harvey I, Sharp D. What determines the use of home care services by elderly people? [J]. Health and Social Care in the Community. 2002 (5).

［5］Noriko Tsukada, Yasuhiko Saito. Factors that affect older Japanese people's reluctance to use home help care and adult day care services [J]. Journal of Cross-Cultural Gerontology. 2006 (3).

［6］DybicZ, P. (2005) Interventions for street children: an analysis of current best practices. International Social Work, 48 (6).

［7］Eimew, J. and Swart – Kruger, J. (2003) Introduction: Homes, Places and Spaces in the Construction of Street Children and Street Youth, in Children, Youth and Environments VoL13, No – 1. Retrieved ［January 2004］ from http: //cve. colorado. edu

［8］Grosfeld J L. The plight of children ［J］. Annals of Surgery, 2007, 246 (3): 343.

［9］Joseph M. Hawes, The children's rights movement: a history of advocacy and protection ［M］. 1991.

［10］Michael Schwinger Empowering families as an alternative to foster care for street children in Brazil, Development in practice, 16 (2007)

［11］Marvin Ventrell, The history of child welfare law, in child welfare law and practice: representing children, parents, and state agencies in abuse neglect, and dependency cases ［J］. 2005.

［12］O'Kane, C. (2003) "Street and Working Children's Participation in programming for their Rights." Children, Youth. and Environments 13 (1), Retrieved My25' from: http: //cye. coIorado. edu

［13］UNICEF (2003) The State of the World's Children, New York, Retrieved (January2004) from: http: //www. unicef. org/publications/pub – sowc03 – en – pdf

［14］Gao Shangquan and Chi Fulin. China's Social Security. ［M］. Beijing: Foreign Languages Press, 1996.

［15］Roger Goodman, Gordon White and Huck – Ju Kwon. The East Asian Welfare Model: Welfare Orientalism and State. ［M］. New York: Routledge, 1998.